스포츠윤리

SPORT

주 제 와 쟁 점

ETHICS

박성주 지음

 북스힐

머리말

'스포츠윤리'는 다분히 학술적인 용어임에도 불구하고 언제부턴가 '스포츠윤리'라는 단어가 급작스럽게 유행하고 있다. 스포츠지도자들이 스포츠윤리를 기본 소양으로 배우고 체득할 수 있도록 2015년부터 스포츠지도자 자격검정시험에 '스포츠윤리'가 필수과목으로 신설되었다. 대학에서 '스포츠윤리' 교과목을 개설한 학과가 급증하고 있으며, 체육단체 및 기관에서 운영하는 지도자 및 심판 교육프로그램에도 스포츠윤리가 교육내용으로 추가되고 있다. 또한 정부가 국민체육진흥법 개정을 통해 스포츠계 인권침해와 스포츠비리 근절을 위한 전담기구로 '스포츠윤리'센터를 2020년 8월 공식 출범시켰다.

스포츠계에 페어플레이, 스포츠맨십, 공정성 등과 같은 윤리에 대한 요구는 늘 있어왔다. 하지만 근래에 들어 요구의 정도가 심상치 않다. 많은 사람들이 스포츠에 윤리를 찾는 이유는 역설적으로 스포츠에 윤리가 그만큼 결핍되어 있다는 것의 반영일 것이다. 즉, 스포츠에서 윤리가 절실하다는 것은 스포츠가 그만큼 윤리적으로 병들어 있다는 반증이라고 할 수 있다. 실제로 최근 국민적 공분을 일으킨 스포츠계 폭력, 성폭력 사건뿐만 아니라 승부조작, 도핑, 심판매수, 불법도박, 음주운전 등 도덕적 해이와 관련된 사건들이 스포츠계에서 끊이지 않고 발생하고 있다.

하지만 사회적 관심과 요구는 물론이고 체육계가 스포츠윤리 확립에 대한 필요성을 크게 인식하고 있음에도 불구하고 '스포츠윤리가 무엇이냐?'라는 질문에 답변을 할 수 있는 사람은 그렇게 많지는 않을 것이다. 즉, 스포츠윤리가 단순히 일상적인 용어로 사용되고 있을 뿐 정작 스포츠윤리가 무엇을 다루는 학문이고, 어떻게 교육할 수 있는가에 대한 논의는 활발히 진행되고 있지 않다. 이로 인해, 대학과 스포츠현장에서 스포츠윤리교육을 실시한다고는 하지만 무엇을 가르치고, 어떻게 가르치는지는 그것을 교육하는 사람에 따라 달라질 수밖에 없고 스포츠윤리 관련 전문 정보를 얻을 수 있는 소스(source)도 턱없이 부족한 실정이다.

스포츠에 관한 윤리적 이슈는 스포츠윤리학자가 아니더라도 누구나 접근하고 다룰 수 있다. 다만 스포츠윤리를 전문적으로 공부하는 사람이라면 스포츠의 개념적 성격에 관한 규범적이고 윤리학적인 이해는 필수적이다. 여기서 규범적, 윤리학적 이해라는 것은 스포츠에서 해서는 안 되는 행위와 해도 되는 행위를 단순히 나열하고 구분짓는 가치판단을 말하는 것이 아니다. 스포츠윤리를 공부하는 사람의 지식은 여기에 그치는 것이 아니라, 그러한 가치판단의 기준과 근거가 무엇인지를 설명할 수 있어야 한다. 예를 들어, 스포츠에서 도핑은 공정성에 어긋나기 때문에 '해서는 안 된다'는 판단은 누구나 내릴 수 있는 가치판단이다. 하지만 스포츠윤리를 공부하는 사람이라면 도핑을 윤리적 시험대에 올려놓고 왜 공정성에 어긋나고, 어떤 윤리적 원리에 위배되는지, 그리고 금지시킬 납득할 만한 당위성을 가지는지를 윤리학적으로 고찰하고 설명할 수 있어야 한다. 또한 형식주의, 내재주의, 관습주의, 제도론 등과 같은 스포츠의 개념과 의미에 관한 통찰력을 심화시키는 다양한 이론도 익숙하게 다룰 수 있어야 한다.

그렇다고 해서 이 책이 이러한 역량을 모두 갖추게 해 줄 것이라는 뜻은 아니다. 이 책은 스포츠윤리에 대한 요구와 관심에 비해 스포츠윤리가 다루는 주제들을 설명하고 스포츠윤리교육의 방향성을 제시할 수 있는 학술 서적의 부재 탓에 스포츠윤리 입문서로서 목표를 두었다. 따라서 이 책은 스포츠에서 발생하는 다양한 윤리적 문제에 대한 식견을 제공하고, 이러한 문제에 적용할 윤리이론에 대한 이해를 도모하는 데 집중하였다. 이 책을 읽는 독자들이 스포츠 속 폭력, 도핑, 승부조작, 성차별, 페어플레이, 스포츠맨십, 경쟁, 공정과 평등 등 스포츠윤리에서 다루어지는 논쟁적 주제와 그 쟁점을 이해하는 데 도움이 되었으면 한다. 이 책은 12개의 스포츠윤리 주제로 구성되어 있다. 각 주제는 모두 독립된 내용을 담고 있어서 독자들이 관심사에 따라 어떤 순서로 읽더라도 이해하는 데 어려움은 없을 것이다. 주제별 구성은 도입부에 해당 주제의 핵심적 논제를 암시하는 토론질문과 핵심개념, 그리고 토론질문의 쟁점들을 설명하는 본문내용의 형식으로 되어 있다.

이 책은 그동안 저자가 학술지에 게재한 논문들을 주제별로 분류하고 체제와 내용을 조금 바꾸어 집필하였다. 이 자리를 빌려 이러한 시도를 양해해 준 체육과학연구, 한국체육철학회지와 한국체육학회지 측에 감사드리며, 이 책의 삽화에 도움을 주신 <스튜디오 그리기>와 편집에 세심한 배려를 아끼지 않은 도서출판 <북스힐> 측에도 깊이 감사드린다. 무엇보다 그간 열심히 수업의 토론에 참여하고 참신한 과제물을 제출함으로써 이 책의 내용을 더욱 풍부하게 만들어 준 국민대학교 체육대학 학부생과 체육학과 대학원생, 그리고 스포츠윤리연구소 제자들에게 고마운 마음을 전한다.

2021년 8월
저자 박성주

차 례

스포츠윤리란 무엇인가?

들어가며

스포츠윤리에 대한 사회적 관심 고조로 스포츠 속 폭력, 속임수, 도핑, 스포츠맨십, 성차별, 승부조작, 공정성과 페어플레이 등과 같은 주제를 다루는 학술 논문들이 최근 들어 상당 수 게재되고 있다. 국내에서 스포츠윤리에 대한 논의가 본격적으로 시작된 지 그렇게 오래되지 않은 현실을 감안하면 지금까지 국내 스포츠윤리에 관심을 둔 연구자들의 많은 연구 성과는 고무적인 일이다. 하지만 주제 연구에 비해, 스포츠윤리가 무엇인지, 즉 스포츠윤리의 궁극적 목적과 대상은 무엇이고, 이 대상을 어떤 방법으로 연구할 것인지, 스포츠윤리를 하나의 학문으로 성립시키는 방법론적 근거들은 있는지 등과 같은 스포츠윤리의 학문적 정체성에 관한 심도 있는 반성과 논의는 결여되었던 것이 사실이다.

그렇다면 스포츠와 윤리는 어떤 관련성이 있을까? 스포츠에서 규범적 판단의 대상은 무엇일까? 스포츠 상황에서 제기되는 윤리적 문제는 어떻게 해결할 수 있을까? 스포츠 속 행위의 도덕적 정당성을 확보하기 위한 이론적 접근방법

---

* 한국체육철학회지 제22권 제3호에 게재된 저자의 논문, 『스포츠윤리의 이론적 기초』를 수정·보완하여 작성함

은 무엇일까? 이 책에서 다룰 12가지 스포츠윤리 주제들을 소개하기에 앞서 이러한 질문들에 대한 답변을 통해 스포츠윤리가 무엇인지, 그리고 스포츠윤리 연구의 이론적 토대는 무엇인지에 관한 설명부터 시작하고자 한다.

1. 스포츠윤리란 무엇인가?

(1) 스포츠와 윤리

일반적으로 스포츠는 제도화된 규칙에 따라 승패를 겨루는 경쟁적 활동으로 정의할 수 있고, 윤리는 인간이 살아가면서 지켜야 할 기본적인 규범으로 간략히 정의할 수 있다. 이처럼 이들 정의만 본다면 스포츠와 윤리는 서로 분리되어 전혀 무관한 별개의 세계를 구축하고 있는 것 같다. 하지만 스포츠는 윤리를 떠나서 존재할 수 없을 정도로 이 둘은 긴밀한 연관성이 있다. 스포츠가 윤리와 밀접한 관계를 가지게 되는 것은 스포츠가 갖는 특성상 불가피하다고 할 수 있다. 이는 스포츠가 인간의 삶과 무관한 활동이 아니기 때문일 것이다. 스포츠는 인간의 지혜와 윤리 관념이 투입된 정신작용의 산물이라 할 수 있으며, 공동체사회의 문화와 관습이 반영되어 발전해온 문화와 전통의 소산이다. 그래서 혹자는 스포츠를 당대의 삶과 사회를 반영하는 '인생의 축소판' 혹은 '사회의 거울'이라 표현하기도 한다. 그렇기 때문에 종종 스포츠 속 행위가 단순히 개인윤리적인 문제가 아니라 공적 기준에 의해 판단하는 윤리문제로 이슈화되기도 한다.

윤리란 인간의 행위와 행위의 산물을 문제 삼는다. 인간의 행동을 이렇게 저렇게 하라고 규정하는 것 중에 선·악적 가치와 관련된 것이 윤리다. 어떤 선택이 옳은 것인가? 어떤 행위를 바람직한 행위라고 하는가? 이러한 선택과 판단을 규정하는 것이 바로 윤리의 과제이다. 스포츠가 윤리와 불가피한 관계를 가지게 되는 것은 이런 윤리의 과제가 개인이 살아가면서 내리는 일반적인 선택들뿐만 아니라 스포츠 상황 속에서 부단히 직면하는 선택들에도 그대로 적용되기 때문이다. 스포츠 상황에서 어떤 행동이 옳으며 어떤 목적이 좋은가를 결정할 수 있는 근본 원리를 탐색하는 것이 스포츠윤리의 과제이다. 달리 말하면, 스포츠윤리란 스포츠에 참여하는 사람들이 행동하는 데에 요구되는 행동원리, 도덕적 표준, 도덕적 특성에 관한 탐구라고 정의할 수 있다. 스포츠윤리는 일반윤리학이 제시하고 있는 윤리적 원리와 도덕적 덕목에 기초하여 특별히 스포츠인의 행위에서 요구되는 도덕적 원리와 중요한 도덕적 덕목들에 대해 고찰한다. 그렇다면 스포츠에서 윤리적 고찰의 대상은 무엇일까?

(2) 스포츠 속 규범적 판단

규범적 판단에 특별히 관련된 가치들은 세 가지 형태를 띤다. 사리분별1)에 관한 것(prudential values), 미적인 것(aesthetic values), 그리고 도덕적인 것(moral values)이다. 만약 당신에게 '고지방 음식을 피해야 한다'라고 충고한다면 당신은 '내가 왜 그래야 하냐?'고 그 이유를 물을 수 있다. 그 이유를 제시함에 있어 쟁점이 되는 가치가 사리분별에 관련된 가치라고 할 수 있다. 당신이 고지방 음식을 먹고 안 먹고를 선택하는 것에 대한 근거는 '건강/웰빙'에 관련된 가치이다. 이 충고를 따를 것인지에 대한 당신의 판단은 당신의 웰빙에 미치는 단기적이고 즉각적인 영향뿐만 아니라 장기적 영향 또한 고려해야 하는 결정일 것이다. 즉, 무모하게 혹은 선견지명 없이 행동하는 것은 당신의 장기적 행복을 위태롭게 할 수 있다는 것을 고려해야 한다.

이와 달리, 미학적 가치는 사리분별적인 판단에 뿌리를 두었다기보다 우리가 주변 세상을 바라보는 특정한 방식에 근거를 둔다. 그것이 일몰이든, 발레공연이든, 피겨스케이팅 경연이든지 간에 우리가 무언가를 미학적으로 평가할 때에는 그것이 어떠한 실용적 목적에 기여하는지, 그렇지 않은지 실질적 유용성은 고려대상이 되지 않으며, 그 목적이나 움직임의 아름다움, 우아함, 고귀함, 멋짐, 그 외 다른 감성적 인식의 요소들이 고려된다. 그러므로 우리가 스포츠를 미학적으로 평가할 때, 득점했다거나 특정 목적이 달성되었다는 사실보다는 점수를 '어떻게' 획득했으며 목적이 '어떻게' 달성되었는가에 초점을 두게 된다. 미학적 관점에서 스포츠의 목적은 그 목적이 달성되는 방식과 불가분의 관계로 여겨진다. 물론 세상 거의 모든 것들이 미학적 관점에서 고찰될 수 있으나 예술작품들과 같은 몇몇 대상이나 활동들이 보다 더 중요하게 미학적 흥미를 지니듯 스포츠의 경우도 마찬가지이다. 거의 모든 스포츠들이 미학적 관점에서 고찰될 수 있겠지만 몇몇 스포츠는2) 온전히 이해되고 감상되기 위해선 미학적 고찰을 반드시 필요로 한다.

이제 그럼 도덕적 판단이 앞서 설명한 다른 두 가지의 규범적 판단과 어떻게 구분되는지 알아볼 수 있다. 도덕적 판단은 웰빙을 위한 신중한(사리분별) 판단도 아니고 미(美)를 위한 미학적 판단도 아닌, 바로 우리가 타인과 맺는 관계와 상호작용에 직접적으로 관련 있는 가치들로부터 출발한다. 특히 도덕적 가치들은 우리의 행동이 타인에게도 옳은 행동이 되려면 우리가 어떠한 삶을 살아나가야 하는지, 그리하여 우리뿐만 아니라 타인의 선(좋음)에도 기여할 수 있는지와 밀접한 관련을 갖는다. 여기서 '옳음'이란 우리가 타인에게 마땅히 보여야할 동등한 대우와 도덕적 존경에 대한 고려로부터 나온다. 그리고 '선'이란 사람을 도덕적인 인간으로 만드는 행동의 자질, 즉 우리의 행동이 타인에 미치는 영향을 무엇보다 우선적으로 고려하는 박애와 같은 기질, 선한 삶을 사는데 필수적인 것으로 여겨지는 자질로부터 나온다. 물론 옳은 일을 하는 이유와 선한 일을 하는 이유가 배타적이지는 않다. 오히려 이 두 가지 이유들은 서로 불가분의 관계로 엮여있다. 따라서 도덕에 관한 물음은 옳은/선한 삶, 추구할만한 가치가 있는 목표나 관행들, 나아가 그러한 관행들을 실행할 때 공정과 정의와 관련된 삶의 방식들을 고려해야만 한다.

스포츠에서 요구되는 윤리적 탐색이란 위에서 언급한 세 가지 형태의 규범적 판단과 관련되어 있다. 스포츠에서 윤리의 임무는 스포츠 참여자의 특정한 행동들을 이끌도록 하는 규범적 가치들의 선택과 판단에 대한 설명을 시도하는 것이다. 따라서 스포츠윤리란 '옳음(right)', '좋음(good)'과 같은 도덕적 의미의 용어들이 스포츠 환경에서 사용될 때 그 기준은 무엇이고, 그 기준이 정해지는 방법에 대한 탐색이라 할 수 있다. 달리 말하면, 스포츠윤리는 스포츠 상황에서 발생하는 규범적 가치판단의 문제에 있어서 스포츠人으로서 바람직한(도덕적) 판단의 원리나 근거를 마련하기 위해 스포츠 속 도덕의 본질적인 문제를 탐구하는 분야라고 할 수 있다. 즉, 스포츠人으로서 올바른 행동과 좋은 스포츠를 위한 철학적 탐구라고 정의할 수 있을 것이다.

(3) 스포츠윤리학의 독자성과 탐구영역

스포츠윤리학은 철학에서 다루는 일반윤리나 생명윤리, 학문윤리, 의료윤리, 경제윤리와 비교할 때 어떤 차별성을 갖는가? 이 질문은 근본적으로 스포츠윤리학의 독자성과 필요성에 대한 논의와 맞닿아 있다. 오늘날 스포츠계에서 일어나는 경기력향상약물(performance-enhancing drugs) 복용, 부정 선수와 부정 장비 사용, 심판매수, 승부조작 및 담합, 경기장 폭력, 페어플레이 정신의 상실 등의 문제는 사회적인 문제로까지 이슈화 되고 있다. 이러한 문제들을 예방하고 건전한 스포츠정신을 확립하기 위해 스포츠윤리에 대한 필요성이 대두되었다. 또한 스포츠산업의 성장에 따른 새로운 윤리적 물음이 제기되며 이에 따라 구체적인 윤리문제를 학문적, 특히 윤리학적으로 해명하여 그 해결책을 탐구하는 스포츠윤리학에 대한 관심이 제고되었다. 일반윤리는 어떤 사회의 문화나 구성원들이 공유하는 도덕적 이상들의 집합으로 나타나는 반면, 스포츠윤리는 특정 분야, 즉 스포츠라는 특수한 상황에서 요구되어지는 규범이나 도덕적 기준을 다룬다는 점에서 차별성을 가진다. 물론 스포츠윤리학은 일반윤리학의 이론적 토대와 근거를 포함하지만 스포츠라는 특수한 환경 속에서 직면하는 윤리문제 해결의 원리나 행위지침을 제시해주는 규범체계라는 점에서 독자성도 지닌다. 스포츠윤리학은 스포츠현상의 윤리적 실제에 관한 체계적이고 분석적인 접근을 시도하고 스포츠 참여자로서 준수해야 할 행동 양식들을 제시하는 실천학이라고 할 수 있다.

스포츠윤리학에서 우리가 중점적으로 숙고해야 할 질문 영역에는 세 가지가 있다. 첫 번째 물음은, '스포츠윤리학의 대상은 무엇인가?'이다. 스포츠윤리는 규범적 판단을 요구하는 스포츠 행위와 현상을 그 대상으로 하고 있으며 스포츠에서 발생하는 현상의 다양성으로 인해 상업주의, 국가주의, 도핑, 승부조작, 성 평등, 환경오염, 인권문제 등 그 주제의 영역 또한 확장되고 있는 추세이다.3) 두 번째 질문 영역은, '스포츠윤리학의 궁극적인 목표는 무엇인가?'이다. 스포츠윤리학은 스포츠 속 행위에 있어 옳고 그름에 대한 판단의 기준을 제시하고, 이를 통해 스포츠 관련 제도를 마련하는 데 있어서 그 방향과 결과를 평가하는 기준을 제시하는 것을 궁극적인 목적으로 삼아야 한다. 마지막 세 번째 질문 영역은, '스포츠윤리학은 어떤 방법으로 그 대상을 연구할 것인가?'이다. 달리 말해, '스포츠 행위의 도덕적 정당성을 확보하기 위한 스포츠윤리학의 이론적 접근방법은 무엇인가?'가 스포츠윤리학에서 중점적으로 탐구해야 할 세 번째 질문 영역이다. 이 세 번째 질문 영역에 관해서는 아래 더 구체적으로 설명하고자 한다.

2. 스포츠윤리 문제해결을 위한 접근법

스포츠윤리의 근본적인 물음은 '스포츠인으로서 어떻게 행동해야 할 것인가?'이다. 이는 '무엇을' 해야 할 것인가와 관련되는 물음이기 보다는 '왜' 그것을 해야 하는가 하는 행위의 이유를 묻는 물음이다. 스포츠 참여자가 어떤 행위를 할 때에는 적어도 스스로의 판단에 기초를 두는 한, 어떤 이유가 있으며 그 이유는 반드시 항상 행위자에게 자각적으로 의식되고 있다고는 할 수 없지만 통상은 스포츠의 규칙에 근거한다. 즉, 그렇게 행동하는 것이 스포츠 규칙에 정해져 있기 때문이라고 하는 이유로 행동한다. 동시에 그 이유에는 그것을 정당화 하는 원리가 있다. 즉, 우리가 어떤 행위를 선택할 경우에는 그것이 어떠한 관점에서 '좋다'라든지, '옳다'라고 하는 판단을 수반하고 있고 이 옳고 그름이나 좋고 나쁨에 근거가 되는 원리가 존재한다. 이러한 옳음이나 좋음의 근거가 되는 원리를 각각의 방법으로 지지하고 왜 그것을 행위의 도덕적인 원리로서 채용해야 할 것인가를 설명하는 것이 윤리이론이다. 이처럼 규칙-원리-이론의 체계로 볼 때, 윤리적 판단(행위)이란 결국 어떤 윤리이론을 선택할 것인가의 문제가 된다.

일반적으로 윤리이론은 윤리적 상황의 파악과 인식, 도덕적 충돌소지의 발견 등을 위하여 필수 불가결하다.[4] 또한 윤리이론은 도덕적 규칙들의 갈등을 해결해 주거나 적어도 이 문제가 어떻게 처리되어야 할지를 안내해준다. 즉, 윤리적인 문제를 해결하기 위해서는 먼저 윤리적인 문제를 이해하고 해결책에 도달하는 데 기본구조를 제공하는 윤리이론에 관한 지식이 필요하다는 것이다. 상황에 대한 이해 부족으로 인한 결정은 비윤리성을 재생산할 수 있는 잠재성을 소지하고 있으며, 대부분의 비윤리적 행위의 결정은 바로 상황 인식의 부족에서 기인하는 것일 수 있기 때문에 윤리적 문제 해결에 있어 윤리이론은 필수적이다.[5]

윤리이론은 근원적인 윤리적 가치를 어떻게 생각할까에 따라 몇 개의 형태로 구분된다. 다양한 현대 윤리이론 중에서 스포츠윤리 문제의 분석과 해결을 위한 최소한의 틀로서 네 가지 주요 윤리이론을 살펴보고자 한다. 이 윤리이론들의 차이는 가장 중요하게 생각하는 도덕의 개념이 무엇인지에 따라 구별된다. 하나의 스포츠윤리 문제에 여러 가지 윤리이론을 적용할 수 있으며 이는 다양한 관점에서 그 문제를 고찰할 수 있게 해준다. 그렇다고 해서 각 윤리이론마다 반드시 다른 해결책을 제시하는 것은 아니며 다른 윤리이론이 동일한 해결책을 만들어내기도 한다.

(1) 공리주의(Utilitarianism)

규범윤리(normative ethics) 체계란 어떤 선택의 상황에서 우리가 어떻게 행동해야 하는가를 결정하는 데 참고할 수 있는 도덕적 규범과 행위의 규칙 체계이다. 대표적인 형태의 규범윤리 체계 중에 하나가 공리주의이다. 공리주의는 '최선의 결과'를 낳을 가능성이 가장 큰 행위를 하라고 요구한다. 공리주의에 따르면, 어떤 행위를 도덕적으로 선하거나 악한 행위로 결정하는 것은 바로 그 행위가 초래하는 결과의 좋음과 나쁨이다. 야구에서 빈볼6)을 던지는 투수의 상황을 예로 들어보자. 큰 점수 차이로 지고 있는 상황에서 우리 팀의 주축 타자가 상대 투수의 투구에 두 번이나 몸에 맞았다. 이에 대한 앙갚음으로 상대방 주축 타자에게 빈볼을 던지라는 코치의 지시를 받았다. 하지만 자신의 빈볼로 인해 아무 잘못도 없는 상대 선수가 위협을 느끼거나 심각한 부상을 입을 수도 있다는 것을 알고 있다. 마운드에 선 투수는 고민에 빠져있다. 투수는 공리주의적 입장에서 이 상황을 판단하고자 한다. 팀 동료에 대한 애정을 보여주는 것은 바람직한 행동이다. 자신의 빈볼은 팀 분위기와 사기를 제고하고 선수단을 하나로 결속하는 결과를 가져올 수 있다고 생각한다. 따라서 이 투수는 자신의 행위의 결과가 유용하고 한 사람(상대방 타자)에게 주는 피해보다는 다수(우리 팀 전체)에게 이익을 줄 수 있기 때문에 자신의 행동은 옳다고 판단했다. 이 투수는 타석에 들어선 상대 타자에게 강한 빈볼을 던졌다.

이처럼 공리주의의 핵심 원리는 '최대 다수의 최대 행복'이다. 이 슬로건 그대로 최대 다수에게 최대 행복을 가져오는 것을 목표로 행동해야 올바른 행위가 되는 것이다. 즉, 행위는 행복을 증진하는 경향에 비례해서 옳고 불행을 산출하는 경향에 비례해서 그르다.7) 공리주의는 '우리가 왜 올바른 행동, 도덕적인 행동을 해야 하는가'라는 물음에 대하여 '최선의 결과(이익)를 위해서'라고 분명하게 대답해 준다. 즉, 공리주의는 옳고 그른 행위를 판별하는 가치의 기준이 행위의 결과에 있기 때문에 어떤 사람이 어떤 행위를 한 결과가 그러한 가치의 기준을 만족시킨다면 그 행위는 옳고 그 결과가 나쁘면 그 행위는 그르다. 따라서 공리주의적 입장에서 우리가 어떤 행동을 해야 할지는 그 행동의 결과가 다수의 행복을 보장하는지를 예상하여 비교 검토하면 된다.

공리주의 윤리 체계는 스포츠윤리 문제를 해결하는 도덕적 판단 기준으로 중요한 기여를 할 수 있다. 공리주의는 행위의 결과를 중시하므로 스포츠 선수(참여자)의 행위의 결과가 스포츠가 추구하는 가치의 유용성에 기초하여 유용한 것을 이익으로 하고 그에 반하는 것을 비용으로 처리하여 이용과 비용을 대차하는 비용/이익 접근법을 사용할 수 있다. 이는 공리주의적 기준을 가능한 한 양적인 방식으로 적용하는 방법이다. 즉, 빈볼을 던지는 행위의 결과에 대해 스포츠가 추구하는 가치(페어플레이, 상대선수 존중, 팀워크 등)에 기초하여 이익(이로운 것)과 비용(해로운 것)을 따져 이를 계산하여 행위를 결정하는 방법이다. 비용/이익 분석은 경우에 따라서는 도덕적 결함이 있는 방법이지만 스포츠 상황의 윤리적 판단에 있어 비교적 유효적절한 지침이 될 수 있다.

완벽한 윤리이론은 존재할 수 없듯이, 공리주의 윤리에도 난점이 있다. 예를 들어, 강원도의 한 아름다운 산에 스키리조트를 건립하려고 한다. 하지만 스키리조트 건설공사로 인하여 불가피하게 오염물질이 방출되고 홍수에 대한 위험도 있어 그 인근지역에 농사를 짓고 살아가는 소수의 몇몇 가구들에게 경제적 어려움과 건강상의 문제를 일으킬 수 있다고 한다. 반면에 스키리조트가 조성되면 그 지역의 다수의 구성원들이 스키리조트에서 직장을 얻을 수 있게 되고 지역의 상권도 살아나 지역 공동체의 경제성장에도 크게 기여할 것으로 예측한다. 고민 끝에 결국 계획대로 공사를 착수하여 5개월 뒤에 이 스키리조트는 완공될 것이다. 이 결과 공동체 가운데 경제적으로 가난한 구성원들인 소수의 사람들에게는 불리하게 영향을 끼칠 것이다. 이러한 상황에서 스키리조트의 건립을 허용하는 것은 비록 공동체의 가난한 몇몇 구성원들에게는 부당하겠지만 공리주의적 관점에서는 정당화 될 수 있다. 이처럼 공리주적 추론은 때론 우리의 상식적인 도덕감에서 받아들이기 어려운 도덕적 판단으로 귀착되는 경우가 발생한다.

이와 같이 공리주의 최대 난점은 정의나 개인의 권리와 같은 근본적인 도덕개념들과 양립할 수 없게 된다는 것이다. 달리 말하면, 도덕을 단지 수단적 위치로 끌어내렸다는 점이다. 결과보다는 그 자체 의미 있는 행위를 해야 하는 경우가 있다. 비록 불행한 결과가 온다 하더라도 진실을 위해 기꺼이 목숨을 버리는 것과 같은 행위를 공리주의는 간과한다. 또한 우리는 어떤 행동 과정이 영향을 받는 사람들에게 단기적 관점에서 뿐만 아니라 장기적 관점에서도 최대의 유용성을 산출할 수 있는지를 알아야 하는데, 그 결과를 산출하기가 어렵다.[8] 따라서 어떤 행동의 정확한 결과를 알 수 없다면, 그것의 도덕적 지위도 확신할 수 없다. 이러한 어려움은 어떤 상황에서는 공리주의적 관점이 명료한 실천적인 지침을 제공해 줄 수 없다는 것을 의미한다.

(2) 의무론적 윤리(Deontological Ethics)

공리주의 윤리와는 달리 의무론적 윤리는 어떤 행위를 옳거나 그른 것으로 만드는 기준이 행위의 결과의 좋고 나쁨이 아니라, 그 행위가 도덕 규칙을 따르느냐 혹은 위반하느냐가 판단의 기준이 된다. 다르게 표현하면, 만약 당신의 행동이 모든 도덕 행위자가 행해야 할 의무에 속한다면 당신의 행위는 옳은 것이고 그 행위가 모든 도덕 행위자가 금해야 할 의무의 종류에 속한다면 당신의 행위는 그른 것이 된다. 이처럼 의무론 입장에서 윤리적 행동이란 자신의 (도덕적) 의무를 적절히 수행한 결과일 뿐이다.

앞서 언급한 빈볼의 예로 다시 돌아가 보자. 상대방 주축 타자에게 보복성 빈볼을 던지라는 코치의 지시를 받은 투수가 이번에는 의무론 입장에서 이 상황을 판단한다고 하자. 아무 잘못이 없는 상대방에게 위협을 가하거나 부상을 입히는 행위는 '남을 해하지 말라'는 도덕적 의무에 어긋난다. 비록 빈볼을 던지는 것이 팀 전체(다수)에게 이익을 줄 수는 있지만 자신의 행위가 도덕규칙에 어긋나기 때문에 이 투수는 빈볼을 던지는 것은 도덕적으로 옳지 않다고 판단했다. 이 투수는 타석에 들어선 상태 타자와 정상적인 투구로 승부했다.

의무론적 윤리 체계는 행위의 본질을 강조하는 윤리이론으로 선도적 주창자는 18세기 독일의 철학자 칸트(Kant)이다. 의무론적 윤리와 칸트의 윤리를 동일시 할 정도로 칸트의 윤리학은 의무론적 윤리를 상징하는 윤리체계이다. 칸트는 '거짓말하지 말라,' '남을 해하지 말라,' '약속을 지켜라,' '어려운 처지에 있는 사람을 도와라,' '살인하지 말라' 등과 같은 도덕적 의무를 가장 기본적인 의무로 보았다. 이 행동들을 의무로 본 것은 그것이 사람들에 대한 무조건적인 존중을 표현하는 보편적인 원칙이기 때문이다. 이처럼 의무론적 윤리 체계에서 중요한 하나는 보편성의 원리이다. 칸트에 의하면, 행위자의 주관적 준칙이 객관적 도덕법칙으로 되기 위해서는 그 준칙이 보편성을 가져야 한다. 이는 윤리적 판단의 상황에서 자신의 의사결정이나 행위에 대해 보편성의 원리로 스스로에게 질문해봐야 한다는 것을 의미한다. 즉, 자신의 의사결정이나 행위가 자신뿐만 아니라 이러한 행위에 의해 영향을 받는 사람들까지도 기꺼이 받아들일 수 있을지에 대해 자신에게 스스로 질문해봐야 한다.9) 자신의 행위를 다른 사람의 입장에서 그 처지를 바꿔 물어봄으로써 다른 사람들에 대한 자신의 행동의 영향을 평가하도록 해야 한다.10) 즉, 나 자신 뿐만 아니라 나의 행위나 의사결정에 영향을 받는 다른 사람도 공평하고 동등하게 대우받아야 도덕적으로 바람직하다는 것이다.

공리주의와 마찬가지로 의무론적 윤리에도 난점은 존재한다. 첫 번째는 의무를 규정한 도덕 규칙 간의 갈등상황에서 생기는 논리적 난점이 있다. 약속을 어기는 것은 항상 나쁜 것이고, 거짓말하는 것도 항상 나쁜 것이라면 약속을 지키기 위해 거짓말을 해야 하는 경우에는 어떻게 해야 하는가? 더욱이 생명을 구하기 위해 거짓말을 해야 하는 경우는 어떻게 해야 하는가? 이러한 도덕적 갈등상황에서 의무론은 실질적인 도움을 주지 못한다.

프로야구의 승부조작 상황을 예로 들어보자. 어릴 적부터 함께 운동하며 동고동락한 절친한 선배가 최근 타율이 점점 떨어져 2군으로 밀려날 상황에 놓여 있다. 오늘 선발투수로 등판 예정인 나에게 선배가 연락을 했다. 오늘 자신의 타석 때 의도적으로 쉬운 볼을 던져 자신이 안타를 칠 수 있도록 한 번만 도와달라고 사정한다. 선배는 최근 투병 중인 아버님의 병원비 때문에 생활고에 시달리고 있다며 어렵게 올라온 1군 무대에서 계속 기회를 잡을 수 있도록 도움을 간절히 요청했다. 나는 '경기에 최선을 다하라'는 스포츠맨십과 '어려운 처지의 사람을 도와라'는 도덕규칙 간에 갈등을 하고 있다. 하나의 도덕규칙을 따르면 다른 하나는 위반하게 된다. 어떤 것이 올바른 판단일까? 의무론은 이런 도덕규칙 간의 충돌의 문제를 해결하는 데 실질적인 도움을 주지 못하는 약점이 있다.

의무론적 윤리가 갖는 두 번째 난점은 이 윤리이론은 사회 전체의 이익을 제대로 고려하지 못하는 경우가 있다는 점이다. 앞서 언급한 스키리조트 건립을 다시 예로 들어보자. 의무론적 윤리는 개인의 권리를 강조하므로 사회 전체의 이익보다는 개인의 이익이 더 중요할 수 있다. 스키리조트가 들어서는 바로 인근지역에 살고 있는 소수의 사람들은 환경오염 물질의 유출로 인해 입을 수 있는 피해와 홍수에 대한 두려움 없이 살아갈 권리가 있다. 그러나 스키리조트가 조성됨으로써 인근지역의 보다 많은 사람들이 그들의 삶을 유지할 수 있는 직장을 얻게 되고, 사회 전체로 봤을 때도 많은 국민들이 건강증진과 여가생활에 혜택을 얻게 될 것이라는 점도 중요하다. 의무론적 윤리는 사회 전체에 대한 이익에도 불구하고 인근지역에 사는 소수 개인들의 편을 들게 될 것이다.

이제껏 살펴본 두 윤리이론에서만 보아도, 스포츠의 윤리적 문제는 왜 둘 이상의 윤리이론이 고려될 수밖에 없는지 알 수 있을 것이다. 이처럼 윤리이론들마다 윤리적인 문제를 바라보는 시각이 다르며 때로는 다른 해결점에 도달할 수도 있다. 따라서 스포츠윤리 문제에 대하여 바람직한 결론을 도출하려면 여러 가지 윤리이론들을 적용하여 그 상황을 분석하는 과정이 요구된다.

(3) 계약론적 윤리(Contractarian Ethics)

계약론적 윤리는 인간의 도덕적 행위의 근거를 사회계약에서 찾는다. 따라서 도덕적 의무는 인간들이 자신의 생존을 유지하고 더욱 만족스러운 삶에 도달하기 위해 상호간에 맺은 계약으로 생겨난다고 주장한다.[11) 계약론적 윤리는 공리주의와 의무론적 윤리 보다 그 범위가 넓은데, 왜냐하면 계약론적 윤리이론의 도덕 개념은 다른 주류 윤리이론들에도 해당되고 따라서 그 다른 윤리이론의 지지자들을 여럿 나누어 갖기 때문이다. 이것이 바로 플라톤, 홉스, 로크, 루소, 칸트 같은 저명한 철학자들이 한 때 계약론자 꼬리표를 달았던 이유이다.[12) 그들 사이에도 차이는 있었지만 도덕규범은 그 제약과 원칙에 종속된 모든 이들의 합의에 근거해야한다는 생각을 그들 모두 공유했었기에 이러한 꼬리표는 이해될 법하다.

계약론적 윤리는 세 가지 기본적 변주를 지닌다. 홉스(Hobbes)의 계약론은 우리가 도덕적으로 되기에 충분한 비도덕적 이유를 갖고 있다고 주장한다. 그 이유는 인간주체는 타인과의 협조 없이 삶에서 원하는 것을 이룰 수 없다는 생각을 수반한다. 간단히 말해, 우리는 타인과 협동하고 상호작용 하기 위해서는 일련의 도덕원칙들에 합의해야 한다는 것이다. 따라서 서로 협조하지 않고는 우리가 추구하는 것이 무엇이든 달성하지 못할 것이고, 그것은 우리 모두의 목적과 희망을 무너트린다는 것이다. 이 같은 도덕 개념에 따르면, 도덕적 원칙이란 명백히 이기적인 이유로 우리가 합의하는 타협의 원칙으로 가장 잘 이해될 수 있다. 이것이 바로 홉스의 계약론이 어떤 도덕원칙이 우리 행위를 규제해야하는가를 결정하기 위해 종종 흥정의 법칙, 게임이론, 특히 죄수의 딜레마와 같은 전략들을 적용하는 이유이다. 이 같은 원칙들과 전략들은 사회적 상호작용을 전형적으로 보여주는 이기적 거래의 좋은 모델들이다. 요컨대,

당장 얻어지는 혜택을 쫓기보다 서로 협력하면 우리는 더 잘 살고 원하는 것을 얻을 가능성이 더 높아지는 것이라는 주장이다.

두 번째 종류의 계약론적 윤리는 칸트로부터 영감을 받았으며 롤스(Rawls)의 주요 저서, 『정의론(A Theory of Justice)』과 『정치자유론(Political Liberalism)』에 가장 많이 결부되어있다.13) 롤스의 계약론적 윤리의 칸트적 기반은 다음과 같은 사실에서 명백히 드러난다. 홉스파들처럼 개인적 목표와 선호도에서 시작하는 대신, 롤스는 모든 사람들은 기본적인 도덕적 존중을 받아야 한다는 명확한 인식을 갖고 출발한다. 여기서 도덕적 존중이 뜻하는 바는 칸트의 두 번째 정언명령, "스스로든 간접적으로든 인간을 절대 그저 수단이 아닌 목적으로 대하도록 행동하라"로부터 직접적으로 유래된 것이다.14) 이것은 홉스와 게임이론의 도덕성을 배제하는 것인데, 왜냐하면 홉스와 게임이론의 도덕성 개념은 타인을 목적보다는 거의 수단으로 대하며 스스로의 목적을 진척시키기 위해 휘둘러야 하는 도구로 취급하기 때문이다.

계약론적 윤리의 세 번째 변주는 흄(Hume)에게서 찾을 수 있는데 흄은 도덕원칙들이란 일상생활에서 매일 발생하는 윤리적 문제들에 대한 '관습적 해결책들'이라고 주장한다. 홉스파가 그러하듯 왜 사람들이 도덕적이어야 할 이유가 있는지 주장한다거나, 혹은 칸트파처럼 존중 같은 실질적인 도덕개념을 지지하기보다 흄은 인간이 삶이 그들에게 던지는 도덕적 이슈들을 다루는데 들이는 노력의 한 기능으로서 특정한 도덕적 개념, 평가하는 관점, 그리고 윤리적 책무를 갖고 있는 점을 드러내려 노력한다. 이 같은 이론의 유명한 주창자인 세이어-맥코드(Sayre-McCord)가 표현하듯, 이것은 "도덕용어를 갖고 생각하고 이유에 관해 이야기하는 능력 자체가 일단 어떤 관습이나 관행들이 확립된 다음에야 사용가능한 자원들에 달려있다"는 의미이다.15) 이 견해에 따르면, 도덕성 자체가 인간이 그들 삶의 행로에서 맞닥뜨리는 도덕문제들을 해결하고자 생각해내는 관습들로부터 그 자양분을 끌어내는 사회적 관행이다. 즉, 도덕성이란 사회적 맥락이나 배경에 기대어져서만 이해되고 정당화 될 수 있다. 이러한 점에서 왜 흄과 그 동조자들이 도덕적 문제에 이기심보다 공평무사함과 정의에 호소하려 했는지 이해하기란 어렵지 않다. 왜냐하면 그들이 보기에 도덕적 추론의 가장 중요한 점이란 사람들의 특정한 이해관계와 목표들이 상충될 때 발생할 수밖에 없는 도덕적 충돌을 처리하는 것이기 때문이다.

계약론적 윤리에 대한 비판의 핵심은 이것은 전혀 도덕이론이 아니라 어떻게 협동이 개인의 이익을 증진시키는데 관련을 맺는지, 보다 직설적으로 표현하면, 원하는 것을 얻기 위해 어떻게 타인을 이용해야 하는지에 대한 설명에 지나지 않는다는 것이다. 계약론적 윤리의 문제점은 가설을 세우거나 정치적 호소에 의존해서 개인의 욕망을 중화시키려 하기보다 개인의 실제적 욕망으로부터 출발함으로써, 그리고 욕망을 비평적으로 조사하기보다 실제적 욕망을 절충하고 타협해버려야 한다고 주장함으로써 우리가 대충 짜맞춰낸 합의들이 도덕적 추론을 통해 제거해버려야 할 '도덕적으로 의심스러운 차이점들'을 반영할 뿐이라는 것이다.16) 그러한 협상과 타협들의 작용에서 도덕적이라고 생각될만한 것이 있다면 그것이 무엇인지 알아내기는 극도로 어려울 것이다. 그럼에도 불구하고 도덕의 근거를 구성원들의 합의에 근거한 계약에서 찾으려는 시도는 구체적인 삶의 현장에서 도덕의 정당화를 위한 중요한 역할을 할 수 있다는 점은 분명하다.17)

(4) 덕 윤리(Virtue Ethics)

덕 윤리는 공리주의 윤리와 의무론적 윤리가 인간 내면의 도덕성의 근원과 개인의 인성을 무시한 채 '법칙적인 윤리개념'에만 의존하고 있으며 감정을 도덕적 동기로 인정하지 않는다는 비판을 내세우며 윤리 담론의 무대에 등장하였다.18) 기본적으로 덕 윤리는 우리가 어떤 사람이 되어야 할지에 관심을 갖는다. 따라서 덕 윤리의 근본적인 질문은 '무엇을 해야만 하는가?'가 아니라

'어떻게 살아야 하는가?'이며, 행위 자체 보다는 '행위자'에 초점을 맞추고 있다. 즉, 행위에 대한 '의무 판단'보다는 행위자의 '덕성 판단'을 중시한다. 그래서 '어떻게 행동해야 하는가?'에 대한 덕 윤리의 대답은 '특정 상황에서 유덕한 행위자가 할 법한 것을 행하라'는 것이다.[19] 덕 윤리에서 어떤 행위에 대한 옳고 그름의 판단기준은 다소 간단하다. 덕 윤리에서는 미덕을 드러내는 행동은 옳은 것으로 간주되고 악덕을 드러내는 행동은 그릇된 것으로 간주된다. 미덕에는 책임, 정직, 충성, 신뢰, 공정, 배려, 존중 등이 해당되고 악덕에는 거짓, 배신, 무책임, 불성실, 이기심 등을 예로 들 수 있다. 이처럼 덕 윤리는 개인의 품성과 긴밀하게 연관되어 있다.

이런 점에서 볼 때, 덕 윤리는 대체로 개인윤리에 해당하는 것처럼 보여 스포츠에서 제기되는 윤리문제에 적용하기에는 적합하지 않은 것으로 생각될 수 있다. 왜냐하면 스포츠 상황에서는 스포츠의 규칙이나 관습에 관련되어 제기되는 윤리문제들이 많으며 규칙을 지키고 안 지키고의 문제를 어디까지나 개인적인 감정과 태도의 문제로만 볼 수 없기 때문이다.[20] 그러나 개인의 도덕적 품성이 스포츠人이 갖추어야 할 도덕적 품성과 분리될 수 있는 것도 아니거니와 분리되어서도 안 될 것이다. 일반적으로 유덕한 행동으로 간주된다면 그와 같은 행동은 스포츠 상황에서도 윤리적 행위의 지침이 될 수 있을 것이다.

이 행위는 정직한 것인가? 이 행동은 페어플레이 정신에 입각한 것인가? 공정한 경쟁을 통해 얻은 명예로운 승리인가? 스포츠人으로서 정정당당하게 행동한 것인가? 이와 같은 물음들에 답변을 시도해봄으로써 스포츠에서 덕 윤리를 적용할 수 있다. 즉, 이런 물음들에 답변을 하면서 무엇이 바람직한 행동인지가 분명해진다. 스포츠 속 윤리적 문제를 분석함에 있어 덕 윤리를 사용하기 위해서는, 먼저 해당 상황에 적용될 수 있는 미덕과 악덕을 구별해야 한다. 그런 다음 이들 각각이 암시하는 행동 방향이 무엇인지를 결정해야한다.

다른 윤리이론들의 경우와 마찬가지로 덕 윤리 또한 난점을 가지고 있다.

덕 윤리 체계는 스포츠 상황 속에서 발생하는 복잡하고 복합적인 윤리적 문제에 적용하기에는 다소 까다롭다. 이는 덕 윤리가 구체성이 부족하고 엄격한 분석을 적용하기 어려우며, 스포츠조직이나 스포츠 자체와 같이 사람이 아닌 경우, 덕 윤리 이론으로 설명하기 어려운 경우가 많기 때문이다. 또한 스포츠 상황에서는 표면상으로는 미덕처럼 보이지만 결국 악덕으로 이어지는 경우가 발생할 수 있다. 다시 앞서 언급한 야구의 빈볼을 예로 들면, '팀정신' 혹은 '팀워크'라는 개념은 스포츠에서 미덕으로 인식된다. 그러나 이 '팀워크'이라는 미덕은 팀의 사기와 자존심을 지키기 위하여 아무 잘못이 없는 상대방 타자에게 빈볼을 던져 폭력적 앙갚음을 하는 행위를 정당화시키기도 한다. 빈볼이 아니더라도 스포츠에서 이와 유사한 사례는 헤아릴 수도 없이 많다. 스포츠에서 덕 윤리를 적용할 때는 덕으로 식별된 특징이 실제로 덕성스러운 것이어야 하고 부정적 결과를 파생시켜서는 안 된다는 점을 확인해야 할 것이다.

나가며

사람들은 본질적 물음 이전에 실존적 물음과 더불어 살아가고 있다. 이에 1960년대 후반부터 영미 윤리학계는 분석윤리학적 주제에서 벗어나 규범윤리학적 주제로 그 관심 방향을 돌리기 시작했다.[21] 이러한 흐름에 영미 스포츠철학계도 스포츠현상에 대한 존재론적 논쟁에서 가치론적 논쟁에 관심을 옮기기 시작했으며, 특히 스포츠 상황에서 발생하는 윤리적 문제에 대한 연구가 활발히 진행되었다.[22] 스포츠현장에서 발생하는 다양한 윤리적 물음 앞에 무엇이 옳은지를 많은 사람들이 고민하고 있다. 현실과 거리를 둔 형이상학적이고도 사변적인 '구름 위' 철학을 외면하기 시작했고, 반면에 스포츠윤리와 같은 실천적 물음에 대해서는 철학적인 답변을 요구하고 있다. 이러한 고민과 사회적 기대를 이젠 국내 스포츠철학계도 외면할 수 없게 되었다.

스포츠에서 제기되는 윤리적 문제들은 스포츠가 지니는 특성으로 인해 도덕적 합의가 애매한 부분에서 비롯된다. 따라서 윤리적 쟁점이 발생했을 때, 먼저 기본적인 도덕적 믿음과 상호 관련된 사실을 결정하고, 거기에 어떤 윤리적 쟁점들이 있는지를 파악한 후, 종합적으로 행위 해야 할 것과 행위 하지 말아야 할 것을 도출하는 방법을 살펴보아야 한다.23) 이러한 과정에 필수적인 것이 바로 윤리이론이다. 윤리이론은 우리가 무엇을 해야 하고, 어떻게 살아야 하는지, 그리고 우리가 추구해야 할 최고선이 무엇인지에 대한 수많은 지성인들의 숙고의 결과라 할 수 있다.24) 그렇기에 이들 윤리이론들은 적어도 윤리적인 문제를 이해하고 해결책에 도달하는 기본구조를 제공하여 도덕적 규칙들의 갈등이 어떻게 처리되어야 할지를 안내하는 역할을 한다.

현대 윤리이론들 중에서 공리주의, 의무론적 윤리, 계약론적 윤리, 덕 윤리는 스포츠 속 윤리문제의 분석과 해결을 위한 이론적 틀로서 유용하게 활용될 수 있다. 이들 윤리이론을 활용하는 접근법은 스포츠에서 행위의 도덕적 정당성을 확보하는 데 기여하여 스포츠 속 윤리적 갈등상황에서 바람직한 의사결정이나 행위에 대한 지침을 제시할 수 있을 것이다. 그럼 다음 장부터는 이러한 접근방법을 통하여 12가지의 스포츠윤리 주제들을 구체적으로 분석해보고자 한다.

스포츠의 본질과
규범적 특징

e스포츠는 '진짜' 스포츠인가?

1. 2019년 우리나라 평창에서 다소 생소하게 들리는 '세계 청소년 마인드스포츠 대회'가 개최되었다. 7회째인 이 대회는 세계 각국에서 4,500여명의 선수와 관계자 등이 참가하여 체스, 바둑, 주산·암산 종목에서 승부를 겨루며 서로 교류하였다. 이 중 체스는 전 세계 약 7억 명이 즐기는 마인드스포츠로, 약 200개국이 세계체스연맹(FIDE)에 가입되어 있고 2010년 광저우 아시안게임에 이어 2022년 항저우 아시안게임에서도 정식 종목으로 채택되었다. 과연 체스도 스포츠로 불릴 수 있는 것일까?

* 한국체육학회지 제59권 제3호에 게재된 저자의 논문, 『e스포츠는 '진짜' 스포츠인가?』를 수정·보완하여 작성함

2. 오늘날 '스포츠'라는 단어는 온갖 종류의 것들을 일컫기 위해 사용된다. 하물며 의류 중에서도 스포츠웨어가 있고, 신문에도 스포츠신문이 있으며, 자동차 중에도 스포츠카가 있다. 등산은 산악스포츠, 바둑이나 체스는 두뇌스포츠 혹은 마인드스포츠, 오토바이 경주는 모터스포츠, 패러글라이딩은 항공스포츠, 투우는 유혈스포츠, 요가는 요가스포츠, 무용은 댄스스포츠가 되길 원한다. 그렇다면 이 모든 것이 '진짜' 스포츠인가? 1990년대 말 게임 및 전자 산업의 발전과 더불어 컴퓨터 및 네트워크, 기타 영상 장비 등을 이용하여 승부를 겨루는 e스포츠가 등장하였다. 하지만 국내 체육계에서는 여전히 e스포츠를 스포츠로 인정하고 있지 않는 분위기이다.

당신은 e스포츠를 스포츠라고 생각하십니까?

핵심개념

1. Bernard Suits의 '게임(game)'에 대한 정의

- 게임의 4가지 구성요소
  ① 목적(goal)
  ② 목적을 달성하기 위한 수단(means)
  ③ 규칙(rules)
  ④ 게임을 가능하게 하는 경기자의 태도(lusory attitude)*
- 게임이란 규칙에 의해 허용되는 수단(means)만을 사용해 특정 상태(lusory goal)에 이르려는 시도로서, 게임의 규칙들은 덜 효율적인 수단(constitutive rule)을 선호해 더 효율적인 수단의 사용을 금지하며, 그리고 게임의 규칙들은 이런 활동(lusory attitude)을 가능하게 하기 때문에 허용된다.
- 게임을 한다는 것은, "불필요한 장애물을 극복하려는 자발적인 시도"다.

* 'lusory'는 게임/경기를 뜻하는 라틴어 'ludus'를 Bernard Suits가 활용한 용어로 한국어 번역은 '게임적 태도'가 적합할 것으로 판단된다.

2. Bernard Suits의 '스포츠(sport)'에 대한 정의

- 스포츠의 8가지 조건

  게임의 4가지 조건 + ⑤ 게임 기술, ⑥ 신체적 기술, ⑦ 폭넓은 지지층,
  ⑧ 안정성

- 게임 기술(skill in games)

  스포츠는 특정 기술을 실행하기 위한 능력을 수반해야 하고, 그 기술의
  수행은 참가자와 관객들 모두에게 어느 정도의 존경을 불러일으킬 수
  있어야 한다.

- 신체적 기술(physical skill)

  스포츠가 되기 위한 기술은 반드시 '신체적' 기술이어야 한다. 따라서
  Suits는 체스나 브리지 같은 게임은 '게임 기술'을 수반하긴 하지만 신체적
  기술과 상관없기에 스포츠가 될 수 없다고 주장한다.

- 폭넓은 지지층(a wide following)

  게임을 함께 공유하고 열광하는 폭넓은 지지층이 있어야 한다.

- 안정성(stability)

  게임과 관련된 교육과 훈련, 코칭, 발전을 위한 연구와 개발, 전문가의
  비평, 개인기록과 통계 자료의 수집 및 보관 등 게임에 보조기능을 담당하는
  부수적 역할과 제도의 탄생 및 융성이 존재해야 한다.

3. Allen Guttmann의 스포츠에 대한 정의

- "자발적인 놀이로서 비경쟁적인 게임이나 지적 경연대회와는 대조적인
  형태의 신체적, 조직적, 경쟁적인 놀이"

- 근대 스포츠의 7가지 구성요소

  ① 세속주의(secularization)

  ② 참가자의 기회와 조건의 평등성(equality)

  ③ 역할의 전문화(specialization)

④ 규칙과 훈련의 합리화(rationalization)

⑤ 스포츠조직의 관료화(bureaucratization)

⑥ 결과의 정량화(quantification)

⑦ 기록에 대한 추구(the quest for records)

4. Jim Parry의 스포츠에 대한 정의

• "인간의 신체적 기술을 겨루는 규칙 기반의 제도화된 경쟁"

• 스포츠의 6가지 필수 구성요소

① 인간성, ② 신체성, ③ 기술, ④ 경쟁, ⑤ 규칙, ⑥ 제도화

들어가며

　최근 비디오 게임 산업은 수익성이 매우 높은 사업으로 발전해왔다. 초고속 인터넷과 스마트폰 보급 확산으로 인한 사회의 디지털화는 많은 경제 분야에 큰 영향을 미쳤으며, 그 중 하나가 비디오 게임이다. 비디오 스트리밍 기술의 향상과 온라인 게임 산업의 급속한 발전은 오늘날 e스포츠의 성장을 촉진시켰다. 한국콘텐츠진흥원의 2018년 e스포츠 실태조사 보고서에 따르면, 세계 e스포츠 시장 규모는 9억 6백만 달러(한화 약 1조 1000억)에 달하고, 국내 e스포츠 시장도 약 1000억 원에 육박한다.[1] e스포츠가 창출하는 막대한 양의 돈 뿐만 아니라, 전 세계 7천만 명이 넘는 사람들이 인터넷이나 텔레비전으로 e스포츠를 시청하고 있다는 점도 놀라운 사실이다. <Forbes> 보고서에 따르면, 가장 인기 있는 e스포츠 게임 중 하나는 리그 오브 레전드(LoL)라는 판타지 전투 전략 게임으로 2014년 매달 6,700만 명 이상의 경기자가 등록했고, 2,700만 명이 매일 접속하였다.[2] 2013년 10월 개최된 LoL 챔피언십은 동시 온라인 시청자 수가 최대 850만 명에 이르렀는데, 이는 국내 시청률 조사 회사인 닐슨코리아가 집계한 프로축구 K리그 2016시즌 전체 시청자 수인 863만 명과 거의 비슷한 수치이다.[3]

　온라인 비디오 게임의 경기화와 그 인기는 아시아에서 시작되었다. 한국이 가장 깊은 관련이 있는데, 한국은 e스포츠만 중계해주는 TV 채널도 있다. 2014년 서울 상암 월드컵경기장에서 열린 e스포츠 대회, 'LoL 월드컵(롤드컵)' 결승전에 4만 명이 넘는 유료 관중이 경기장을 가득 메우고 각각 다섯 명의 선수로 이루어진 두 팀의 경기를 지켜보았다.[4] 각 선수들은 컴퓨터, 마우스, 키보드 앞에 앉아 있었고 세 개의 대형 스크린이 LoL 챔피언십에서 벌어지는 액션을 보여주었다. 조별예선부터 결승전까지 전 세계 누적 시청자 수는 2억 8,800만 명, 결승전 순간 최고 시청자 수는 1,120만 명에 달했다.[5] 영국과 미국 같은 서구 국가들도 이러한 e스포츠 인기에 편승하고 있다. 2014

년 8월 런던의 카퍼 박스 경기장에서는 영국에서 이제까지 개최된 것 중 최대 규모의 e스포츠 경기인 G3가 열렸다. FIFA14, 스타크래프트2, 콜 오브 듀티, 카운터 스트라이크 게임의 승자들에게 14만 달러(한화 약 1억 7천만 원)의 상금이 수여되었다.6) 미국에서는 2013년 LoL 챔피언십이 약 2만 명을 수용할 수 있는 캘리포니아 주 로스앤젤레스의 최대 공연장인 스테이플 센터 에서 개최되었다.7) 전년도에 만 명의 팬들을 수용했던 장소가 매진되었기 때문이다. 2015년 4월, 세계적인 스포츠 전문 채널인 ESPN2가 2시간 넘게 전국 방송에서 e스포츠를 방송하고 생방송 시청자와 전문 논평인들이 등장하 자 트위터 등 SNS에서도 엄청난 파급력을 보였다.8)

e스포츠의 엄청난 인기는 미국 대학 스포츠에도 침투했다. 2014년 피츠버 그의 Robert Morris 대학은 최초로 e스포츠를 대학 스포츠로 인정하고 e스포 츠 선수를 위해 "게임" 장학금을 제공하였다.9) 50만 달러(한화 약 6억) 이상이 게이머들에게 배정된 것이다. 켄터키의 Pikeville 대학 역시 이러한 사회적 분위기에 따라 2014년 12월에 e스포츠를 공식 대학 스포츠로 인정한 두 번째 대학이 되었다.10) 대학 클럽 기반의 대학 간 게임 리그인 대학 스타 리그(CSL)에 따르면, 미국과 캐나다에서 511개의 팀이 활동하고 있다고 한 다.11) 이러한 미국 대학 스포츠계의 움직임은 e스포츠가 스포츠로 간주되어야 하는지에 대한 의문을 일으킨다. 물론 수익 창출을 중요하게 여기는 미국 대학 스포츠계의 e스포츠에 대한 개방적 태도는 철학적인 결정이라기보다 사업상의 결정일 수 있지만, e스포츠를 스포츠로 인식하기 시작하는 분위기에 힘을 실어주는 것이다.

e스포츠의 팽창과 성장 덕분에 이 주제에 관한 학계의 관심과 연구도 활발해 지고 있다. e스포츠에 관한 학계의 주요한 논의 중 하나는, e스포츠가 '진짜' 스포츠로 간주될 수 있냐는 것이다. 이상호와 황옥철은 그들의 저서『e스포츠 의 학문적 이해』에서 규칙, 경쟁, 신체성, 내적 동기, 외적 동기 측면에서 e스포츠의 스포츠로서의 자격을 주장하였다.12) Jonasson과 Thiborg은 e스포

츠가 현대스포츠의 자질들을 받아들임으로써 스포츠화라는 방향으로 빠르게 변화해나가고 있음을 지적한다.[13] Llorens는 저명한 철학자인 Suits가 제시한 스포츠의 네 가지 요건인 기술, 신체성, 폭넓은 지지층, 안정성의 조건을 e스포츠가 모두 충족한다고 주장한다.[14] Abanazir, Jenny, Manning, Keiper와 Olrich 같은 학자들은 Guttmann이 제시한 스포츠의 일곱 가지 특징인 세속화, 평등, 전문화, 관료주의, 합리화, 수량화, 기록 추구를 현재 e스포츠가 모두 만족한다고 주장하며 e스포츠를 스포츠로 받아들일 것을 지지한다.[15]

그러나 Hemphill은 e스포츠를 스포츠로 인식하는데 제도화와 관련된 문제점을 지적하는데, 그는 e스포츠는 Suits가 스포츠의 필요조건으로 주장한 광범위한 지지층과 안정성을 결여하고 있다고 주장한다.[16] Jonasson과 Thiborg는 Guttmann이 내린 스포츠의 정의, '자발적인 놀이, 비경쟁적 게임, 지적 경연과 반대로 신체적이고 경쟁적이고 조직된 놀이'를 이용해 e스포츠를 스포츠로 보는데 동의하지만, Guttmann이 제시한 현대스포츠의 일곱 가지 특성을 고려할 때, 이 두 학자는 e스포츠를 현대스포츠로 포함할 수 있다는 주장은 설득력이 떨어진다고 주장한다.[17] 또한 Jim Parry와 같은 스포츠철학자는 e스포츠가 '부적절하게 인간적'이기에 스포츠가 아니라고 주장한다.[18] 그는 e스포츠는 신체성을 결여했고, 결정적인 전신 제어와 전신 기술을 사용하지 않으며, 안정적이고 지속적인 제도의 출현에 심각한 제약을 지니고 있기 때문에 어떤 '유사성'이 주장되든 스포츠로서의 자격이 없는 그저 컴퓨터 게임일 뿐이라고 주장한다.[19]

e스포츠의 경제적 가치뿐만 아니라 오늘날 전 세계적으로 인기를 끌고 있다는 점을 감안할 때, e스포츠가 스포츠로서 갖는 지위에 관한 논의는 e스포츠의 본질과 중요성을 이해하는 방법으로 유용하게 이용될 수 있다. 이에 저명한 철학자인 Suits,[20] Guttmann,[21] Parry[22]가 제시한 스포츠의 정의와 스포츠가 되기 위한 필수 구성요소들을 고찰함으로써 e스포츠의 스포츠로서의 자질 여부를 구체적으로 살펴보고자 한다.

1. 스포츠의 개념

　오늘날 '스포츠'라는 단어는 온갖 종류의 것들을 일컫기 위해 사용된다. 하물며 의류 중에서도 스포츠웨어가 있고, 신문에도 스포츠신문이 있으며, 자동차 중에도 스포츠카가 있다. 등산은 산악스포츠, 바둑이나 체스는 두뇌스포츠 혹은 마인드스포츠, 오토바이 경주는 모터스포츠, 패러글라이딩은 항공스포츠, 투우는 유혈스포츠, 요가는 요가스포츠, 무용은 댄스스포츠가 되길 원한다. 그렇다면 이 모든 것이 '진짜' 스포츠인가? 누군가가 스포츠라고 부르고 싶어한다고 무엇이든 스포츠로 간주되는가? 누군가 스포츠로 부르고 싶어 했다고 e스포츠가 스포츠로 간주되는가? 원한다면 건강 '증진' 프로그램을 건강 '교육' 프로그램이라고 부를 수 있다. 그러나 그렇게 부른다고 건강 증진 프로그램이 건강 교육 프로그램이 되는 것은 아니다. 건강 증진 프로그램을 평가하려면 건강 교육 프로그램인지 알아볼 교육의 개념이 필요하다. 마찬가지로, 비디오 게임을 e스포츠라 부를 수 있지만 e스포츠가 실제로 스포츠인지 확인하려면 스포츠의 개념에 대한 고찰이 필요하다. 즉, e스포츠가 스포츠로 간주 될 수 있는지 여부를 검토하려면 우선 스포츠가 어떤 필수조건을 포함하며 그것이 어떻게 e스포츠에 연관되는지 명확히 해야 한다. 이를 위해, Bernard Suits와 Allen Guttmann이 제시한 스포츠의 필수 구성요소들을 중심으로 여러 학자들이 언급한 스포츠의 정의와 현대스포츠의 특징들을 분석의 틀로서 활용하고자 한다.

　Suits는 스포츠의 조건을 '게임'의 요소들을 통해 정의하는데, 그가 제시한 게임의 정의는 다음과 같다. 게임은 "규칙에 의해 허용되는 수단만을 사용해 특정 상태(lusory goal: 게임의 목적)에 이르려는 시도로서, 규칙들은 덜 효율적인 수단(constitutive rule: 구성적 규칙)을 선호해 더 효율적인 수단의 사용을 금지하며, 규칙들은 이런 활동(lusory attitude: 게임 태도)을 가능하게 하기 때문에 허용된다."[23] 스포츠란 여기에 네 가지 요소가 더해진다. Suits에 따르면, '기술(skill),' '신체성(physical skill),' '폭넓은 지지자들(wide following),' '안정성(stability)'이라는 네 가지 요소가 어떤 게임(game)에 의해 충족될 때 그 활동을 스포츠라고 정의하였다. 즉, 스포츠란 '신체 활동'으로 구성된 '기술'을 겨루는 게임이어야 하며, 그러한 게임은 '광범위한 지지'와 어느 정도의 '안정성'을 가져야한다. 따라서 Suits의 정의에 따르면, 스포츠란 "불필요한 장애물(게임의 정의)을 극복하기 위한 자발적인 시도"라 할 수 있다.[24]

Meier 같은 스포츠철학자는 Suits의 개념을 대부분 받아들이지만, 스포츠의 제도화와 안정성을 필수조건으로 강조하는 것에는 오류가 있다고 주장한다.[25] Meier 주장의 근거는, 모든 스포츠가 제도화된 것은 아니며 규제적 측면, 관습과 전통은 스포츠 본질에 부수적인 것이라는데 있다. Meier는 제도화를 스포츠 본질의 필수적 요소로 보는 것은 자의적이고 오류일 뿐 아니라 비생산적이라고 주장한다.[26]

Guttmann은 스포츠의 개념에 관해 조금 다른 입장을 보이며 현대 스포츠의 7가지 특징, 즉 세속주의(secularization), 경쟁 기회와 경쟁 조건의 공정성(equality), 역할의 전문화(specialization), 합리화(rationalization), 관료주의적 조직(bureaucratization), 수량화(quantification), 그리고 (신)기록 추구(quest for records)가 현대스포츠를 전통적 의미의 스포츠로부터 구별 짓는다고 주장한다.[27] Guttmann은 게임의 규칙과 합리화를 연결 지으며 '경쟁 규칙'이 있어야만 한다고 강조하고, 현대스포츠의 관료주의적 측면에 관해서는 게임의 규칙을 정하고, 그 게임에 대한 연구를 시행하고, 챔피언십을 조직하는 관료주의적 조직의 역할이 있어야만 한다고 지적한다.

스포츠철학자 Jim Parry는 스포츠란 단어에 논리적으로 필요한 여섯 가지 조건을 제안하였다. Parry에 따르면, 스포츠는 '인간'의 활동이고, '신체' 활동이며, 신체적 '기술'을 요구하고, '경쟁'이며, '규칙'에 의해 관리되고, 마지막으로 스포츠는 국가 및 국제 연맹의 관리에 따라 '제도화'되어 있어야 한다. 이 여섯 가지 조건을 종합해보면, 스포츠란 "인간의 신체적 기술에 관한 제도화되고 규칙에 의해 지배되는 경쟁이다."28) 이 조건들은 스포츠의 정의적 특성을 제공해줄 뿐 아니라 경계 범주, 즉 무엇이 스포츠가 아닌지도 제공해준다.

현대스포츠는 서로 밀접한 관련이 있는 형식화, 규제, 그리고 제도화에 바탕을 두고 있다.29) 제도에 따라 규칙이 정해지고, 규칙은 다양한 과정들을 포함하는 관료주의로 이어지고, 그 안에서 제도는 시합 및 경기 참가자들을 승인하게 된다. Pfister에 따르면, 19세기 이후부터 지속적으로 스포츠의 성장은 규제와 관료주의 과정들을 수반했고, 그 과정들에 의해 형성되었으며, 이 과정들은 스포츠 조직과 제도 형성 뿐 아니라 다양한 스포츠 종목과 관행 개발에도 기여하였다.30) 따라서 규제와 제도화의 역할은 스포츠의 정의와 구성요소에 관한 이론적 틀을 세우려는 스포츠철학자와 스포츠사회학자의 주의를 당연히 끌어왔다.

이처럼 스포츠의 개념에 대한 학자들의 분석은 조금씩 상이하다. 스포츠의 개념에 관한 유일한 정의는 찾기 어려울 것이다. 왜냐하면 스포츠는 특정 사회나 개인에 따라서 어느 정도 적용의 범위나 강조점이 다르며, 또 시대의 변화에 따라 조금씩 의미가 달라질 수 있는 개념이기 때문이다. 18세기 영국의 '스포츠'는 동물 사냥을 의미했을 수 있다. 그 이전 16세기 영국에서는 '오락'을 의미했을 것이다. 뉴질랜드 사회와 한국 사회에서 받아들여지는 스포츠의 의미는 다소 다를 수 있다. 아마도 스포츠의 개념은 필연적으로 불완전한 분석일 것이다. 학자들마다 스포츠를 설명하기 위해 조금씩 다른 요소들을 제시하고 있지만, 이러한 요소들 역시 각각의 개념에 관한 설명을 필요로 하는 개념이며, 이것은 추가 개념 분석과 2차적, 3차적 설명을 통해서만 가능해진다.

또한 이러한 요소들을 충족함에 있어 항상 '경계선'의 문제가 발생한다. 조류는 날아다니며 알을 낳는 반면, 포유류는 육지에서 사는 태생동물이다. 그러나 타조는 조류인데도 날지 않으며 오리너구리는 포유류인데도 알을 낳으며 돌고래는 물고기처럼 바다에 산다. 어떤 개념을 분류하려는 욕구는 이 같이 어려운 경우를 필연적으로 낳으며, 2차적 설명과 하위 범주들을 필요로 하게 된다.31) 스포츠에 대한 개념을 엄격히 분류하려다 보면 경계선 문제가 생겨난다. 발레가 스포츠가 아닌데 피겨 스케이팅은 왜 스포츠인가? 다트는 스포츠가 아닌데 투창 던지기는 왜 스포츠인가? 축구와 피구는 둘 다 게임의 요소를 충족하는데 왜 축구는 체육단체의 재정적 지원을 받고 피구는 못 받는가? 경계선에서 어떤 범주의 결정은 어느 정도 '자의적'일 수밖에 없다. 물론 학자들마다 경계선에 자의성이 있다고 해서 개념 분석에 관한 학술적 가치를 해치는 것은 아니다. 개념 정의를 통해 여전히 사람들은 대체로 조류와 포유류와 물고기를 구별할 줄 안다. 따라서 스포츠의 개념 정의로 학계에서 널리 받아들여지고 있는 Suits, Guttmann, Parry가 제시한 스포츠의 필수요소 를 토대로 e스포츠의 '스포츠'적 측면을 분석하고자 한다.

2. e스포츠와 스포츠의 접점

e스포츠가 스포츠로 분류될 수 있는지 여부를 결정하기 위해 먼저 스포츠의 개념 정의를 살펴보았다면, 다음으로 e스포츠 개념의 경계를 명확히 할 필요가 있다. 매우 일반적인 의미에서 '게임(game)'은 비디오 게임을 하는 활동이다. 그러나 이 정의는 다소 불명확한데, 모든 비디오 게임이 e스포츠로 간주되지는 않기 때문이다. 특정 의미에서 게임은 개인 간 상호작용이 필요한 비디오 게임에 참여해 적을 무찌르기 위해 게임 규칙에 따라 경쟁하는 관행을 의미한 다. 이를 위해서는 높은 수준의 집중력, 기술, 정밀함, 신체 조절 및 전략이 필요하다. 이 같은 '특정 의미'의 게임만이 e스포츠의 정의를 구성할 수 있다. 예를 들어 '월드 오브 워크래프트' 또는 '디아블로'는 매우 인기 있는 온라인 비디오 경쟁 게임이다. 그러나 이 둘은 근본적으로 경쟁적인 개인적 상호

작용이 아니라 '프로필 업그레이드' 훈련으로 구성되어있다. 즉, 이 게임들에서는 최종 우승이 없고, 다양한 적수와 계속해서 경쟁을 펼쳐나갈 뿐이다. 이 게임들에는 결말이 없고, 따라서 스포츠의 필수조건인 '결과 지향적 경쟁'을 충족시키지 못한다.

'리그 오브 레전드(LOL)'와 '카운터 스트라이크: 글로벌 오펜시브' 게임이 e스포츠로 여겨지는 두 개의 패러다임적 예라고 할 수 있다. 경쟁하는 팀 대 비디오 게임 간의 실제 게임은 그 목표가 상대를 무찌르는 것이고, 개별적 경기를 통해 결정되며 정해진 시간과 플레이 세트들이 온라인이나 LAN 경쟁 환경에서 이루어진다. 이것이 비디오 게임이 e스포츠로 간주되는데 필요한 첫 번째 조건이다. 두 번째 필요조건은 경기자들이 공격이나 무기를 마스터하기 위한 많은 기술이나 능력을 요구하는 관행에 참여해야 한다는 점이다. 경기자들은 정밀함, 집중력, 신체 제어, 인내심, 빠른 움직임과 팀 전략을 필요로 한다.

e스포츠의 상대적 진기함 때문에, 그리고 문화, 기술, 스포츠 및 비즈니스와의 융합 때문에 e스포츠를 이해하기란 매우 복잡하다.[32] 농구, 배구, 야구, 축구와 같은 전통적 스포츠와 달리 e스포츠는 여러 플랫폼의 상호 연결로 되어있다. e스포츠는 컴퓨팅, 게임, 미디어 및 스포츠 이벤트가 모두 하나로 묶여 있는 것이기 때문에 e스포츠를 명료하게 정의하기란 매우 어렵다. Wagner는 e스포츠를 "전문적인 환경에서 컴퓨터 게임을 경쟁적으로 하는 것"으로 보는 것은 너무 좁은 정의라고 주장한다.[33] 대신 Wagner는 e스포츠를 "사람들이 정보와 통신기술 사용에 있어 정신적, 신체적 능력을 개발하고 훈련시키는 스포츠 활동 영역"으로 정의했다.[34] 국내에서는 e스포츠를 "현실 세계와 비슷하게 만들어진 가상의 전자 환경에서 정신적, 신체적인 능력을 활용하여 승부를 겨루는 여가활동을 통틀어 이르는 말"로 이해되고 있다.[35]

e스포츠의 스포츠적 자질에 대한 분석을 진행하기에 앞서 오늘날 e스포츠 현상 중 가장 중요하다고 할 LoL에 대한 간략한 설명이 필요하다. LoL은

미국의 게임 개발 회사 라이엇 게임즈(Riot Games)에서 개발한 다인용 온라인 전투장 게임(MOBA: Multiplayer Online Battle Arena)이다. 2009년 10월 출시되었으며 오늘날 가장 인기 있는 e스포츠 중 하나다. 이 비디오 게임은 게임을 온전히 스포츠 관행으로 취급하며, e스포츠의 전형적 예라고 할 수 있다.36) 경기 중 각 참가자는 특정 포지션을 가지고 있으며 각각 다른 역할을 담당한다. 현재 프로 정규 리그에서 경기는 두 개(유럽) 혹은 세 개(북미)의 라운드, 플레이오프에서는 다섯 개의 라운드로 나뉜다. 아마추어 수준에서는 각 게임이 경기 하나로 간주된다. 각 게임은 평균 35분 동안 지속되며 경기가 끝날 때까지 플레이어는 경기를 떠날 수 없고, 떠나면 경고나 벌칙을 받는다. 각 게이머는 게임 플랫폼에서 모니터링 되기 때문에 업그레이드 혹은 다운그레이드 될 수 있는 퍼포먼스 레벨이 부여된다. 시즌은 두 개의 정규 시즌으로 나뉘어 봄, 여름에 각각 진행되며 두 시즌에 모두 플레이오프가 있다. 가을에는 월드 챔피언십이 열린다. 시즌 중반에는 초대된 게이머들의 토너먼트가 열린다. 그렇다면 LoL과 같은 e스포츠는 Suits, Guttmann, Parry가 제시한 스포츠로서의 조건인 유희성, 규칙, 경쟁, 신체성, 기술, 폭넓은 지지층과 제도화를 모두 충족하고 있는 것일까?

(1) 유희성, 규칙, 경쟁

Guttmann은 놀이가 모든 스포츠의 기초라고 주장한다. 여기에는 재미나 즐거움을 위해 자발적이고 본질적으로 동기 부여되는 활동이 포함된다. e스포츠 참가자는 자발적으로, 즐기기 위해 비디오 게임을 행하며, 이 점에서 '자발적 놀이'라는 스포츠의 기본적 조건을 충족한다. 놀이라는 용어는 종종 게임과 관련된다. 게임은 구조화 된 놀이로 정의되며, 비디오 게임과 e스포츠라는 용어 사이의 공통된 연결점 때문에 e스포츠 역시 스포츠보다 낮은 수준으로 인식되는 게임과 동일시된다. 놀이와 게임은 종종 어린 시절과 연관되는데,

어린 시절에는 놀이, 게임, 스포츠가 연속선상에 있으며, 어린 시절 놀이의 자유가 게임으로 제한되고, 이것이 구조화되고, 코드화되고, 이후 완전히 제도화되었을 때는 스포츠가 된다.37)

Suits는 스포츠란 규칙을 준수하는 목표 지향적 활동이라고 주장한다. 이와 비슷하게 Guttmann도 스포츠는 조직적이고 규칙에 의해 통제된다고 강조한다. 일반적으로 e스포츠 토너먼트에서는 4-5명으로 이루어진 팀들이 정해진 비디오 게임(예: LoL)을 정해진 시간(예: 1시간 45분) 동안 여러 라운드에 걸쳐 경쟁하며, 게임과 서버 환경에 관한 구체적인 규칙과 규정에 따라 토너먼트와 경기 규정이 정해진다. 즉, 팀들은 잘 정의된 가상 환경 내에서 게임을 펼친다. 경기자들은 승리하기 위해 각각 비디오 게임의 구체적 지침과 구조를 잘 준수해야 한다. 이러한 점에서 의심의 여지없이 e스포츠 역시 규칙들로 구성되어 있다.

모든 스포츠는 경쟁을 수반한다. 스포츠는 승자와 패자를 가르는 경쟁을 반드시 포함해야 한다. e스포츠 시합에서 승리하는 유일한 방법은 상대 팀의 전략을 능가하는 전략을 찾고 실행하는 것이다. 따라서 e스포츠도 승자와 패자를 낳는 경쟁적 구조를 포함한다. 경쟁의 개념에는 이기거나 지거나 무승부를 낳을 상대편의 존재가 내포되어있다. 상대가 없으면 경쟁도 없다. e스포츠 역시 경쟁, 그것도 종종 매우 치열한 경쟁을 수반한다. e스포츠에서 주목할 만 한 점은 전 세계 사람들과 경쟁 할 수 있게 해주는 능력을 지닌 것이다. 때때로 컴퓨터 인프라가 덜 발달된 지역의 참가자들이 기술적 문제 때문에 인터넷 기반 경쟁에 참여하지 못할 수 있지만, 이러한 문제는 시간이 지나며 극복될 것이다.38) 이러한 측면에서 e스포츠계는 e스포츠가 스포츠의 경쟁이라는 특성을 충족하며, 이를 통해 참가자들 역시 게임 플레이어가 아닌 선수로서 정당화된다고 주장한다.39)

물론 이러한 입장에 대한 반론도 제기된다. e스포츠 경쟁에 참가하는 게이머들이 정말 체육인인가? Jeu는 그의 고전적 담론 『스포츠란 무엇인가?』에서 스포츠 속 경쟁의 본질을 분석했다.[40) Jeu는 스포츠에 존재하는 경쟁의 유형이 독특하다며 경쟁을 게임과 분리한다. Jeu의 설명에 따르면, 경쟁이란 상대를 이기는 것인데, 스포츠는 신체적 현실 안에 존재하기에 스포츠에서 성공하는 것, 즉 이기는 것은 신체적으로 상대를 압도하는 것이다. 신체적 현실 안에 존재한다는 것은 자신의 신체적 한계를 밀고 나간다는 의미이고, 그리고 이것은 정신적, 감정적 한계까지 밀고 나감을 뜻한다.[41) 요컨대, Jeu의 주장에 따르면, 상대를 이긴다는 것은 땀을 통한 훈련, 즉 승리에 필요한 기술들을 얻기 위해 고통 속에 훈련하는 것을 의미한다. 이와 같은 Jeu의 주장은 스포츠와 게임 모두 경쟁을 제공하지만 스포츠 경쟁이 신체적 영역에 존재하기 때문에 스포츠는 단순한 게임보다 우월하다는 것이다. 따라서 '신체성'은 e스포츠의 스포츠로서의 자격 여부를 논의함에 있어 가장 논란이 되는 지점이다.

(2) 신체성(physicality)

Suits와 Parry에 따르면, 게임과 구별되는 스포츠의 특징은 스포츠가 우연이 아닌 기술 게임이라는 것이며 이 때 기술은 반드시 신체적인 것이어야 한다. Guttmann, Feezell, Tamburrini 모두 스포츠는 신체적 경쟁으로 이루어져야 함에 동의한다.[42) 스포츠의 핵심이 신체성이란 점은 분명하다. Drewe도 스포츠는 경쟁적 환경에서 신체적 기교에 관한 것이어야 한다는 점을 강조하며 e스포츠는 스포츠에 포함되어선 안 된다고 주장한다.[43) Hemphill 또한 스포츠의 필수적 특성은 신체적 용맹이며, 이것이 게임과 구별되는 점이라 강조한다.[44) 따라서 비디오 게임이 스포츠가 되려면 게임 참가자의 '신체적 움직임'이 게임의 목표를 성공적으로 완료하는 데 필수적이어야 한다. 그렇다면 신체성 쟁점에 있어 관건은 '어느 정도'의 신체성을 포함해야 스포츠라 할 수 있는가이다.

바둑을 예로 들어보자. 바둑 게임을 할 때 상대와 경쟁에 이기기 위해서는 바둑판 위의 돌들을 전략적으로 움직여야만 한다. 그런데 팔과 손가락에 힘을 주어 바둑돌을 잡아서 선택한 위치로 옮겼다고 해서 이 바둑 게임이 스포츠로 간주될 수 있는가? 신체성 측면에서 바둑을 스포츠로 인정하지 않는 입장은, 이와 같은 이유에서 e스포츠도 스포츠로 간주하지 않을 것이다. 일반적으로 스포츠에서 신체성은 대근운동, 즉 큰 근육을 사용하는 신체활동을 의미한다. 하지만 큰 근육 활동으로만 스포츠의 자격을 제한하는 것은 사격, 양궁과 같은 미세 근육을 사용하는 올림픽스포츠 종목도 스포츠에서 배제해야 하는 모순점을 야기하고, 큰 근육과 잔 근육 사용 운동의 경계선을 어디에 그을 것인지의 모호한 문제도 발생한다.

e스포츠도 참가자의 신체적 요소를 요구한다. 게이머는 정확한 수행을 위해 신체 조절 기술, 눈과 손의 협응 및 위치를 유지하기 위한 인내심도 발달시켜야 한다.45) 즉, 뛰어난 e스포츠 경기자가 되려면 엄청난 집중력, 전략, 그리고 정확한 미세 운동 조절이 필요하다. 이런 정밀한 신체적 기술은 수개월, 수년 간의 연습을 통해서만 개발될 수 있다. 사실 여기에 수반되는 신체 활동은 올림픽 스포츠인 사격에 수반되는 신체활동과 매우 유사하다. Hemphill은 그의 논문『CyberSport』에서 이미 비디오 게임은 체화된 관행이며 스포츠로 간주되어야 함을 역설한다.46) Hemphill은 "신체적 측면이 수반되지 않는다면 신체 부상도 일어날 리 없고 게이머의 퍼포먼스에도 방해가 되지 않을 것이다. 그러나 게이머들은 게임 관행으로 야기된 심각한 부상(주로 손목과 팔꿈치)으로 고통스러워하기도 하고 조기 은퇴를 결정하기도 한다"며 e스포츠의 신체성을 강조했다.

이러한 점에서 Kates는 스포츠가 재정의(再定義) 되어야 한다고 주장하며, 21세기에 "스포츠는 시청하는 이들에게 오락을 제공하고 참가자들에게는 신체적 안녕을 제공하는 3차원 공간에서 펼쳐지는 신체 경연"이라는 생각에 제한되지 않아야 한다고 말한다.47) 요컨대, 현재 e스포츠가 스포츠로 간주되려면, '스포츠는 반드시 대근활동이어야 한다'는 믿음이 바뀌어야 한다는 것이

다. 시대와 사회적 환경의 변화에 따른 스포츠의 신체성 개념에 대한 재정립이
필요한 시점이다.

(3) 기술(skill)

Guttmann, Parry, Suits에 따르면 스포츠는 우연이나 운이 승리의 유일한
이유가 아니어야 하며 기술적인 수행을 반드시 포함해야 한다. 피상적 차원에
서, e스포츠 경기자는 화면 속 경기자를 나타내는 아이콘이나 인물을 효과적으
로 움직이기 위해 컨트롤러 버튼을 조작하므로 e스포츠는 기술적 조정을
필요로 한다고 주장할 수 있다. LoL이나 카운터 스트라이크 같은 e스포츠는
참가자의 빠른 반사, 능숙한 손놀림, 그리고 빼어난 눈-손 조화로 경쟁적
플레이가 가능해지기 때문이다.[48) e스포츠에서도 선수의 기술이 매우 중요한
데, 게임의 규칙과 페어플레이 규칙에 의거해 모든 공격 방법과 도구들을
마스터함으로써 상대를 무찔러야 하기 때문이다.[49) e스포츠에서도 규칙이
제일 중요한데, 이 규칙들이 기술들을 만들어내기 때문이다. 또한 선수들의
기술이 올바르게 수행되는지를 감시하고 관리하는 심판도 존재한다.

Hemphill은 e스포츠의 기술적 수행이란 컨트롤러 사용에 필요한 기술적
손재주에 국한되지 않으며 e스포츠 게임에서 발견되는 '스포츠 지능'을 포함한
다고 주장한다. 스포츠 개념의 핵심은 경쟁에서 상대보다 한 수 앞서는 것이며,
이것은 e스포츠의 요소이기도 하다. 뛰어난 e스포츠 선수가 되려면, "당장의
문제 해결을 효과적으로 해결하기 위한 액션을 취하기 위해, 그리고 게임
문제 풀기에 도움이 될 게임 센스와 전략적 판단력" 같은 통합적 지식과
기술을 가져야 한다.[50) Heaven이 말하길, "프로게이머처럼 경기를 잘 하려면
엄청나게 빠른 키보드와 마우스 입력 속도를 가져야 한다. 뛰어난 경기자들은
1분에 300번 이상 입력 행동을 수행하고, 맞서 싸울 때 초당 열 번씩 그
횟수가 올라간다. 전략적으로 생각하고 상대의 움직임을 선점해 상대를 앞서

야 한다는 점까지 더하면, 최상의 경기자들은 초인적으로 보인다.”51) 이런
점에서 e스포츠는 Kretchmar가 ‘스포츠 지능’이라고 부른 것, 즉 경기자들이
문제를 해결하고 창의적으로 플레이하는 것을 포함한다.52) Wagner는 “e스포
츠 분야에서 훈련하는 사람들은 복잡한 전략적 결정을 빠른 속도로 내릴
수 있는 역량을 향상시킬 것이다”라고 말한다.53)

이처럼 e스포츠를 높은 수준으로 수행하려면 기술 습득과 퍼포먼스의 뇌과
학적 측면이 필요함을 많은 학자들이 인정하고 있다.54) 예를 들어, 854,064명
의 온라인 비디오 게임 플레이어의 빠른 인식, 의사 결정 및 운동 반응을
조사한 연구에 따르면, 연습량과 퍼포먼스, 그리고 연습 간격과 퍼포먼스
간에 유의미한 관계가 있으며, 이것은 기술 습득이 e스포츠 게임의 중요한
요소임을 보여준다.55)

(4) 폭넓은 지지층(broad following)과 제도화(institutionalization)

Suits의 이론에 따르면, 스포츠는 단순히 지역적 흥미나 유행에 그치는
게임을 넘어서야 하고 광범위한 지지층을 가져야만 한다. 이에 비춰볼 때,
비디오 게임은 현재 세계적으로 엄청나게 만연해있다. 미국을 예로 들면,
비디오 게임하는 이들의 평균 나이는 31세이고, 거의 절반이 여성이며, 미국인
의 59%가 비디오 게임을 하며, 가정에서 평균 두 명이 비디오 게임을 한다.56)
Gentile의 조사에 따르면 8-18세 청소년의 88%가 매주 서너 번, 주당 남성은
평균 16시간, 여성은 9시간 이상 비디오 게임을 한다.57) 이와 유사하게 미국
초등학교 3학년부터 고등학교 3학년 학생들의 83%가 집에 적어도 하나 이상
의 비디오 게임 시스템을 가지고 있으며, 49%가 자신의 방에 갖고 있다.58)
이처럼 미국에서 비디오 게임은 의심의 여지없이 널리 퍼져 있다.

e스포츠의 접근성이 인터넷에 기반하기에 이미 전 세계적으로 빠른 속도로
번성해왔다. e스포츠 분야 세계 최대 규모의 운영단체인 ESL(Electronic

Sports League)의 웹 사이트는 5백만 명 이상의 등록된 사용자 수와 2백만 명의 경쟁 참여자 수를 자랑한다.[59] ESWC(Electronic Sports World Convention)는 파리에서 5일 동안 열리는 챔피언십 토너먼트에 매년 20만 명이 넘는 라이브 관중을 맞이하고 있으며, 인터넷을 통해 전 세계 백만 명이 넘는 시청자가 토너먼트를 본다.[60] e스포츠와 관련해, 토너먼트, 리그, 상금, 관리 및 후원 계약이 증가함에 따라 경쟁적 게임 문화가 등장하게 되었다. 세계적인 e스포츠 선수인 Chen Zhihao의 2013년 한해 총 상금 수익은 110만 달러(한화 약 12.2억)로, 2014년 국제 대회에서 그의 팀이 5백만 달러(한화 약 55.6억)의 상금을 수상한 후 가장 많은 수익을 창출하는 e스포츠 선수가 되었다.[61] 지난 10년 e스포츠 산업이 폭발적으로 성장하면서 프로게이머의 위상과 지위도 높아졌다. 국내 유명 프로게이머인 페어커(본명 이상혁)는 2013년 프로구단에 입단한 이후 LoL 월드 챔피언십 3회 우승, 국내 리그 8회 우승 등 기록을 세우며 세계 최고의 e스포츠 선수로 자리매김했는데, 그의 2019년 연봉은 대략 30억 원 정도이며 <Forbes>가 선정한 '30 언더 30 아시아 엔터테인먼트&스포츠 2019'에 이름을 올렸다.[62] 문화체육관광부와 한국콘텐츠진흥원의 2018년 e스포츠 실태조사에서도 국내 프로게이머 평균 연봉은 2017년 9770만원에서 2018년 1억7558만원으로 약 79.7% 올랐다. 국내 최고의 인기 프로스포츠인 프로 야구선수 평균 연봉 1억5065만 원과도 견줄 만한 대우다.[63]

e스포츠계의 글로벌 리더인 MLG(Major League Gaming)는 전 세계적으로 9백만 명의 등록된 사용자를 가진 전문 e스포츠 온라인 방송 네트워크 MLG.tv를 운영하고 있다. 2014년 MLG는 미국 오하이오 주 콜럼버스에 14,000제곱피트(약 393평) 규모의 e스포츠 경기장을 열었고, 뉴욕시에 MLG 스튜디오를 합류시켰다.[64] 중국도 2017년 헝친에 15,000석 규모의 e스포츠 전용 경기장을 건립하였고, 세계 최고 게임채널 OGN을 운영하는 국내 CJ ENM 기업은 2018년 미국 서부지역에 1000평 규모의 e스포츠 전용 경기장을

개관했다.[65] 현재 국내 e스포츠 전용 경기장은 서울에 4곳이 있으며, 경기도 등 각 시도에서도 e스포츠 전용 경기장 유치를 시도하고 있다.[66]

이처럼 e스포츠는 충분할 만큼의 세계적 지지층을 확보했으며, '스포츠'적 관행을 다스리고 대회를 조직할 만한 제도적 인프라도 구축했다. Guttmann이 제시한 스포츠의 관료화와 합리화 성격과 관련하여 ESL과 라이엇 게임즈는 정기 대회를 위한 견고한 네트워크와 프로 관행을 관장할 규범도 구축했다. LoL에 관한 최고 권위 기관인 라이엇 게임즈는 프로게임 관행을 위한 핵심 규정을 개발하고 모든 경쟁 구조를 효과적으로 합리화했다. 또한 국제 협회인 국제e스포츠연맹(IeSF)이 2008년에 설립되어 현재 56개국이 가입되어 있다. Guttmann이 제시한 스포츠의 조건, '수량화'와 '기록추구'에 대한 부분 역시 상당히 성장했다. 최근 전문화된 e스포츠 온라인 커뮤니티가 e스포츠 경기 후 결과나 다른 관련 뉴스를 게시할 뿐 아니라 ESPN, MTV, Marca, BBC 같은 널리 알려진 방송사들도 이러한 흐름에 적극 참여하고 있다.[67] 또한 Guttmann의 '전문화'라는 조건 역시 충족되고 있는데, 오늘날 프로 게이머들은 한 종목의 e스포츠에 특정 지위를 갖고 참여한다. 따라서 e스포츠는 완전히 전문화 되고 있고 게이머들은 전문적으로 그 분야에 헌신하고 있으며, 프로구단이나 팀에 고용되어 엄격한 훈련 규정을 따른다. 규칙의 개발과 표준화, 게임 학습의 형식화, 전문성 개발, 그리고 코치, 트레이너, 관리인, 관리 기관 및 단체의 출현으로 제도화 조건도 충족하고 있다. 요컨대 관람객, 참여자, 프로 선수들의 숫자로 인해 조직화, 제도화, 세계화 측면에서 e스포츠는 스포츠로 충분히 간주될만하다.

나가며

지금껏 살펴본 것처럼 e스포츠를 스포츠로 볼만한 충분한 이유가 있다.

그러나 모든 비디오 게임이 e스포츠로 간주될 수는 없을 것이다. e스포츠 게임 중에는 스포츠 특성을 따르지 않는 것들도 있기 때문이다. 그렇기 때문에 비디오 게임을 e스포츠로 인정하기 위한 필수조건과 충분조건을 고려해야 한다. 그 필수조건과 충분조건을 알아보기 위해 Suits, Parry, Guttmann과 같은 저명한 철학자들이 정의한 스포츠의 개념과 특성에 관해 고찰함으로써 현재 e스포츠 관행이 스포츠의 특성에 부합하는지를 살펴보았다. 결론적으로 e스포츠는 자발적 놀이와 승자와 패자를 결정짓는 경쟁을 포함하고 있으며, 규칙에 의해 구성되고, 승리를 위해서는 다양한 기술, 정확성, 집중력, 신체 통제, 빠른 움직임, 지구력, 팀 전략을 필요로 한다. 이러한 요소들이 실제 e스포츠를 정의하는 특성들이다. 오늘날 e스포츠가 광범위한 지지층을 보유하고 있고 제도적 틀도 갖추고 있는 한, e스포츠를 스포츠로 인정하지 않기는 어렵다.

스포츠를 정의하는 특성들은 정적이지 않으며 철학적으로 식별하기도 어렵기에 다른 조건도 고려해봐야 한다. 그러므로 새로운 스포츠 관행에 대해 개방적으로 생각하고, 디지털 시대에 새로운 스포츠의 존재와 개발을 받아들여야 한다. 어떤 이들은 e스포츠를 '진짜' 스포츠로 받아들이기 꺼릴 수 있다. 그러나 주의 깊게 살펴보면, e스포츠 관행은 Suits가 제시한 스포츠의 네 가지 특성과 Guttmann이 제시한 일곱 가지 특성을 충분히 갖추어가고 있음을 인정해야 한다. 물론 신체성에 관해서는 여전히 논쟁이 되고 있지만 미래의 e스포츠가 많은 양의 신체적 움직임을 가진 MBVG(motion-based video game)를 포함한다면 신체성 논란도 사라질 것으로 보인다.

e스포츠를 스포츠로서 용인해야할 것인가라는 질문의 핵심에는 스포츠의 본질과 역사적 정의에 대한 이해가 놓여있다. 비디오 게임이란 매개체를 통해 토너먼트 경기를 조직한다는 개념이 20세기의 마지막 사반세기의 산물인데 반해 현대스포츠는 19세기 산업혁명 시기에 생겨났다. 19세기에 뿌리를 둔 정착된 관습을 판단하기 위한 학술적 범주를 20세기 후반 현상에 적용하는

것 자체가 어쩌면 적절하지 못할 수도 있다. 올림픽스포츠가 스포츠임을 부정하는 사람은 아마도 없을 것이다. 고대 올림픽 시대의 달리기, 점프, 창던지기와 같은 몇몇 경기들은 현대 올림픽에도 등장했다. 그러나 다른 종목들, 전차경주, 보병 경주, 판크라티온 등과 같은 경기는 그렇지 않다. 줄다리기, 크리켓과 같은 초기 올림픽 종목에 있었던 몇몇 경기는 사라졌다. 이처럼 시대의 변화에 따라 여러 종목들이 오고 가고 다시 오고를 반복했다. 이는 어떤 시점에서의 기준을 바탕으로 '올림픽스포츠'를 구체적으로 설명할 수 없음을 보여준다. 그렇다면 명확히 어떤 활동이 '올림픽스포츠'로 불려야 하는가? 이전까지 비스포츠였던 많은 새로운 경쟁 종목들이 IOC의 '신규 스포츠'로 인정을 받기 위해 스포츠 관습의 범주에 부합함을 증명하려고 지금도 시도하고 있다. e스포츠 또한 현대스포츠의 특성을 온전히 갖춰가는 과정에 있는 것은 틀림없다.

'반칙작전'은 전략인가, 반칙인가?

팀을
위해서!

쟁점

1. 수년간 대학리그 최강팀 자리를 지키고 있는 A대학 농구팀과 약체팀
   돌풍을 일으키며 투지가 넘치는 B대학 농구팀이 대학농구리그 챔피언
   결정전에서 만났다. 두 팀의 경기에 팬들의 관심이 매우 높았으며 결승전답
   게 4쿼터까지 팽팽하게 지속되었다. B대학 농구팀이 4쿼터 종료 12초를
   앞두고 P선수의 속공으로 1점차까지 A대학 농구팀을 추격했고, A대학
   농구팀은 69-68로 1점차 리드를 지키고 있는 상황에서 공격권을 가졌다.
   A팀이 공격을 시작하자마자, P선수는 공을 잡은 A팀 Y선수에 달려들어

* 한국체육철학회지 제28권 제2호에 게재된 저자의 논문, 『스포츠의 도덕적 한계와 전략적
   반칙 옹호』를 수정·보완하여 작성함

의도적으로 농구공 대신 팔목을 쳐서 반칙을 통해 상대에게 자유투를 주는 작전을 펼쳤다. 경기의 압박감 때문인지 자유투 성공률이 높은 Y선수는 첫 번째 자유투를 실패했다. 더욱 긴장한 Y선수는 두 번째 자유투마저 실패했고, 리바운드에 성공한 P선수는 경기 종료 2초를 남기고 동료의 절묘한 패스를 받아 버저비터 2점슛을 성공시키면서 대학농구리그 챔피언 결정전은 B대학의 극적인 역전승으로 종료되었다. 고의적 반칙으로 팀 승리에 기여한 P선수는 칭찬받아야 하는 것일까?

2. 프로축구리그 1위를 달리고 있는 A팀과 꼴찌인 B팀의 경기가 펼쳐졌다. 국가대표 주전 공격수인 K와 리그 득점왕인 Y를 보유한 A팀은 리그 최고의 공격력을 자랑하는 팀이다. 객관적인 전력상 차이가 컸으나 B팀은 90분 동안 A팀에게 한 골도 실점하지 않았다. A팀은 시즌 개막 이후 리그 15경기 만에 처음으로 골을 기록하지 못했다. B팀의 P선수는 A팀의 K와 Y가 공을 잡을 때마다 의도적인 반칙을 통해 A팀의 공격 흐름을 끊었다. P는 9번의 반칙을 범했으며, 1번의 경고를 받았다. P선수는 대부분의 반칙을 위험 지역 바깥에서 하면서 수비 위치를 잡는 데 시간을 벌었다. 때때로 B팀 선수들은 경고를 감수하고 결정적인 실점 위기를 맞기 전에 의도적인 반칙을 저질렀다. 주심이 B팀에 5번의 경고를 줬지만 누적에 이은 퇴장이 없었기에 팀 전력에 큰 손실은 없었다. 이 경기는 0:0 무승부로 끝이 났고, 승점을 얻은 B팀은 꼴찌에서 벗어났다. 고의적 반칙으로 팀의 무승부에 기여한 P선수는 칭찬받아야 하는 것일까?

핵심개념

1. 전략적 반칙이란?

스포츠경기에서 선수가 전략적 이득을 얻기 위해 벌칙을 받을 것을 알고도 기꺼이 고의적으로 규칙을 어기는 것을 말한다.

2. 스포츠 속 규칙의 유형

① 구성적 규칙(constitutive rules)

경기 목적, 즉 달성되어야 할 상태, 그 목적이 달성되는 시공간적 제한, 허용되는 장비, 그리고 성취를 점수로 환산해주는 평가 시스템을 구체화해 주는 규칙으로, 특정 종목의 구성적 규칙이 정해놓은 행동 없이 그 종목의 스포츠란 있을 수 없다. 즉, 구성적 규칙을 위반하면 경기는 성립되지 않는다. 예를 들면, 육상 400M 경주에서 정해진 레인이 아닌 트랙 중앙으로 가로질러 달리는 행위는 육상 경기 자체를 무너트리는 규칙 위반 행위이다.

② 규제적 규칙(regulative rules)

경기 과정과 관련 있으며, 특히 뭔가 잘못되었을 때 작용하는 규칙으로 규제적 규칙을 구성적 규칙으로부터 구별해주는 점은 바로 벌칙과 보상의 여부다. 예를 들면, 농구에서 규제적 규칙을 위반한 팀은 공격권을 뺏긴다든지, 상대팀에게 자유투를 주는 것으로 처벌된다. 규제적 규칙들은 경기를 계속하게 해줄 벌칙을 부여하기에 규제적 규칙을 위반하더라도 경기가 끝나버리지 않는다.

③ 보조적 규칙(auxiliary rules)

경기를 주관하는 단체나 기관에서 요구하는 규정 또는 경기의 운영상 필요는 하나 그 경기의 핵심 시험 및 도전과는 다소 관련 없는 부가적 필수조건들을 정해주는 규칙이다. 예를 들면, 누가 경기에 참가할 수 있는지 정하고, 경쟁자의 범주를 만들며, 훈련이나 경쟁 시 섭취해서는 안 될 약물들을 알려주는 규정 등이다.

3. 스포츠 속 부정행위에 대한 상반된 견해

① 스포츠 속 부정행위를 그릇된 행위로 보는 입장

- 경쟁자들의 암묵적 합의나 계약을 부정함으로써 합의된 시합을 무효화시 키는 행위이다.

- 스스로에게 부당한 이득을 주기 위해 시합의 성문법을 어기는 행위이다.
- 규칙이란 공적 시스템을 의도적으로 위반해 그 시스템의 목적을 달성하려는 행위이다.

② 스포츠 속 부정행위는 그릇된 것이 아니라고 보는 입장
- 스포츠 참여자 모두가 허용 가능한 부정행위를 할 수 있기에 불공정한 이득이 발생한다고 볼 수 없고, 부정행위자가 규칙에 대한 공통된 해석을 위반한 것도 아니다.
- 부정행위는 스포츠에서 창조적 행위를 위해 기지를 발휘하게 함으로써 더욱 흥미로운 시합을 제공한다.

4. 스포츠를 분석하는 이론적 틀

① 형식주의(formalism)

스포츠의 사회적, 심리적 기능보다 그 형식적 구조의 내재적 특성을 가지고 스포츠현상을 이해하고 평가하는 이론이다. 형식주의는 구성적 규칙이란 형식구조 없이는 스포츠가 존재할 수 없으며 스포츠에서 규범적인 행동은 뚜렷한 구성적 규칙에 의한다고 주장한다. 즉 스포츠에서 도덕적으로 행동한다는 것은 규칙이 정한대로 행동하는 것이다.

② 관습주의(conventionalism)

스포츠현상에 관한 해석과 평가방식은 문화적 맥락, 즉 그 시기에 비평을 위해 사용되고 특정 공동체가 공유하는 사회규범에 달려있다고 보는 이론이다. 관습주의자는 스포츠를 어떤 특정방식으로 해석하고 평가하는 것 자체가 관습적인 문제이며, 관련 스포츠관습을 모르고서는 스포츠참여의 의미와 목적, 스포츠 속 행위의 도덕적 평가를 제대로 할 수 없다고 주장한다.

③ 내재주의(internalism)

스포츠의 구성적 규칙 말고도, 외부에서 들여온 사회적 관습도 아니고 도덕적 원칙도 아닌 스포츠에 개념적으로 밀접한 관련이 있는 다른 원천이 있다고 보는 이론이다. 내재주의는 경기의 내부 규범과 가치에 대한 존중을 비롯하여 '최선의 경기란 무엇인가'에 대한 폭넓은 해석이 규칙과 더불어 스포츠를 윤리적으로 평가하는데 핵심이 될 수 있다고 주장한다.

5. '전략적 반칙'에 관한 세 가지 관점

관점	수용여부	근거
형식 주의	수용불가 (X)	스포츠에서 규칙은 곧 스포츠를 정의하므로 전략적 반칙은 구성적 규칙의 준수라는 근본적 규범을 위배하는 것이고, 그렇기에 경기의 일부가 결코 될 수 없다.
내재 주의	상황에 따라 수용 (O or X)	전략적 반칙이 '최선의 경기'를 만들어 내는지에 대한 폭넓은 해석을 바탕으로 그 스포츠의 탁월함을 해치지 않는 전략적 반칙에 한해서는 허용되어야 한다.
관습 주의	수용 (O)	전략적 반칙에 관한 해석과 평가방식은 문화적 맥락, 사회적 관습에 달려있기에 오늘날 전략적 반칙은 스포츠에서 나쁜 행위가 아닌 영리한 전술이자, 승리추구를 위해 최선을 다하는 행위로 간주되어야 한다.

들어가며

앞선 두 사례에서 P선수의 반칙을 의도적 반칙(intentional fouls), 전략적 반칙(strategic fouls), 또는 기술적 반칙(tactical fouls)이라고 일컫는다. 국내에서는 흔히 '반칙 작전'이라고도 부른다. 전략적 반칙이란 경기에서 선수가 전략적 이득을 얻기 위해 벌칙 받을 것을 알고도 기꺼이 고의적으로 규칙을 어기는 것이다. 농구시합에서 지고 있는 팀이 마지막 몇 분을 남기고 자유투를 주고 공격권을 얻기 위해 고의적으로 반칙을 범하거나, 축구에서 상대팀 공격 흐름을 끊기 위해 의도적으로 행하는 반칙 등이 그 예다. 이제 논의가 필요한 물음은, 스포츠에서 이러한 의도적 규칙 위반이 수용되어야 하는지, 즉 이러한 행동이 '경기의 일부'로 스포츠 속에서 받아들여질 만한 것인지 여부다. 앞선 P선수의 반칙은 스포츠정신에 어긋나는 행위로 비난받아야 하는 것일까? 아니면, P선수는 팀 승리에 기여한 헌신적인 선수로 칭찬받아야 하는 것일까?

'의도적 규칙 위반(intentional rules violations)' 주제는 북미 스포츠철학회를 중심으로 지난 30년간 폭넓게 논의되어왔으며, 최근 전략적 반칙에 관한 윤리적 논쟁은 이 반칙이 선수의 탁월함을 평가한다는 스포츠의 중요한 목적을 해치느냐 아니냐의 여부가 중요한 쟁점이 되고 있다. 전략적 반칙을 비난하는 입장에서는 스포츠에서 규칙의 의미와 그 중요성을 강조한다. 즉, 규칙이란 경쟁선수들 간의 암묵적 혹은 명시적 계약의 기반, 아니면 적어도 모든 선수들은 규칙을 따라야 한다는 공적 이해의 기반이기 때문에 P선수의 반칙은 규칙의 준수라는 근본적 규범을 위배하는 것이고, 이는 P선수가 정해진 경기를 하고 있지 않다는 의미이며, 따라서 진정한 승리를 할 수도 없다는 주장이다. 반면 전략적 반칙을 옹호하는 입장에서는 스포츠의 사회적 맥락과 기풍(ethos)을 강조한다. 즉, P선수의 전략적 반칙은 그 스포츠의 관행으로 행해져왔고, 따라서 사회적으로 충분히 용인된다고 해석되기에 '경기의 일부'라고 주장한다.

필자는 기존의 전략적 반칙에 관한 논의와 조금 다른 측면에서 전략적 반칙을 옹호해 보고자 한다. 스포츠의 도덕적 한계에 대해 지적하며 전략적 반칙에 대한 윤리적 비난이 스포츠에서 도덕적 가치의 역할이 과장되었기 때문이라고 주장할 것이다. 스포츠경기의 가치는 도덕성의 요구로부터 어느 정도 단절되어야하며 스포츠 '밖'에서라면 용인될 수 없을 속임수도 스포츠 '속'에서는 허용 가능한 것이어야 한다.[1] 또한 스포츠의 도전과 드라마를 고조시키는 경우라면 전략적 반칙의 사용은 더욱 정당화 될 수 있다. 스포츠에서는 도전에 맞선 탁월함의 추구가 중요한 것이며, 이는 전략적 반칙이 도덕적으로 결여된 것임을 인정하면서도 그것을 정당화 할 수 있는지 여부를 결정하는 조건이 된다.[2] '승리를 향한 경기'가 경쟁하는 선수들의 실천적 이성을 구성하기에 경기 안에서 선수에게 모든 윤리적 기준을 지키라는 것은 때로는 불합리하다.[3] 왜냐하면 전략적 반칙을 저지르는 선수들의 동기는 그들이 '그저 경기'하고 있기 때문이 아니라 '이기려 경기'하고 있기 때문이다. 이 당연한 동기는 스포츠에서 마땅히 허용되어야 하고, 필자의 핵심 주장도 바로 이것이다.

이러한 주장을 위해, 먼저 전략적 반칙의 윤리적 논쟁에 있어 핵심 키워드라고 할 수 있는 규칙의 유형과 기능에 대해 탐색하고자 한다. 다음으로 저명한 스포츠철학자들의 부정행위 개념에 대한 해석을 고찰함으로써 규칙 위반이 스포츠에서 가지는 여러 가지 의미에 대해 분석하고자 한다. 또한 전략적 반칙에 관한 윤리적 논의의 이론적 토대가 되는 형식주의, 관습주의, 폭넓은 내재주의, 이들 세 이론의 핵심 주장과 논리를 요약하고자 한다. 끝으로, 스포츠의 도덕적 한계를 지적하고 '승리추구'라는 실천적 의무의 개념에 대해 분석함으로써 선수들에게 실천적 의무를 윤리적 의무에 종속시키길 기대하는 것이 불합리함을 밝혀보고자 한다.

1. 규칙의 유형과 기능

스포츠에는 그 스포츠 고유의 규칙이 존재하고, 그 규칙은 스포츠에 참가하는 사람에게 행위의 허용여부를 규정한다. 따라서 규칙은 스포츠경기를 가능하게 하는 필수요소이다. 스포츠에서 규칙은 세 가지 종류로 구분된다. 먼저 구성적 규칙(constitutive rules)이라 불리는 규칙은 경기 목적, 즉 달성되어야할 상태, 그 목적이 달성되는 시공간적 제한, 허용되는 장비, 그리고 성취를 점수로 환산해주는 평가 시스템을 구체화해준다.[4] 예를 들면, 농구에서 경기 목적을 구체화해주는 규칙은 다음과 같다. "농구는 각각 다섯 명의 선수로 이루어진 두 팀이 하는 경기다. 각 팀의 목표는 상대의 바스켓을 통해 득점하는 것이고, 상대팀이 공을 확보하거나 득점하는 것을 막는 것이다."[5] 구성적 규칙은 경기 참가자들이 목적을 달성하기 위해 실시하는 특정 행위와 과정에 엄격한 제한을 부여한다. 참가자에게 부여된 제약들을 경기 수단이라고 부른다. 달리 말하면, 구성적 규칙은 목적 달성을 위한 특정 수단을 명확히 정해주고, 어떤 수단은 허용하고 어떤 수단은 금지하는 것이다.[6]

특정 종목의 구성적 규칙이 정해놓은 행동 없이 그 종목의 경기란 있을 수 없다. 축구를 예를 들면, 골키퍼와 드로우인 경우를 제외하고, 참가자들이 공을 '발'로 차지 않고(패스, 드리블, 슈팅) 축구를 할 수 없다. 따라서 어떤 스포츠에 참여하기로 합의했다면, 반드시 구성적 규칙에 의해 '정해진 행동'을 하기로 합의한 셈이다. 어떤 개인이 농구를 하기로 합의해놓고 공을 '발'로 차기만 한다면 그건 구성적 규칙에 의해 정해진 농구를 하고 있지 않는 셈이다. 요컨대, 스포츠경기의 전제는 구성적 규칙의 요구대로 행동하기로 한 암묵적 합의이고, 그리고 이에 따라 무엇을 근거로 승자가 결정되느냐에 대한 명확한 합의는 필수적이다.[7]

규제적 규칙(regulative rules)이라고 불리는 두 번째 규칙은 경기 과정과 관련 있으며, 특히 뭔가 잘못되었을 때 작용한다. 구성적 규칙과 규제적 규칙

사이의 이분화는 어떤 규제적 규칙은 스포츠의 관습에 기반을 둘 뿐 아니라 구성적 규칙과 유사한 기능을 갖는다는 사실 때문에 복잡해진다. 규제적 규칙을 구성적 규칙으로부터 구별해주는 점은 바로 벌칙과 보상의 여부다. 예를 들면, 농구에서 규제적 규칙을 위반한 팀은 공격권을 뺏긴다든지, 상대팀에게 자유투를 주는 것으로 처벌된다. 축구에서도 공격권을 뺏긴다든지, 규제적 규칙을 위반한 지점에서 상대팀에게 프리킥, 혹은 패널티킥을 주게 된다. 규제적 규칙에 붙어있는 벌칙은 경기를 지속시키고 복구시키기 위해 필요하다. 즉, 규제적 규칙이 위반되어 경기의 유효성이 위험에 빠졌을 때, 이 규제적 규칙들은 경기를 계속하게 해줄 벌칙을 부여한다. 규제적 규칙들은 구성적 규칙을 전제로 하고, 따라서 구성적 규칙에 의존적인데, 규제할 행동이 없다면 규제적 규칙 역시 불필요할 것이기 때문이다.

구성적 규칙과 규제적 규칙에 더해, Meier가 처음 주장한 보조적 규칙(auxiliary rules)이라는 세 번째 종류의 규칙이 있다.8) 보조적 규칙은 시합 구성과 규제의 논리 밖에 놓인 필수조건들과 관계있다. 보조적 규칙은 누가 경기에 참가할 수 있는지 정하고, 경쟁자의 범주를 만들며, 훈련이나 경쟁 시 섭취해서는 안 될 약물들을 알려준다. 보조적 규칙은 경기를 만들거나 경기를 제자리로 돌리는 것과는 거리가 멀다. Meier가 주장하길, 보조적 규칙은 "스포츠의 진정한 본질에 대해서는 말할 것도 없고, 스포츠의 존재론적 위치에 대한 그 어떤 의미도 드러내주지 않는다."9) 프로야구에서 보조적 규칙의 예는 '경기 중 양 팀에게 각각 두 번의 비디오판독 요청이 가능하다'와 같은 규정이다.

규칙들에 관해 요약하자면, 구성적 규칙은 경기에서 충족되어야 할 조건들을 세움으로써 경기란 무엇인가를 결정하는 것이라 할 수 있다. Searle이 주장하듯, 구성적 규칙은 새로운 행동의 조건을 창조한다.10) 구성적 규칙이 없다면 경기의 가능성이 사라진다. 물론 구성적 규칙은 경기를 만들 뿐 아니라, 규제하기도 한다. 그럼에도 불구하고, 구성적 규칙의 규제적 측면은 '선수가 해도 되는 것, 혹은 안 되는 것에 강력한 규제'를 가하는 것이며, 벌칙이나 보상을 주거나 회복을 시키는 것이 아니다. 예를 들어, 핸드볼 경기에서 공을 던지고 잡고 멈추고 밀고 치는 것을 허용하는 규칙은 핸드볼의 성격을 축구와 다르게 정의해준다. 이 규칙이 그 종목에 고유한 정체성을 부여하는 것이다. 그러나 이것을 포함한 핸드볼의 구성적 규칙들은 벌칙의 부담 없이 행동을 근본적으로 규제하기도 한다. 다시 말해, 구성적 규칙은 인공적인 문제를 풀기 위한 가능한 선택지들을 규제한다.[11]

벌칙과 보상의 여부는 규제적 규칙을 구성적 규칙으로부터 구별해준다. 구성적 규칙을 위반하면 경기는 끝나버린다. 벌칙은 이 경우에 앞뒤가 맞지 않는다. 반면, 규제적 규칙을 위반하는 것은 경기종료라는 극적인 효과를 낳지 않는다. 경기가 위협받기는 했지만 상실된 것은 아니며, 회복이 가능하다. 두 가지 핵심적인 회복 기능을 생각해볼 수 있다. 첫째, 벌칙은 어떤 위반 때문에 중단된 경기를 재개하는 수단을 마련한다. 둘째, 보상은 규칙 위반으로 인해 얻은 이득을 없애거나 최소화하기 위해 주어진다. 이런 규칙이 없다면, 경기를 할 수 있는 논리적 가능성은 있으나 경기를 처음부터 끝까지 완수할 현실적 가능성이 매우 희박해진다.

마지막으로, 보조적 규칙은 경기를 주관하는 단체나 기관에서 요구하는 규정 또는 경기의 운영상 필요는 하나 그 경기의 핵심 시험 및 도전과는 다소 관련 없는 부가적 필수조건들을 정해준다.

2. 스포츠에서 부정행위의 의미

'무엇이 부정행위인가'는 스포츠에서 의도적 규칙 위반의 수용 여부와 연관될 수밖에 없다. Pearson은 부정행위를 '정의적 부정행위(definitional deception)'와 동일시하는데, 즉 누군가가 어떤 특정한 활동에 참여하기로 계약해놓고 의도적으로 그 계약과 다른 종류의 활동을 하는 것이다.[12] Pearson은 스포츠란 '규칙들의 집합에 다름 아니다'라는 엄격한 형식주의 입장을 고수하기에, 모든 의도적 규칙 위반은 계약 의무를 지키는데 실패한 것이라 본다. Tamburrini는 부정행위를 불법적 이득을 얻기 위해 시합의 성문법을 어기는 것이라고 정의하고, Fraleigh는 부정행위를 처벌(penalty)을 피하며 이득을 얻기 위해 규칙을 일부러 어기는 것이라 주장한다.[13] Simon은 부정행위를 규칙이란 공적 시스템을 의도적으로 위반해 그 시스템의 목적을 달성하려는 것으로 정의한다.[14]

부정행위에 관한 더 포괄적인 정의를 살펴보면, 부정행위에 대한 '약정적 정의(stipulative definition)'의 기본으로 몇 가지 요소가 드러난다. 이 요소들의 공통적 의미는 규칙에 대한 공통된 해석을 의도적으로 어기는 것, 그리고 처벌을 피하며 걸리지 않고 이득을 얻으려는 의도다. 따라서 부정행위의 약정적 정의는 참가자들이 공유하는 규칙에 대한 적절한 해석을 위반하는 의도적 행위이며, 처벌을 피하기 위해 안 걸리도록 노력하며 자기 팀에게 유리한 위치를 얻기 위해 행해지는 것이다.[15]

많은 스포츠철학자들은 부정행위를 '스스로에게 부당한 이득을 주기 위해 시합의 성문법을 어기는 것'이라고 정의하며 허용 불가한 것으로 본다.[16] 그러나 이와는 상반되는 입장을 제시하는 학자들도 있다. Leaman과 Tamburrini는, 부정행위가 수용되는 스포츠 기풍 안에서는 부정행위가 그릇된 것이 아니라고 하는데, 모두가 그 허용 가능한 부정행위를 할 수 있기에 불공정한 이득이 발생하는 것이 아니고, 부정행위자가 규칙에 대한 공통된 해석을 위반한 것도 아니기 때문이다.[17] 이것이 전제하는 바는, 참가자들 사이의 사회적 합의에 의해 도출된 관습은 적합한 관습이라는 것이다. Leaman은 나아가 부정행위는 스포츠에서 창조적 행위를 위해 기지를 발휘하게 함으로써 더욱 흥미로운 시합을 제공한다고 주장한다. Butcher와 Schneider는 부정행위의 도덕적 문제점을 지적하면서도 모든 반칙을 반드시 부정행위로는 보지 않는데, 그들은

"부정행위의 도덕적 지위는 그 정의로부터 나온다. 만약 부정행위가 모든 규칙 위반, 혹은 모든 의도적 규칙 위반이라면 모든 부정행위가 도덕적으로 잘못된 것은 아니다. 그러나 부정행위가 합의를 위반하는 것이라면 모든 부정행위는 도덕적으로 잘못된 것이나 모든 규칙 위반이 부정행위는 아니다"고 주장한다.[18]

그동안 많은 스포츠철학자들이 부정행위의 수용불가능에 대한 몇 가지 명확한 이유를 제시해왔다. Pearson과 Fraleigh는 부정행위가 경쟁자들의 암묵적 합의나 계약을 부정함으로써 결국 합의된 시합을 무효화시킨다고 주장한다.[19] 합의된 시합의 무효화는 Suits의 '논리적 양립불가능성 주장(logical incompatibility thesis)'과 연관이 있는데, 이 주장에 따르면, 경기에 참여하고 있지 않으면 경기에 이기는 것이 논리적으로 불가능하다. Fraleigh는 규칙을 따르기로 한 암묵적 약속을 부정하는 것은 "선의를 가지고 경쟁에 임한 선수들을 악용한다는 점에서 도덕적으로 문제다"라고 지적한다.[20] Simon의 주장에 따르면, 부정행위자는 그 누구도 이성적으로 혹은 사심 없이 모두 이렇게 하라고 추천할 수 없는 방식으로 행동하며 부정행위자는 타인의 이익과 목표를 자신의 이익과 목표에 종속시킴으로써 인간존중이란 근본적 도덕규범을 위반한다.[21] Loland는 부정행위를 공정함이란 이상의 근원, 상호존중, 그리고 경쟁의 척도가 되는 공통의 스포츠 에토스에 대한 존중이 위반된 것이라고 언급한다.[22] 이처럼 부정행위에 대한 반대는 논리적과 도덕적, 두 가지 종류이다.

그렇다면 논의가 필요한 물음은, '의도적 규칙 위반이 항상 부정행위인가?'이다. 걸려서 벌칙을 받을 것을 기대하고 의도적으로 규칙을 위반한 경우도 부정행위에 포함되는 것일까? 즉, 규칙의 전략적 사용도 부정행위에 해당하는 것일까? 이 물음에 대해 그동안 많은 스포츠철학자들이 다음 세 가지 부류의 이론적 관점에서 전략적 반칙의 윤리를 논해왔다.

3. 전략적 반칙에 관한 이론적 접근

(1) 형식주의(Formalism)

먼저 형식주의 관점의 학자들은 전략적 반칙이 스포츠의 구성적 규칙 위반이라는 점을 강조해왔다. 이 이론적 관점에 따르면, 규칙이란 경쟁선수들 간의 암묵적 혹은 명시적 계약의 기반, 아니면 적어도 모든 선수들은 규칙을 따라야 한다는 공적 이해의 기반이다. 따라서 전략적 반칙은 구성적 규칙의 준수라는 근본적 규범을 위배하는 것이고, 그렇기에 경기의 일부가 결코 될 수 없다는 입장이다. 경기의 일부가 아니라는 해석에 따르면, 전략적 반칙을 범한 선수는 경기를 하고 있지도 않은 셈이고 따라서 진정 승리할 수도 없다. 왜냐하면 경기라는 것 자체가 어떤 동작이 허용가능하고 불가한지를 결정하는 구성적 규칙에 의해 정의되기 때문이다.

특히 Dixon, Fraleigh, Pearson과 같은 스포츠철학자들은 전략적 반칙이 합의된 선수의 탁월함 평가에도 해를 끼치는 것이라 주장하며, 이러한 반칙은 상대가 구성적(필수적) 기술을 사용해 얻은 어드밴티지를 방해하거나 없애기 위해 비구성적(필수적이지 않은) 기술을 사용하기에 용인될 수 없다고 주장한다.23) 그들은 스포츠에서 널리 퍼져있는 전략적 반칙 관행이 승리를 위해서는 수단을 가리지 않는 '승리지상주의'를 강조해 스포츠의 도덕적 매력을 이루는 보다 심오하고 근본적인 가치를 훼손시키는 예라고 본다. 즉, 전략적 반칙은 스포츠경기의 근본을 변형시켜 승리에 모든 우선점을 두고, 승리를 진정 의미 있게 만드는 기술은 훼손시키며, 그로 인해 승리에 따르는 명성과 부(富) 같은 외적인 보상만 부적절하게 강조되고 스포츠정신 그 자체는 무시된다는 것이다.24) 전략적 반칙에 관한 형식주의자들의 설명을 간단히 말하자면, 스포츠에서 규칙은 곧 스포츠를 정의하므로 전략적 규칙 위반은 경기를 하는 것이 아니고, 따라서 논리적으로 승리의 가능성을 없애버린다는 것이다. 따라서 형식주의 입장에서 전략적 반칙은 수용불가한데, 그것은 경기 참가자들의 합의에 관한 위반이거나 일종의 부정행위이기 때문이다.

형식주의자들이 규칙의 중요성을 강조하는 데에는 사람들이 왜 스포츠 같은 활동에 참여하는지 설명해주는 전제가 깔려있다. 스포츠는 참가자들이 타인에 맞서 스스로를 시험하는 장(場)을 마련해주며, 거기서 참가자들은 '규칙'에 의해 만들어진 특정 장애물들을 극복하며 탁월함을 개발하고 시연하고자 노력한다.25) Boxill이 주장하듯, "구성적 규칙은 특정 기술과 재능을 개발하고 시연하고자 고안되었다. 이러한 규칙들이 모여 원칙을 부여하게 되고, 자기표현과 자기개발을 위한 토대를 만들어준다."26) 스포츠의 본질과 기능에 관한 형식주의자들의 입장은, 왜 규칙이 스포츠 '밖'에서 쉽게 이룰 수 있는 경기의 목적을 달성하기 위해 인공적 장애물을 창조하는지에 관한 최선의 설명을 제공해준다고 볼 수 있다.

형식주의자들은 사람들이 스포츠에 참여하는 이유는 규칙이 정의하는 불필요한 과정을 통해 그들 자신을 시험하기 위함이며, 이러한 경험은 인간의 번영에 기여한다고 주장한다.27) 비록 스포츠에 참여하는 사람들에게 각자의 다른 많은 이유가 있을지언정, 이 이유는 스포츠에 내재된 것이며 참여하는 모든 이들에게 공통된 것이다.28) 물론 이 공통의 이유가 개인 참가자들의 생각에 가장 주요한 것일 수도 있고 아닐 수도 있다. 따라서 형식주의자들은 전략적 규칙 위반을 허용하는 규칙의 적절한 해석(관습)을 용납하지 않는다. Loland가 주장하듯, 만약 스포츠 기풍이 많은 수의 규칙 위반을 용인한다면, 규칙 시스템은 그 명확한 의미를 잃어 스포츠 관습에 대한 개념적 틀로써 더 이상 기능하지 못하게 된다.29) Loland는 또한 가장 이상적인 것은 역시나 허용 가능한 규칙 위반의 수를 최소화하는 것이어야 한다고 주장한다.

(2) 관습주의(Conventionalism)

전략적 반칙에 관한 논의에 있어 배경이 되는 두 번째 이론은 관습주의이다.

스포츠현상에 관한 해석과 평가방식은 문화적 맥락, 즉 그 시기에 비평을 위해 사용되는 특정 공동체가 공유하는 사회규범에 달려있다고 보는 이론을 관습주의라고 한다. 관습주의자들은 사회적 관습이 스포츠의 목적과 가치에 관한 이성적 담론과 사색적 평가를 만들어낸다고 주장한다. 왜냐하면 스포츠를 어떤 특정방식으로 해석하고 평가하는 것 자체가 관습적인 문제이며, 관련 스포츠관습을 모르고서는 스포츠참여의 의미와 목적, 스포츠 속 행위의 도덕적 평가를 제대로 할 수 없을 것이기 때문이다.30)

스포츠의 사회적 맥락을 강조하는 Ciomaga, Morgan, Russell과 같은 스포츠철학자들은 경기의 기풍(ethos)이라 불리는 사회적 관습 및 관행 때문에 전략적 반칙은 인정될 수 있다고 주장하며, 형식주의자들이 스포츠의 형식적 요소, 특히 구성적 규칙에만 지나치게 집중해 이 점을 간과한다고 주장한다.31) 형식주의자들과 달리 관습주의자들에게 규칙은 어떤 상황에서도 엄격히 따라야 하는 절대적인 것으로 여겨지지는 않는다. Russell은 "규칙은 스포츠의 목적을 달성하는데 구현되는 탁월함이 훼손되지 않고 유지되면서 발전되는 방식으로 해석되어야 한다"고 주장한다.32) 관습주의자들의 주장이긴 하지만, 심판들 또한 규칙을 제정한 사람들의 의도와 반대로 전략적 반칙이 경기의 일부라는 사회적 관습을 받아들인다는 것이다. 관습주의자들에 따르면, 스포츠가 도덕적 활동이라는 생각 자체가 관습적인 생각이며 다양하고 복잡한 이유들로 스포츠계에서 비롯되고 유행한 스포츠의 목적에 대한 한 가지 해석일 뿐이고, 이 해석으로부터 그 참가자들의 도덕적 행동에 관한 규범적 원칙이 생겨났다는 것이다.33)

관습주의자들은 경기종료 시간이 얼마 남지 않은 상황에서, 농구선수들은 지고 있는 팀이 역전의 기회를 만들기 위해 전략적으로 시간을 멈추려 반칙을 할 것이라는 걸 이미 모두 알고 있음을 강조한다. 즉, 모든 선수들, 코치들, 그리고 팬들이 이러한 농구의 관습을 알고 있고 다른 팀들도 이렇게 할 거라고 기대하기에 그러한 전략적 반칙은 오늘날 스포츠에서 나쁜 행위가 아닌 영리한 전술이자, 승리추구를 위해 최선을 다하는 행위로 간주된다는 것이다. 스포츠를 바라보는 지배적인 생각은 승리를 위한 헌신과 아낌없는 노력이기에 스포츠는 코치와 선수 모두에게 창의적인 전략과 전술을 쓰도록 허락받은 공간이 되어야 한다는 것이 전략적 반칙을 옹호하는 관습주의자들의 주된 주장이다.34)

(3) 폭넓은 내재주의(Broad Internalism)

전략적 반칙의 윤리에 관한 세 번째 관점은 해석주의(Interpretivism) 혹은 폭넓은 내재주의라고 불리는 스포츠이론이다. 폭넓은 내재주의란 스포츠의 구성적 규칙 말고도, 외부에서 들여온 사회적 관습도 아니고 도덕적 원칙도 아닌 스포츠에 개념적으로 밀접한 관련이 있는 다른 원천이 있다는 견해다. 이 세 번째 이론가 그룹은 관습주의자들처럼 구성적 규칙이 모든 스포츠철학 자들이 고려해야 하는 것이라 여기지 않지만, 동시에 어떤 관습이 오늘날 스포츠계에서 받아들여진다고 합법적이라는 관습주의자들의 견해도 경계한 다. 이러한 폭넓은 내재주의 관점의 주된 주장은 경기의 내부 규범과 가치에 대한 존중을 비롯하여 '최선의 경기란 무엇인가'에 대한 폭넓은 해석이 규칙과 더불어 스포츠를 윤리적으로 평가하는데 핵심이 될 수 있다는 것이다.35) 바로 이러한 이론을 근거로 Simon, Torres와 Hager 같은 스포츠철학자들은 탁월함의 핵심적 평가를 해치지 않는 상대적으로 협소한 범위의 전략적 반칙 만을 옹호한다.

폭넓은 내재주의자들은 모든 종류의 전략적 규칙 위반이 스포츠의 핵심적인 도전에 똑같은 영향을 주진 않는다고 주장한다. 전략적 규칙 위반에 있어 몇몇 범주들이 있는데, 두 가지 주요 요소에 기반을 둔 범주들이다. 첫째 요소는 위반 행동이 의도적이고 그 종목의 규칙에 의해 금지된 것인 경우, 둘째는 금지된 행동을 수행함에 있어 위반자가 그 행동의 결과가 자신의 경기력 향상 혹은 상대의 하락을 낳는다고 판단한다는 점이다. 즉, 폭넓은 내재주의자들은 상대의 경기력을 감소시키기 위해 상대에게 의도적으로 부상을 입히거나 상대가 획득한 유리한 점을 부정하려는 의도적인 반칙은 반대한다.36) 예를 들면, 농구에서 점프한 상대 선수를 치거나 잡아서 당기기, 야구에서 빈볼 던지기, 골키퍼까지 뚫려 수비수도 전혀 없는 상황에서 공을 몰고 가는 상대 축구 선수를 뒤에서 태클 거는 행동, 쇼트트랙 경기에서 팀 선수들과 짜고 다른 경쟁선수들의 진로를 의도적으로 방해하는 행동 등이 있다. 이 범주의 전략적 반칙은 용납될 수 없다고 보는데 다음 두 가지 이유에서다. 첫째는 무해성 원칙의 적용 때문이다. 불필요하게 타인을 의도적으로 상처 입히는 것은 잘못된 일이다. 둘째, 상대가 구성적 기술을 수행할 정당한 기회를 뺏는 것은 그 종목의 핵심 기술을 시험하는 것에 배치된다.

폭넓은 내재주의들은 몇몇 예방적 전략적 반칙은 도덕적 비난을 받아 마땅하다고 생각하지만 '신중한' 전략적 반칙은 그렇지 않다고 주장한다.37) 폭넓은 내재주의자들이 말하는 신중한 전략적 반칙을 설명하기 위해, 앞서 제시한 팽팽하게 접전을 벌이고 있는 농구 시합 상황을 다시 생각해보자. 대학리그 챔피언을 결정하는 경기에서 종료 12초를 남기고 B팀이 1점차로 뒤져있는 상황이다. B팀의 코치는 12초 남은 상황에서 볼을 뺏기란 거의 힘들다는 걸 깨닫는다. A팀 선수들은 그냥 공을 돌리기만 하고 상대 골대 쪽으로 아예 가지 않을 수도 있다. 이 긴장된 순간에 A팀 선수들이 자유투를 실패할 가능성이 높다는 것을 B팀 코치는 안다. 코치는 공격권을 얻어 승리의 기회를 얻기 위해 P선수에게 의도적 반칙을 지시하며, 상대가 자유투를 놓치면 자기 팀이 경기를 이길 기회가 생긴다고 판단한다. 이러한 전략을 택하는 것이 비윤리적인가?

폭넓은 내재주의들은 이러한 신중한 전략적 반칙을 부당한 것으로 볼 때 농구가 더 좋은 경기 혹은 '최선의 경기'가 되는지 생각해봐야 한다고 지적한다. 폭넓은 내재주의자들은 A팀이 12초 동안 공을 갖고 있기만 해서 경기가 실망스럽게 끝나는 것보다 전략적 반칙을 통해서라도 끝까지 치열한 경쟁을 하는 경기가 더 '좋다'라고 생각하는 것이 합리적이라고 답한다. 특히 Simon은 "전략적 반칙을 범할 경우 벌칙이 있는 이유는 그 행동들이 스포츠가 시험하는 기술이 되어서는 안 되기 때문"이라는 Fraleigh의 주장에 대해, 시간을 멈추기 위해 농구시합에서 반칙을 해서 이기고 있는 팀이 자유투를 던지게 하는 것과 같은 경우, 전략적 반칙에 주는 벌칙은 허용되는 전략적 선택을 한 '대가'이지, 허용되지 않는 행동으로 인정하는 건 아니라고 반박한다.[38] 이처럼 폭넓은 내재주의 이론가들은 구성적(필수적) 기술을 통해 획득한 주요 어드밴티지를 없애지 않는 조건하에서는 전략적 반칙을 정당화한다. 그러나 이러한 조건들은 가장 흥미롭고 논란의 여지가 되는 반칙들을 고려치 않음으로써 옹호의 범위를 축소시킨다는 비판을 받기도 한다.

4. 스포츠의 실천적 의무와 도덕적 한계

먼저 앞서 살펴본 전략적 반칙의 윤리에 접근하는 세 가지 관점을 종합해보면, 전략적 반칙을 비난하는 입장은 두 가지 전제를 가진다. 첫째, 정정당당한 경쟁자들이라면 규칙에 맞춰 경기하려고 노력할 것이라는 전제다. 즉, 경기의 어드밴티지를 얻기 위해 규칙을 어기려는 경쟁자는 비윤리적이라는 것이다. 따라서 전략적 반칙은 스포츠경기의 근본적 목적이나 가치를 훼손할 뿐만 아니라 참가자 상호 합의된 약속, 정직이라는 미덕, 스포츠 속의 도덕적 규범들을 위반하는 행위라는 것이다. 둘째, 정정당당한 경쟁자는 반칙이 아니라 기술을 통해 시합에서 이기려 할 것이라는 전제다. Dixon이 주장하듯, 시합의 결과가 기술 말고 다른 요소들에 의해 결정된다면 그 시합은 실패한 것이다.[39] 왜냐하면 스포츠의 목적은 경쟁하는 상대보다 기술이 더 좋아서 이겼음을 보이는 것이기 때문이다.

이 두 가지 전제가 전략적 반칙이 윤리적으로 옳지 않음을 보이는 가장 강력한 주장, 즉 전략적 반칙이 스포츠경기의 핵심적 평가를 위협하고, 따라서 규칙에 의해 정해진 기술의 상대적 평가라는 시합의 목적까지 훼손한다는 주장의 토대다. Russell이 지적하듯, 전략적 반칙의 목적은 정직하고 기술적인 퍼포먼스가 아닌 잘못된 수단을 통해 정당하게 획득한 어드밴티지와 기회를 앗아가는 것이다.[40] 전략적 반칙의 문제점은 반칙을 범한 선수 또한 자랑스러워할만 한 것이라고 생각지 않는다는 사실로도 확인된다.

이처럼 전략적 반칙에 분명 잘못된 점이 있지만, 그럼에도 불구하고 스포츠에서는 용인되어야 하는 충분한 이유가 있다. 먼저 승리를 목적으로 경기하는 것이 오로지 기술적으로 경기하는 것에만 달려있는 것이 아니다. 기술은 스포츠의 목적을 온전히 설명하기에 충분히 결정적이지도, 적절하지도 않다. 스포츠 속 경쟁자들은 기술 외에도 시합 결과에 영향을 미치는 다른 필수적 요소들을 인정해야 하며, 이런 요소들이 있다고 시합에 반드시 결함이 있다고 여겨서도 안 된다. Loland 또한 스포츠에 기술 외의 요소들을 제거할 수 있다고 믿거나 바라는데 심각한 한계가 있음을 주장한다.[41] 선수들이 승리를 위해 경기하는 것은 여러 요소들이 주는 이익을 받고, 그 요소들을 남용까지 할 수 있다는 의미다.

가장 근본적 차원에서, 승리를 위해 경기하는 것은 경쟁의 논리에 보다 더 기본적이다. 이것은 승리가 시합의 목적임을 인정하되, 기술적 경기가 적절히 포착해내지 못하는 방식으로 승리가 그러함을 인정하는 것이다.[42] Gaffney의 주장처럼 "승리는 다른 가치들을 종국에 이해하게 만들어주는 가치다."[43] Suits는 '이기려는 것'을 모든 스포츠종목에 본질적인 것으로 파악한다.[44] 이 승리의 목적 없이는 스포츠는 사실상 존재하지 않는다는 것이다. Schneider 또한 어떤 종목에 참가하기로 합의했다면 이기기 위해 최선을 다할 것이란 기대가 전제되는 것이라고 주장했다.[45] 여기서 요점은, 만약 상대를 패배시키려는 목적 없이 그저 그 종목이 요구하는 기술을 연습하거나 보여주려고 한다면 그건 경쟁을 하지 않겠다는 뜻이라는 것이다. 이 경우 선수는 단지 기술을 보여주는 경기에만 참여하는 것일 뿐, 경쟁적 경기를 하고 있다고 할 수 없다. 즉, 단지 기술적 탁월함의 추구를 승리라는 종속적이고 파생적인 목표로 대체하는 것으로 여긴다면 스포츠 시합의 경쟁 논리를 왜곡하는 셈이 된다.

물론 기술적 성취가 스포츠를 더욱 풍성하게 하고 두드러지게 하는 것은 분명하나, 기술이 스포츠의 목적과 가치의 근원이라고 생각하는 것은 잘못이다. Huizinga가 주장하듯, 스포츠의 특징인 긴장감은 '어떤 문제를 최종적으로 결정하려는 것,' 즉 뭔가 해내려는 것에서 생겨난다.46) 스포츠가 더욱 경쟁의 성격을 띨수록 긴장감 역시 강렬해질 것이다. 긴장감은 선수들의 용맹과 정정당당함을 평가함으로써 윤리적 가치를 전달해준다. 따라서 이 같은 논리에 따르면 선수가 달성코자 하는 목표, 즉 승리는 그 자체로 가치를 지녀야 한다. 가치가 없다면 긴장감도 없을 테니, 달성치 않아도 그만이기 때문이다. 경쟁이 스포츠의 재미를 훼손하고 스포츠정신을 왜곡시킬 수 있지만, 승패를 가르는 스포츠가 경쟁적 경기 형태를 필요로 하는 것도 사실이다. 승패가 경쟁 경기에 생기를 불어넣는다고 말할 수 있다. 경쟁적인 경기에 자신을 내맡기기로 했을 때, 승리는 그 사람의 목적이 된다. 따라서 스포츠경기를 가능하게 하는 것은 승리의 가치를 인정, 즉 승리가 가장 기본적이고 근원적인 가치를 가졌음을 인정하는 데 있다.

따라서 스포츠에 참가한 사람들에게는 이기기 위해 경기해야 할 '실천적 의무(practical obligation)'가 있다. 실천적 의무 개념은 어떤 목적을 확보하거나 계획을 유지하는 데 있어 요구되는 것을 말한다. 스포츠의 경우, 실천적 의무가 뜻하는 바는 진정한 경쟁은 이기기 위해 경기하는 것을 요구하며, 이것은 기술적 경기에 종속되거나 기술적 경기의 용어로만 설명될 수 없고, 또한 승리를 시합의 목적이자 그 자체로 기본적 가치를 지닌 것으로 여겨야 함을 뜻한다.47) 시합에 참여하는 이유와 시합 내부에 존재하는 이유는 다르다.

후자는 우리가 진정 경쟁하고 있다면 승리라는 목적에 의해 구성된다. 따라서 승리는 스포츠에 참가한 사람들이 택한 경쟁이란 프로젝트의 필수 구성 요소다. 스포츠의 실천적 목적이 반드시 윤리적 목적이 될 필요는 없다. 승리를 위해 경기해야할 실천적 의무가 윤리적 의무로 이해되어서는 안 되며, 이것은 승리의 가치가 도덕적 가치로 이해되어서는 안 되는 것과 마찬가지다. Huizinga가 일깨워주듯 스포츠는 선악의 범위 밖에 놓여있다.

어떤 의미에서는 규칙에 따라 경기하는 것이 실천적 의무인 것도 사실이다. 만약 특정 방식으로, 혹은 너무 심하게 규칙들을 많이 피해간다면 경기를 포기하는 것이나 마찬가지다. 그러나 관습주의자들의 주장처럼 대부분의 경우 선수들이 경기 중 규칙을 어긴다. 따라서 규칙에 따라 경기해야한다는 실천적 의무는, 가끔 어떤 방식으로 규칙을 어기는 것이 윤리적으로 경기를 하지 않을지언정 경기를 아예 안 하는 것은 아닌 것으로 느슨히 이해되어야 한다. 즉, 전략적 반칙에 대한 엄격한 형식주의 주장은 오늘날 스포츠 현실에 적합하지 않다. 물론 윤리적으로 합당한 경쟁자라면 규칙에 따라 경기할 윤리적 의무를 내재화하고 기술을 통해 시합에 이기려할 것임을 짐작할 수 있다. 그러나 이런 경쟁자가 승리라는 실천적 의무와 윤리적 의무가 충돌되는 상황에 놓인다고 가정해보자. 즉, 그들은 경기를 포기해야만 윤리적 의무를 지킬 수 있고, 경기에 남으려면 윤리적 의무를 위반해야 한다. 종료 12초를 남겨놓고 1점차로 뒤져있는 상황에서, 깨끗하게 경기를 포기해야 하는 것일까? 아니면 전략적 반칙을 행해 윤리적 기준에 어긋나는 수단을 통해서라도 최선을 다해 경기를 구해내고 비난받아야 할까? 윤리적 의무에 반하는 경우, 선수에게 경기를 포기하라고 강요하는 것이 항상 합리적인 것일까?

이 질문에 대해 구체적으로 생각하기 전에 실천적 의무가 무엇을 포함하는지 확대해보는 것이 중요하다. 여기서 중요한 것은 승리가 스포츠에서 기본적인 가치를 가졌을 뿐 아니라 스포츠경기에 생기를 불어 넣고 내재적 목표를 부여한다는 점이다.[48] 이런 내재적 목표가 바로 경쟁자가 경기를 계속 해나가는 이유다. 이것이 또한 승리가 불가능할 때도 경기를 포기하지 않고 끝까지 경쟁을 펼칠 수 있는 원동력을 제공한다. 승리추구라는 실천적 의무를 포기하고 윤리적 의무만을 선택하는 경우, 경기가 갑자기 무의미해보일 수 있으며 경쟁의 활기찬 정신이 사라짐에 따라 스포츠의 매력 역시 깨질 수 있다. 이런 경우 선수는 종료 휘슬이 불릴 때까지 '그저' 계속 움직이거나 부수적인 목표를 생각해내거나 경기의 결과가 아직 의문인 '척'하며 경기 시간만 보내야 한다. 실천적 의무의 포기가 코치나 선수들이 경기 결과가 예상될 때 경기를 그만두거나 상대에게 '그냥' 내주는 이유다. 가망 없는 경기를 선수들이 그저 내주는 것이 불쾌하게 여겨지는 이유는 경기를 절정까지 끌고 가 승자가 만족스러운 승리를 얻는 것을 박탈하기 때문이라는 점 역시 주목해야 한다. 따라서 이런 갈등 상황에서, 선수에게 윤리적 의무를 다하라고 강요하는 것은 가치 있는 어떤 것을 단순히 포기하란 의미가 아니라 경기를 해나갈 이유, 즉 승리추구를 포기하란 것과 마찬가지다.

나가며

이제껏 스포츠 속 전략적 반칙이 과연 적절한 것인지, 또한 그것이 윤리적으로 옹호 가능한 것인지 살펴보았다. 필자는 스포츠가 지닌 도덕적 한계를 지적함으로써 일반적으로 규칙 위반을 부당하다고 여길지라도 스포츠 속 전략적 반칙의 사용은 용서되고 허용되어야 한다고 주장하였다. 왜냐하면 선수들이 승리추구라는 실천적 의무를 윤리적 의무에 종속시키길 기대하는 것은 합리적이지 않기 때문이다. 즉, 윤리적 의무가 경쟁자로서 경기를 해나갈 목표(승리)를 희생시키는 경우, 경쟁자에게 모든 행동을 윤리적 의무에 일치시키라고 강요하는 것은 불합리하다. 실천적 의무와 윤리적 의무가 충돌하는 상황에서 '반드시 규칙에 따라 경기하라'는 의무를 따르는 것은 지극히 엄격주의자이며, 윤리적 가치와 구별되는 스포츠의 다른 가치를 깨닫지 못하고 있는 것이다.

2010년 FIFA월드컵 가나와 우루과이의 8강전 경기에서 벌어진 루이스 수아레즈의 핸드볼 반칙을 떠올려보자. 연장 후반 15분, 경기가 끝나기 일보직전에 가나의 코너킥이 결정적인 골찬스로 이어졌다. 골키퍼를 맞고 튀어나온 공을 가나 선수가 슛으로 연결했고, 골문 앞에서 수비를 하던 수아레즈의 발에 맞고 다시 튀어나온다. 튕겨 나온 공을 가나 선수가 다시 헤딩을 시도하여 공이 골대 안으로 들어가려는 순간 수아레즈가 두 손으로 공을 걷어낸다. 수아레즈는 핸드볼 반칙에 대한 벌로서 곧바로 주심에게 퇴장 명령을 받았고, 가나는 승리를 결정짓는 절호의 패널티킥 찬스를 얻게 된다. 패널티킥을 성공하면 이길 수밖에 없는 상황이다. 그러나 가나 선수가 찬 회심의 슛이 골포스트를 맞추면서 득점에 실패한다. 결국 경기는 승부차기로 이어졌고 우루과이가 4강에 진출한다. 골대 안으로 들어가는 머리 위의 공을 보고 수아레즈는 그 짧은 1초 사이에 어떤 생각을 했을까? 공이 들어가면 경기에서 지는 상황이고, 이것을 막을 수 있는 방법은 오로지 손으로 공을 걷어내는 방법뿐이다. 수아레즈는 '승리를 위해 최선을 다해 경기하라'는 선수의 기본적 의무에 충실한 선수일까, 아니면 비겁한 방법을 사용한 비난받아야 하는 선수일까? 수아레즈의 의도적 반칙은 가나가 정당한 기술을 통해 얻은 기회(어드밴티지)를 빼앗은 행위일까, 아니면 '좋은' 혹은 '전략적인' 반칙이라 불리며 축구라는 경기 안에서는 참가자들 사이에 허용되어야 하는 행위일까?

많은 사람들이 수아레즈의 의도적 반칙을 불편하게 느끼는 것은 상대팀 가나가 승리를 도둑맞았다고 생각되기 때문일 것이다. 반면 사람들은 벌칙과 보상을 언급하며 반칙을 할 수 밖에 없었던 수아레즈를 정당화해보려고 한다. 반칙을 행한 수아레즈는 어쨌든 퇴장으로 자신의 행위에 대한 값을 치렀고, 반칙을 당한 가나는 보상으로 이길 기회를 얻었다. 이 두 가지 반응이 스포츠 속 전략적 반칙에 관해 사람들의 집단적 의식에 자리 잡은 흔한 반응이다.

즉, 전략적 반칙을 상대팀의 기회를 뺏는 비도덕적 행위로 보는 부류와 단지 경기의 일부일 뿐이라고 보는 부류 간의 분열된 반응이다.

　수아레즈가 도덕적 의무를 승리라는 목적과 통합시키려 노력할 것을 기대할 수는 있다. 그러나 승리를 위해 경기하는 것은 선수가 경기를 끝까지 계속 해나가는 원동력이다. 경쟁하는 선수에게 모든 도덕적 요구를 위해 승리란 목적을 희생하라고 강요하는 것이 비합리적인 이유는, 스포츠경기의 논리에 필연적인 경쟁자의 실천적 이성을 자극하는 것을 훼손하기 때문이다. 선수에 게 승리란 목적을 버리고, 패할 수 있는 움직임을 강요함으로써 경쟁을 그만두 라고 하는 거나 마찬가지다. 이것이 바로 전략적 반칙에 대해 "달리 어찌할 수 있겠어"라는 반응을 낳은 것이다. 다른 식으로 표현하자면, 경기의 핵심인 승리를 구성하는 가치를 포기하라고 강요하는 셈이다. 승리의 가치가 절대적 이지 않고 분명 변색될 수 있는 것이긴 하지만, 실천적 의무가 윤리적 의무에 종속되어야 한다고 주장하는 것은 승리추가가 여전히 스포츠경기의 근본임을 깨닫지 못하는 것이다. 스포츠라는 프레임 안에서는 승리의 가치가 경쟁자의 실천적 이성을 구성하므로 그 경쟁자에게 승리라는 목표를 언제나 윤리적 기준에 종속시키라고 하는 것은 불합리하다.[49]

　필자의 주장들이 결코 상대 선수를 부상을 입히는 반칙, 승패에 무관한 반칙 등 스포츠 프레임을 파괴하는 반칙 행위까지도 옹호하는 것으로 받아들 여져서는 안 될 것이다. 필자가 논하고 있는 반칙은 막상막하의 치열한 경쟁에 서 승리를 향한 실천적 목표와 윤리적 목표가 갈등하는 스포츠상황 속의 전략적 반칙이다. 각 종목마다 특성이 다르기 때문에, 필자가 주장하는 것들이 모든 종목들의 전략적 반칙에 얼마나 적용이 될 수 있는지는 확언하기 어렵다. 주로 농구와 축구의 상황에 초점을 맞춘 필자의 주장이 전략적 반칙에 관한 윤리적 논의를 더욱 활성화시켜 다른 종목의 전략적 반칙에 관한 분석이 어떻게 나아가야할지에 보탬이 되기를 희망한다.

스포츠 속 보복행위는 정당한가?

세계야구대회에서 숙적 한국과 일본이 결승에 올랐다. 한국팀은 경기 초반 대량 실점하여 큰 점수 차이로 지고 있는 상황에서 주축 타자 두 명이 일본 투수의 투구에 연속해서 몸에 맞았다. 안 그래도 팀 분위기가 가라앉아 있는데, 팀의 에이스 두 명이 몸에 볼을 맞고 괴로워하는 모습을 보니 선수들은 모욕감마저 느끼며 격앙되었다. 한국팀 투수 P는 이에 대한 보복으로 일본팀 주축 타자에게 빈볼을 던져야겠다는 생각이 들었다. 본인 이 던지는 빈볼은 팀 분위기와 사기를 제고하고 선수단을 하나로 결속하는

* 한국체육철학회지 제23권 제1호에 게재된 저자의 논문, 『스포츠 속 폭력적 보복행위 정당화에 대한 비판적 고찰』을 수정 · 보완하여 작성함

결과를 가져올 수 있다고 생각했다. 하지만 자신의 빈볼로 인해 아무 잘못도 없는 상대 타자가 위협을 느끼거나 심각한 부상을 입을 수도 있다는 것도 알고 있다. 공수교대가 이루어지고 마운드에 선 P투수는 잠시 고민에 빠졌다.

만약 당신이 이 상황의 P투수라면, 강속구를 던져 상대타자를 고의적으로 맞히겠습니까, 정상적인 투구로 승부하겠습니까?

핵심개념

1. 스포츠 속 폭력적 보복행위의 정당성 근거

① 폭력적 보복행위가 상대(팀)에게 앞으로 어떤 부정행위도 고통스럽게 복수될 것임을 알려줌으로써 상대(팀)의 이후 부정행위를 제지할 수 있다.

② 그러한 앙갚음이 팀 화합과 같은 스포츠에 내재된 중요한 가치를 증진시킨다.

2. 자경주의(vigilantism)

정부가 사회정의를 충분히 실현하지 못한다고 생각한 자율적 시민들이 자신의 생명과 재산을 스스로 지키고 보호하려는 태도나 입장으로 개인과 집단이 공권력을 대신하여 물리력을 사용하는 형태를 말한다.

3. 스포츠 예외주의(sporting exceptionalism)

스포츠 예외주의는 스포츠란 아주 특수한 것이기에 우리사회의 보편적인 규칙이나 원리가 그대로 적용될 수 없다고 보는 입장을 말한다.

4. 스포츠 속 폭력적 보복행위에 대한 비판

① 나의 동생이 학교에서 폭행을 당했다고, 학교로 직접 찾아가 똑같이 당사자들을 폭력으로 응징하는 것은 정당화 될 수 있을까? 그 어떤 스포츠의 탁월함도 불필요한 폭력의 부도덕함을 이길 수는 없다.

② 내 동생이 학교에서 폭행을 당했을 때, 우리 가족의 '팀 화합'을 향상시키기 위해 학교로 직접 찾아가 똑같이 당사자들에게 폭력으로 응징하는 것은 정당화 될 수 있을까? 다른 사회분야나 조직에서 벌어지는 폭력적 앙갚음이 원시적이고 옹호 불가능한 것으로 느껴진다면, 스포츠에서 벌어지는 비슷한 폭력적 보복행위 또한 받아들여선 안 된다.

들어가며

국내 프로야구 LG와 한화의 경기에서 벌어진 사태이다. 6회말 1루에 출루한 한화의 A선수는 다음 타자가 유격수 앞 땅볼을 치자 병살을 막으려고 2루에서 적극적으로 슬라이딩을 시도했다. 이때 LG의 B선수가 A선수의 스파이크에 왼쪽 유니폼 하의 부분이 찢겨져 나갔고 스파이크에 종아리가 쓸리면서 찰과상을 입었다. 8회 말 1아웃 주자가 없는 상황에서 A선수가 다시 타석에 들어서자 투수 C선수는 시속 145km 강속구를 A선수의 등에 내다꽂았다. 강속구에 등을 맞은 A선수는 C투수에게 다가갔다. 이때 양팀 벤치에서 선수들이 쏟아져 나오며 벤치클리어링이 발생했다. 양 팀 사이 고성이 오가고 서로 밀고 당기는 등 험악한 모습이 연출됐다. 경기 후 인터뷰에서 LG의 한 고참 선수는 "더그아웃으로 돌아온 후배 A선수의 스타킹이 찢어지고, 허벅지부터 발목까지 피가 나는 걸 보고 팀 동료들이 격앙된 게 사실"이라며 "우리 선수단 입장에선 당연히 동료인 B선수를 보호해야 했다"며 다소 모호한 발언을 했다.[1]

이처럼 야구에서 투수가 타자를 향해 고의적으로 던지는 공을 '빈볼'이라고 부른다. 빈볼(beanball)의 어원은 콩을 뜻하는 영어 'bean'과 공을 뜻하는 'ball'의 합성어인데, 여기서 bean은 콩이 아닌 머리를 뜻하는 속어이다. 최근 들어 머리를 향한 공뿐만 아니라 어떤 부위든 고의적으로 몸에 맞추는 공은 빈볼로 통용되고 있다. 야구에서 빈볼을 던지는 이유는 크게 두 가지가 있다. 날아오는 공에 대한 타자의 본능적 공포를 가중시킴으로써 승부를 자신에게 더 유리하게 이끌기 위해 던지는 위협구와 LG의 C투수처럼 자기 팀이나 팀 동료가 상대방으로부터 부당한 위협이나 모욕을 받은 경우, 보복의 의미에서 타자에게 물리적 충격을 주기 위해 던지는 '겨냥된' 빈볼이 있다.[2] 전자의 경우 "내 투구가 타자를 맞출 수 있다"라는 점을 인식하고 던지는 공이라는 점에서 가해행위에 대한 미필적 고의는 인정된다.[3] 그러나 위협구는 야구라는 경기에 이미 내재된 위험이라고도 볼 수 있기 때문에 윤리적으로 크게 문제될 것이 없어 보인다. 반면 후자의 경우는 경기 룰에도 명백히 위반될 뿐만 아니라, 상대를 다치게 하겠다는 '상해의 고의'까지 인정될 수 있다는 점에서 윤리적인 문제뿐만 아니라 법적으로도 문제가 될 수 있다.4)

LG의 C투수는 돌덩이처럼 단단한 물체를 사람의 몸에 150km에 가까운 속도로 던져 맞춘 사람치고는 무척이나 당당했다. 실은 대부분의 선수들이 빈볼에 대하여 그 해악은 인정하면서도 정작 그 발생에 대한 대응은 미미한 편이다. 기껏해야 우르르 필드에 몰려나와서 드잡이질 하는 시늉만 하는 정도이다. 심지어는 빈볼을 주고받은 당사자들조차 불과 며칠 지나지 않아 '빈볼은 경기의 일부일 뿐이다'라며 합의 아닌 합의로 사태를 끝맺는다.5) 하지만 이런 상상을 해 보자. 대학생인 당신이 토론수업에서 다른 동료학생과 언쟁을 하다 상대방 학과의 자존심을 건드리는 발언을 하였다고 상대방 학생의 학과 학생회장이 당신에게 와서 주목으로 얼굴을 후려갈기며 "학과의 명예를 지키기 위해서 훈육의 의미로 구타했다"라고 말한다면 어떻겠는가? 이는 명백한 범죄행위다. 만일 학생회장이 주먹 대신 야구공과 비슷한 경도를 가진 물체를 당신에게 던졌다면 어떻겠는가? 그 가해자는 '특수상해'라는, 듣기만 해도 뭔가 있어 보이는 죄명으로 기소될 수 있다. 민사적인 책임을 져야함은 물론이다. 그렇다면 야구라는 스포츠의 현장은 법의 지배가 미치지 않는 영역인가? 사회 일반의 영역에서 너무나도 자연스레 통하는 규범이 전혀 들어먹지 않는 이상한 곳인가?

일반적으로 과도한 폭력, 특히 경기규칙을 위반하며 상대에게 해를 입히려는 고의적 행위는 스포츠정신에 부합하지 않는다. 정당한 몸싸움이나 강한 공격력과 대비되는 '폭력'의 뚜렷한 특성은 상대방에게 해를 입히려는 고의성에 있다. 축구, 농구, 럭비와 같은 선수들이 서로 신체적인 접촉을 하는 컨택트(물리적 충돌) 스포츠에서의 부상은 도덕적 악의 없이도 종종 일어나는데, 그 의도가 공을 얻기 위하여, 즉 상대에게 신체적 해를 입히려는 것이 아니라 경기의 최우선적 목적을 달성하기 위한 것일 때 그러하다. 스포츠에서 강한 몸싸움이나 공격성은 특별히 도덕적으로 문제가 되지 않으나 폭력은 당연히 문제가 된다.

하지만 이를 구분하기 애매한 경우들이 발생하게 된다. 달리 말하면, 스포츠의 규칙이 정당한 몸싸움이나 공격적 행위인지, 아니면 해를 입히려는 고의적 시도인지 명확히 구별을 해주지 못하기에 규칙자체의 적절성에 대한 의문이 발생한다.6) 윤리적으로 더욱 흥미로운 것은 경기규칙에 의해 명백하게, 혹은 선수사회(선수, 코치, 팬, 기자, 운영진 등)의 상당수에 의해 암묵적으로 인정되는 폭력에 대한 문제이다.

이번 주제에서 초점을 맞추려는 것은 암암리에 인정되는 스포츠 속 폭력의 예이다. 전형적인 예로 야구에서 앙갚음용(보복성) 폭력은 투수가 저지르는데, 주로 상대편 투수가 자기팀원을 공으로 맞췄을 때 일어난다. 상대방을 다치게 하려는 폭력 자체가 이미 금지되어 있다는 당연한 이유로 보복성 폭력은 어떠한 스포츠의 규칙에도 엄격하게 반하는 것이다. 축구 같은 스포츠는 무거운 벌금과 출전 정지명령 부과를 통해 이전 행위의 의도적 반응으로써 행해진 폭력을 금지하고 있고, 이러한 금지를 통해 폭력적 대응은 절대 용납할 수 없는 것임을 시사한다. 그러나 야구 같은 스포츠의 기풍에서는 비록 선수들이 관련 단체로부터 어느 정도 처벌을 받을지언정 앙갚음을 보다 너그러이 바라본다. 야구계의 많은 구성원들이 그러한 응징을 상대의 폭력이나 다른 부정행위에 대한 도덕적으로 용인할만한 대응으로 여기는 것이다.7)

빈볼처럼 스포츠 속 폭력적 보복행위를 '게임의 일부'나 '전략의 일부'로 받아들이는, 즉 폭력에 대한 정당화가 필자가 가진 핵심 문제의식이다. 즉, 스포츠계가 스포츠 장(場)의 폭력적 보복행위에 대하여 일탈이라고 판단하기보다는 게임의 일부로 간주하는 것은 문제적이다. 이번 주제에서는 야구 빈볼의 경우를 중심으로 스포츠 속 보복행위를 스포츠의 특수한 규범과 관련하여 윤리적 측면에서 비평해 보고자 한다. 이를 위해 스포츠에서 일어나는 폭력적 앙갚음이 정당하다고 주장하는 두 가지 근거를 짚어보고자 한다. 첫 번째는 스포츠 속 폭력적 보복행위가 상대의 이후 부정행위를 제지한다는 근거에서의 정당화이고,[8] 두 번째는 그러한 앙갚음이 팀 화합과 같은 스포츠에 내재된 중요한 가치를 증진시킨다는 이유에서의 정당화이다.[9] 이러한 폭력적 앙갚음에 관한 두 가지의 정당화를 구체적으로 살펴보고 그에 관한 반론을 펼쳐보고자 한다.

1. 스포츠 속 폭력적 보복행위의 정당화

일반적으로 스포츠 상황에서 발생하는 폭력에 대해서 논의할 때 자주 혼란을 가져오는 이유 중의 하나는 일반 사회에서는 분명히 폭력으로 규정되는 공격행위를 특정 종목의 스포츠에서는 정당하고 당연한 행위로 인정하고 있기 때문이다.[10] 달리 말하면, 사회 내에서 일탈적이고 극단적인 행동들이 스포츠라는 조직 내에서는 적극적으로 수용된다는 것이다. 최근 스포츠철학자 McAleer는 투수의 보복성 빈볼에 대해 통찰력 있으면서도 도발적인 옹호론을 펼쳤다. McAleer는 그의 논문에서 스포츠 속 정당화되는 보복성 폭력에 대해 "B(혹은 B의 팀원)가 A(혹은 A의 팀원)를 부당하게 해를 입혔을 경우에는 A의 B에 대한 앙갚음은 정당화 된다"는 주장을 제기했다.[11] 이 주장은 정당화된 앙갚음에 대해 합리적인 필수조건을 마련해준다. 이 주장에 따르면 우발적 실수에 의해 타인에게 해를 끼친, 즉 도덕적으로 악의 없는 행동을 한 사람들에게 앙갚음하는 경우는 제외된다. 달리 말하면, 누군가의 부당한 행동에 의해 내가 해를 입었을 때에는 나의 앙갚음이 정당화될 수 있다는 것이다.

여러 가지 경우에서 쉽게 예를 찾을 수 있다. 만약 방문한 음식점에서 부당한 서비스를 제공받았을 경우, 자신의 개인 블로그에 그 음식점 서비스가 형편없음을 게시하거나, 주변사람들에게 그 음식점에 가지 말라고 하거나,

그 형편없는 서비스가 불법이나 과실사고에 이르면 법적 시정까지 갈 수 있다. 만약 내 가족이 부당하게 폭행을 당했다면, 폭행범을 공개적으로 고발하고, 폭행범이 그의 잘못된 행동에 대해 무거운 형벌을 반드시 받도록 형법제도를 이용하는 것은 정당하다.

그러나 이러한 경우들이 '폭력적' 앙갚음마저 정당화될 수 있다는 것을 의미하지는 않는다. 용인될만한 종류의 앙갚음이란 도덕적 비난, 사회적 제재, 그리고 적절한 경우 법적해결 추구 등이다. 우리가 진보된 법체계를 구비하고 있다는 사실이 개인적인 '폭력적 응징'을 방지해준다.12) 문명화된 사회에서 사람들은 자경주의(vigilantism)13)를 삼가고, 법체계가 부정행위에 대한 적절한 벌을 부과하도록 맡겨놓는다. 폭행범들이 기소되었을 때조차 형법제도는 그들에게 육체적 해를 가하기보다 그들을 감금시켜 놓는다. 사적인 폭력은 대체로 자기방어, 혹은 생사의 기로나 강간 같은 육체적 피해에 처한 타인을 방어하는 경우에만 정당화된다.14) 이런 경우에는 '박탈의 원칙(doctrine of forfeiture)'에 의해 우리가 공격자의 생명보다 우리의 생명과 신체적 온전함에 우선순위를 두는 것이 정당화된다.15) 그러나 위험한 순간이 지나 자기방어가 필요 없게 되면 사적인 폭력의 허가증 역시 소멸되어버린다. 우리는 우리의 형법제도가 마땅한 형벌을 부과하도록 믿고 맡겨야만 한다.16) 만약 극악무도한 범죄가 발생한 후 내가 범죄자를 찾아내어 피투성이 복수를 한다면, 내 앙갚음은 나의 납득할만한 고뇌 때문에 어느 정도 용인될지는 모르나 윤리적으로 정당화되지는 않는다. 사랑하는 자신의 가족을 폭행한 사람에게 조차도 폭력적 앙갚음이 정당화될 수 없다면, 스포츠에서의 폭력적 앙갚음을 지지하는 이들은 스포츠경기의 부당행위가 폭력을 정당화할 만큼 악랄했음을 증명해야하는 엄청난 부담에 직면하게 된다.

2. 제지적 기능으로서 폭력적 보복행위의 정당화

물론 보복성 빈볼과 같은 상황이 야구에서만 발생하는 것은 아니다. 가장 심한 케이스는 바로 아이스하키다. 아이스하키는 선수들의 몸싸움을 용인할 뿐만 아니라, 오히려 부추긴다. 팀의 보직 중에 격투 상황 시에 앞장서 적을 제압하는 '행동대장(enforcer 혹은 goon)'이라고 불리는 선수가 따로 있기도 하다. 이러한 몸싸움은 사전 계획된 것일 수도 있는데, 행동대장이 상대방, 특히 고의적으로 자기 팀의 스타선수를 부상 입힌 상대방을 공격하려는 분명한 의도로 빙판에 내보내질 수 있다는 점에서 그렇다. 만약 이 폭력적 앙갚음의 목적이 최초 공격자에게 응징을 가하는 것이라면, 이러한 행위는 법에 맡기는 대신 피투성이 보복을 통해 자식의 폭행범에게 복수하려는 아버지의 자경주의와 똑같은 비난을 받아 마땅하다.17) 심판, 연맹, 상벌위원회의 존재 이유가 바로 경기장 속 부당행위에 대해 어떤 처벌이 적당할지 냉정하고도 공평하게 평가해주려는 것이기 때문이다.

보복성 폭력에 대한 보다 그럴듯한 근거는 위에서 살펴본 응징과 반대로 실용적인 이유에서이다. 스포츠 속 보복행위는 최초 공격한 상대선수와 그 팀원들에게 앞으로 어떤 폭력행위도 똑같이 고통스럽게 복수될 것임을 알려준다. 법적처벌을 실용적으로 정당화하는 것과 마찬가지로 폭력적 앙갚음의 목적 역시 상대방의 다음번 부당한 폭력행위를 저지하는데 있다.18) 하지만 미래의 폭력행위로부터 팀원들을 보호한다는 목적은 칭송받을만하나 이러한 동기마저도 선수 자경주의라는 죄목으로부터 자유로울 수 없다. 심판들이나 상벌위원회가 최초 잘못을 객관적으로 판단하고 적절한 벌칙을 부과할 더 나은 위치에 있기 때문이다. 최악의 범죄행위의 경우에도 각 스포츠협회와 연맹은 벌금과 출전정지 혹은 자격정지를 부과할 수 있고, 영구제명과 같은 가장 무거운 제재조치도 취할 수 있다. 아이스하키 행동대장들이 저지른 것과 똑같은 육체적 공격을 가함으로써 공격자들을 벌하는 스포츠연맹을 우리는 원시적이라 비난할 것이다. 또한 우리는 아무리 목적이 자식에 대한 더 이상의 폭행을 막으려는 것일지라도 똑같이 복수하는 피해자 아버지의 폭력이 정당화 될 수는 없을 것이다. 그렇다면 어떻게 경기장의 부당행위가 사회의 폭행범조 차도 받아 마땅하지 않은 폭력적 응징을 부를 만큼 끔찍하다 할 수 있는가? 과연 그러한 폭력적 앙갚음이 정당화될 수 있는가?

McAleer와 같이 스포츠 속 폭력적 앙갚음을 옹호하는 사람들은 이러한 의구심이 제기될 수 있음을 예상하고 있었는지 폭력적 앙갚음의 '제지적 기능' 을 보다 설득력 있게 만들기 위해 그러한 앙갚음의 범위를 제한하고 있다. 즉, 야구위원회나 협회가 규칙을 위반한 상대에게 이미 제재를 가했으나 똑같 은 위반행위를 반복한 상대에게 앙갚음하는 경우로만 제한한다. McAleer가 주장하듯, "제도적 조치가 실패했으므로" 팀은 직접 도울 자격이 생긴 것이다. 다음과 같은 비교가 완벽하게 들어맞는 것이 아님을 인정하면서도 McAleer는 팀의 상황을 위협을 목전에 둔 사람의 경우와 비교하며 스포츠 속 폭력적 앙갚음 행위를 옹호하고 있다.

> 공격이 임박했을 때 나는 국가의 도움을 기다리다가는 목숨을 잃을 판이다. 내가 폭력사용의 권한을 국가에 양도한 합의는 절대적인 것이 아니다...팀들 은 부당한 해를 벌할 수 있는 권한을 연맹에 이양했지만 그 해가 지속된다면 폭력적 자조(self-help)의 권리를 되찾을 수 있다.[19]

그러나 이 두 상황이 유사하지 않음은 너무도 빤하여 폭력적 앙갚음을 옹호하기 힘들다. 무엇보다 국가의 폭력사용 독점에 예외 상황인 자기방어의 경우는 오직 임박한 위험을 막으려할 때만 해당된다.[20] 만약 누군가 내 가족을 폭행하려 한다면 난 무력으로 그를 제지해도 된다. 그러나 반대로 그가 이미 내 가족을 폭행했다면, 나는 그를 공격하며 내 공격이 그나 다른 사람이 저지를 지 모를 미래의 폭행을 막을 것이라고 바라선 안 된다. A투수의 팀원이 이미 상대방 투수의 공에 맞았다면, A투수의 보복성 빈볼은 자기방어란 허가증이 이미 소멸되었으므로 정당한 자기방어라 할 수 없다.[21]

스포츠 속 보복행위 옹호자는 현실적으로 야구에서 벌어지는 앙갚음이란 훨씬 덜 폭력적이라고 지적할지 모른다. 더욱 적합한 비교는 그가 내 발을 밟았기에 나도 그 사람 발을 밟아주는 것 정도의, 거의 무해한 것이라는 반론을 필 것이다. 그러나 이러한 비교는 투수의 보복성 빈볼의 경우에 설득력이 없다. 우선 상황을 야구와 비슷하게 만들려면, 아마도 의도적이었을 최초 발 밟은 사람의 아무 죄도 없는 친구의 발을 밟아달라고 내 친구에게 도움을 요청해야 한다. 이러한 복수 행위는 행동의 주체성을 공유하고 공동책임을 진다는 미심쩍은 전제 때문에 정당화되기 어렵다. 더군다나 시속 150km의 빠른 볼로 타자를 맞추는 것은 발을 밟는 것보다 훨씬 고통스럽고 위험하다. 비교될만한 고통은, 비슷한 공격을 받은 후 연속적으로 등에 센 펀치를 날리거나 다리를 세게 걷어차는 것이다. 최초의 공격 자체가 법적으로 처벌 가능한 단순 공격이었다면 기소와 처벌을 형법제도로 넘겨버리는 것이 훨씬 더 적절한 후속조치이다. 이로부터 유추한다면, 상대팀 투수에게 고의적으로 볼을 맞은 팀 역시 처벌을 야구위원회 혹은 상벌위원회의 관계자에게 맡겨야 한다.

스포츠 속 보복행위의 옹호자라면 투수의 보복행위에 대해 야구계에 널리 퍼진 관행에 호소할지 모른다. 야구계 관습에 따르면, 투수의 보복성 빈볼은 이미 확립된 전통이며 빈볼이 심각한 부상을 주는 것이 아닌 정도의 고통을 가하는 것으로 엄격히 제한되어 있기에 투수가 타자를 고의로 맞히는 것을 저지하는 자기감시의 효과적 방법이기도 하다. 그러나 이러한 스포츠 관행에 호소한다든지, 유용한 전통이라고 주장하는 것이 스포츠 속 폭력적 앙갚음을 정당화하기에는 설득력이 부족하다. 예를 들면, 신고식이 팀의 화합이나 충성심을 증진시키기도 하겠지만 신참선수들에게는 모욕감을 준다는 점에서 여전히 반감을 살만하다. Dixon이 지적하듯, 신고식이 팀 화합, 충성심을 증진시키는데 충분할지 몰라도 필수적인 것은 아니며, 화합과 충성심이란 목표는 팀원들을 망신주지 않고도 달성할 수 있기 때문이다.22) 마찬가지로 야구위원회가 내리는 출장정지라는 제재가 오히려 투수의 부당행위를 막는 똑같이 효과적이고 도덕적으로 선호할만한 방법이라 여겨진다.

야구에서 보복성 빈볼이 정당화된다고 주장하는 것은, 폭력이란 임박한 공격을 막기 위한 자기방어에만 정당화된다는 원칙에도 위배된다.23) 폭력적 앙갚음이 심각한 신체적 해만 입히지 않는다는 선에서는 예방적이라지만 가혹한 폭력을 제도화하는 문을 열 수 있다는 것에 주목해야 한다. 윤리적 측면에서도 스포츠 속 폭력적 앙갚음은 유치하고도 무절제한 반응이라 생각되며, 이러한 사실은 앙갚음에 관계된 폭력이 상대적으로 약하고 통제된 것이라 해도 사라지지 않는다. 즉, 투수의 보복성 빈볼이 발을 먼저 밟은 사람의 발을 밟아주는 것과 비슷하다 해도 여전히 정당화될 수는 없을 것이다. 더군다나 '눈에는 눈'이라는 구약의 원칙에는 미안하지만, 잘못에 대한 동일한 앙갚음은 폭력을 전혀 수반하지 않을 때도 똑같이 유치한 듯하다. 앞서 제시된 예로 돌아가, 형편없고 부정직한 서비스를 제공한 식당주인에게 적절한 대응은 그 식당주인에게 똑같이 형편없고 부정직한 서비스를 제공할 다른 식당주인을 구하는 것이 아니다. 그 부당함에 대한 적절한 대응은 보상을 요구하거나, 친구들에게 그 식당에 대해 악평하거나, 그 지역 소비자보호센터에 고발하거나, 법적 시정을 요구하는 것이다. 물론 피해를 당했는데 참으라는 것은 지나친 요구일 것이다. 그러나 피해를 당한 이에게 똑같이 앙갚음함으로써 피해를 더 심각하게 만들지 말아달라는 것은 충분히 기대할만 하다.

자기방어를 언급하며 투수의 보복성 빈볼을 정당화하는 옹호자들에게 제시할만한 또 다른 제안도 있다. 정부나 스포츠 조직이 최초 공격자가 더 이상의 부당행위를 못하도록 처벌하는데 실패했다할지라도 최초 공격의 희생자와 가까운 사람들이 취할 수 있는 방법은 사적이고 폭력적인 앙갚음이 아닌 제도 내에서의 시정을 구해보는 것이다. 예를 들어, 서울의 명동에서 한국의 한 대학생이 수명의 일본인 관광객들에게 기분 나쁘게 쳐다봤다는 이유로 폭행을 당한 사건이 보도되었다고 하자. 이러한 사건이 발생했다고 해서 폭행을 가한 일본인 관광객들처럼 무작위로 일본에서 관광 온 일본인을 잡아 두들겨 패는 것은 올바른 대응은 아닐 것이다. 잘못을 저지른 당사자인 그 일본인 관광객들에게 폭력적 응징을 하는 것조차 그릇된 행동일 것이다. 적절한 대응은 도덕적 분노를 공적으로 표현하고 그 일본인 관광객들에 대한 법 절차를 밟는 것이다. 또한 희생자 팀에게는 처벌이 또 다른 위반행위를 막기에 너무 약했다고 항의할 충분한 기회도 있다. Dixon의 주장처럼, 형법과 스포츠 모두에서 괴롭힘을 당한 측은 마땅히 지켜야할 개인 혹은 팀의 이해관계를 계속해서 보호하는데 실패한 책임자들을 파면시킬 수도 있다.[24]

구제할 수 없을 만큼 고질적이고 부패한 권력에 맞선 시민불복종(civil disobedience)이 정당화될 수 있음을 부정하려는 것은 아니지만, 이러한 저항의 방식 역시 본질적으로 평화적이다.[25] 더군다나 폭력적 앙갚음을 옹호하는 상황은 이러한 조건들을 만족시키지도 못한다. 폭력적 앙갚음을 찬성하는 입장은 이전 위반행위에 턱없이 가벼운 벌을 받은 후 상대투수가 우리 팀원을 또 맞추고, 그것을 보고 이번에도 벌이 약할 것이라고 예상해 상대팀 선수에게 보복성 빈볼을 던진 우리 팀 투수를 옹호할 것이다.[26] 그러나 문제는 야구위원회나 상벌위원회의 관계자들이 이번에도 상대팀의 폭력행위를 적절히 처벌하지 않을 것이라는 우리 팀의 판단이 너무나 성급하다는 것이다. 관계자들이 상대팀의 첫 폭력행위에 대해 재발을 방지할 만큼 엄격하게 벌하지 않았을 수도 있으나 상대팀 투수가 다시 그러한 행동을 저질렀기에 훨씬 무거운 벌칙을 줄 확률도 크다. 간단히 폭력적 복수를 하는 대신, 희생당한 팀은 상대투수의 공격이 있은 후 열릴 징계절차의 결과를 기다려야한다. 야구위원회가 계속해서 폭력행위를 충분히 처벌하지 못하고, 관련 위원들을 직책에서 물러나게도 할 수 없을 때에만 희생당한 팀은 우리 선수들이 보호받고 있지 못하다는 결론을 내릴 수 있다. 이 경우는 Dixon의 제안처럼, 소속된 스포츠연맹이나 협회에서 탈퇴한다는 비현실적인 시나리오가 차라리 더 바람직한 대처

방안일 것이다. 윤리적 측면에서, 상대팀을 공격함으로써 우리 팀 선수들을 보호할 수 있다는 관습은 유지될 가치가 없다. 대신 팀들은 선수 자경주의를 명백하게 금지하고 위반자들을 엄격하게 처벌하는 새로운 협회나 연맹을 만들어야한다. 현실적으로 새 연맹이 폭력적 앙갚음을 허용하는 기존 연맹들로부터 많은 엘리트 선수들을 끌어 모을 수는 없겠지만, 그 어떤 사회운동의 취지와 명분도 불필요한 폭력의 부도덕함을 이길 수는 없다.27)

3. 팀 화합 고취 기능으로서 폭력적 보복행위의 정당화

　야구 빈볼의 옹호자들은 투수의 앙갚음이 팀 전체 화합을 고취할 수 있다는 점을 들어 보복성 빈볼에 대한 그들의 옹호를 확장할 수 있을 것이다. 즉, 자기 팀의 중심 타자가 상대투수의 볼에 맞았다면 상대 팀의 중심 타자에게 빈볼을 던지는 투수는 자기 팀원과의 유대감을 표현하고 있다는 것이다. 팀의 화합이 경기 중 심판 혹은 경기 후 상벌위원회의 관계자가 내리는 제재조치보다 이러한 응징을 통해 더욱 잘 고취된다고들 한다. 또한 야구는 팀 스포츠이고 팀의 화합이란 말할 필요도 없이 팀스포츠에서 성공의 중요한 결정요인이다.

　그러나 '팀 화합'에 근거한 빈볼의 옹호론은 다른 문맥 속 폭력적 앙갚음을 생각해볼 때 그 부적절함이 명확해진다. 예를 들면, 내 동생이 학교에서 폭행을 당했을 때 우리 가족이 그 폭행범을 찾아내어 패준다면 우리 가족의 '팀 화합'은 분명 향상될 것이다. 그러나 내 가족의 폭행사건 조차 그러한 원시적 복수를 정당화하지 못한다면 어떻게 야구경기장에서 벌어진 위법행위에 대한 복수를 정당화할 수 있겠는가? 가족들이 강속구에 맞은 고통과 똑같은 만큼의 고통만 준다고 해도 우리가 가해자에게 직접 폭력으로 보복하는 것은 여전히 원시적 이라고 여겨진다. 더군다나 팀 화합을 근거로 폭력적 앙갚음이 빈볼을 던진 투수가 아닌 어찌 보면 전혀 상관없는 투수의 팀원에게 가해진다는 사실은 빈볼의 정당성에 대한 설득력을 더욱 떨어뜨린다. McAleer는 상대팀을 화합된 전체로 취급하는 것이 자기 팀의 화합을 보여주는 것이며 그 화합은 팀원에게 가해진 부당한 해를 앙갚음함으로써 증진된다고 주장한다. 동일한 추론에 따르면, 나와 나의 가족은 폭행범의 가족 중 하나, 이를테면 폭행범의 동생이나 누나를 공격해도 된다는 것인데, 이것은 폭행범을 공격해도 된다고 하는 주장보다 더욱 비윤리적이다.

물론 이러한 주장에 대해 앙갚음 옹호자들은 스포츠 속 앙갚음은 스포츠라는 특수한 상황과 특정 스포츠가 지니고 있는 관습 안에서 이해되어야 한다고 반박할 것이다. 즉, 야구에서 빈볼은 어느 정도의 선이 존재한다고 주장할 것이다. 이를 테면, 타자의 머리를 향해 빈볼을 던져서는 안 되며 벨트 아래 근육이 많은 부분을 맞혀 뼈가 부러지지 않게 해야 한다는 암묵적 규칙이 있다는 것이다. 이같이 상대 선수의 안전을 염려해주는 것은 감동적 동료애로 생각될 수 있으나, 이런 주장은 귀류법에 의한 반대의견을 마주한다. 예를 들어, 어느 정도의 선을 지키는 형태의 앙갚음이 정당화될 수 있다면, 타석에 들어선 타자가 갑자기 몸을 돌려 뼈를 부러뜨리지 않을 정도의 강도로 '포수'의 근육이 모여 있는 다리 부분을 겨냥하여 배트로 세게 치는 것이 팀 화합을 위한 더욱 신속한 앙갚음 행동이 될 수 있을 것이다. 투수의 앙갚음에만 익숙하기 때문에 투수의 앙갚음이 포수를 공격하는 것만큼이나 옹호 불가능한 것이라는 사실을 보지 못해서는 안 된다.

스포츠 속 보복행위의 정당성에 관해 논의할 때 무엇보다 필요한 것은 스포츠 현장 밖에서 벌어지는, 즉 우리사회에서 발생할 수 있는 앙갚음 행동들을 고려하며 이 논쟁에 대한 도덕적 자세를 견지하는 것이다. 예를 들어, 중등교사 임용시험을 준비하고 있는 30명의 수험생들이 교육학 강좌를 함께 수강하고 있다고 생각해 보자. 이 중 한 학생이 매 수업시간에 불필요한 질문과 잡담으로 지속적으로 수업을 방해하고 있다. 수업을 함께 듣는 학생들이 여러 번 그 학생에게 자제해 줄 것을 요청하였지만 그 학생의 수업을 방해하는 행동은 멈추질 않았다. 참다못해 수업을 듣는 학생들 중 덩치가 크고 체격이 좋은 3명의 학생이 그 문제의 학생을 불러내어 주먹을 이용해서 크게 다치지 않을 정도로 근육이 모인 곳을 세게 때리는 일은 왜 정당화될 수 없겠는가? 이렇게 하면 그 못되게 구는 학생은 다른 학생들에게 방해가 되는 행동을 멈출 것이고, 다른 학생들 역시 향후 비슷한 행동을 하지 않게 될 것이다. 이렇게 함으로써 29명의 학생들은 교육학 강좌를 방해 없이 들을 수 있고, 수업을 듣는 모든 학생들의 '화합'이 매우 증가되어 교육학 수업의 질 또한 증진될 것이다. 이와 같은 앙갚음이 폭력을 엄격히 제한적으로만 사용하고도 학생의 부당행위를 효과적으로 근절할 수 있는 널리 퍼진 학교의 관습이라고 해도 그것이 정당화되기에 어려운 것임에는 변함이 없다. 폭력적 앙갚음이 그 단체나 조직의 화합을 증진시킬 수는 있지만, 이러한 논리라면 여전히 터무니없는 사례들을 우리사회 어느 직종과 조직에서든 쉽게 찾을 수 있다. 우리가 다른 조직이나 집단에서 벌어지는 폭력적 앙갚음을 원시적이고 옹호 불가능한 것으로 본다는 사실을 생각할 때, 스포츠라는 조직에서 벌어지는 비슷한 폭력 또한 쉽게 받아들여선 안 된다.

빈볼의 옹호자들은 야구위원회가 상대투수의 이전 잘못을 적절히 처벌하지 못해 그 투수가 같은 잘못을 반복하는 경우에는 투수 앙갚음이 위와 같은 이유로 정당화 된다고 말할지도 모른다. 그러나 제지조치로서의 앙갚음이란 근거는 앞서 비판되어졌다. 이 근거의 약점은, 위반에 적절히 대처하지 못한 단 한 번의 제도권의 실수 때문에 제도권을 통해 정의를 얻으려는 시도 자체를 포기하고 위반자와 같은 야생상태에 있음을 선언해서는 안 된다는 것이다.28)

나가며

지금까지의 폭력적 앙갚음에 대한 비판적 분석으로부터 이끌어 내고자 하는 결론은 스포츠가 다른 분야의 활동들과 달리 도덕적 검증으로부터 예외가 될 수 있다는 스포츠계의 믿음은 옹호될 수 없다는 것이다. "스포츠 예외주의(sporting exceptionalism)"는 어느 정도는 맞다. 즉, 다른 분야에서는 불법적인 공격(폭력)으로 간주되는 행동이 스포츠에서는 예외적으로 용인된다는 것을 스포츠에 참여하는 순간 암묵적으로 동의하는 것으로 볼 수 있다. 예를 들면, 풋볼, 럭비, 축구에서의 거친 태클은 경기장 밖에서였다면 불법적인 폭력으로 간주되겠지만, 경기장 안이라면 도덕적 비난으로부터 자유롭다. 그러나 경기진행에 필수적인 쌍방의 합의를 넘어서면, 그 외 선수들의 행동은 우리가 일상에 적용하는 도덕적 판단의 테두리 안에 있는 대상일 뿐이다. 예외주의가 다른 어떤 직종에서도 성립될 수 없듯, 스포츠 역시 예외가 아니다. 스포츠의 세계 안에서 널리 용인되는 관행이라고 해서 우리사회의 일반적 도덕적 잣대로부터 면제되어서는 안 된다.

스포츠 예외주의 옹호자들은 그들이 선수를 심판할 자격이 없는 외부인의 부당한 비난으로부터 선수들을 옹호해주기에 스스로를 스포츠를 사랑하는 사람이라고 여길지도 모른다. 그러나 이러한 옹호자들의 스포츠에 대한 사랑이 스포츠의 발전에 별 도움이 되지는 않을 것이다. "지구상에서 야구가 사라진다면 그것은 빈볼 때문이다." 빈볼의 위험성에 대해 경고하는 가장 잘 알려진 격언이다. 이제껏 수많은 타자들이 머리에 공을 맞아 다쳤고 심지어 죽기도 했다. 한 번 머리에 빈볼을 맞으면 그 트라우마 때문에 헬멧을 쓰고도 제 실력을 발휘하지 못하는 야구선수도 있다. 그만큼 머리를 맞추는 빈볼은 위험하고 후유증도 크다. 도대체 얼마나 많은 선수가 더 다쳐야 할까? 고의성을 입증할 길이 없다고 해서 빈볼에 대한 윤리적 검증을 대충 넘기는 것은 무책임하다. 야구가 지구상에서 사라지진 않더라도 생명을 담보로 하는 위험천만한 운동으로 전락되어서는 안 될 것이다.

선수들에게 다른 직종에서도 마땅히 기대되는 자기통제력을 보이라고 요구하는 것이 바로 선수를 도덕적 주체로 존경하고 있음을 드러내준다.[29] 반대로,

스포츠 밖에서 똑같은 행동을 보면 끔찍해 할 거면서 선수들에게 폭력적 앙갚음을 하도록 내버려두는 것은 선수들을 생각 없고 도덕적으로 모자라는 집단으로 취급하는 것이다. 더군다나 다른 직종에 적용되는 도덕적 잣대로부터 스포츠만 제외시키려는 것은 항상 강조하는 주장, 즉 스포츠가 바람직한 도덕성 함양을 위한 적합한 기회를 제공한다는 주장과도 조화되기 어렵다. 우리가 다른 분야에서 하는 똑같은 도덕적 요구를 스포츠선수들에게도 할 때에만 선수들이 바람직한 도덕성을 보여줄 수 있는 것이다. 도덕적 비난으로부터 그들을 면제해주기보다 그들에게 최고의 선(善)을 기대하는 것, 그것이 바로 그들에게 보일 수 있는 최상의 존경심이다. 현재 스포츠계의 예외주의 혹은 폐쇄성이 유지되는 한 이러한 폭력에 대한 정당화는 계속될 것이다. 또한 우리의 시선이 늘 스포츠 폭력을 감시하는 체제가 확립되지 않는 한 정당화되고 있는 폭력적 행위는 사라지지 않을 것이다. 스포츠 현장은 치외법권 지역이 아니며 일반 사회의 도덕적 기준과 격리된 특수조직이 아니라, 우리 사회의 중요한 하나의 부분이라는 사실을 인식해야 할 것이다.[30]

팀워크는 미덕인가?

당신은 세계 랭킹 상위권 선수들이 즐비한 한국 쇼트트랙 대표팀 감독이다. 세계 최강 한국팀 선수들의 실력 차이는 말 그대로 종이 한 장 차이이다. 2018년 대한민국에서 열리는 평창동계올림픽에서 금메달 텃밭이라고 할 수 있는 쇼트트랙에 거는 국민들의 기대는 남다르다. 많은 국민들의 관심 탓에 문체부 장관도 당신과 선수들을 찾아와 선전을 응원하며 경기 결과에 따라 엄청난 후원금을 약속했다. 1000m 최종 결승전에 7명의 선수가 진출했다. 예상대로 우리 선수 4명이 결승전에 진출했고 나머지 세 선수는 일본,

* 한국체육철학회지 제24권 제1호에 게재된 저자의 논문, 『스포츠에서 팀워크는 미덕인가?』를 수정·보완하여 작성함

중국, 러시아 선수이다. 감독인 당신은 깊은 고민에 빠졌다. 결승전에 진출한 어린 선수들은 이번이 첫 올림픽 금메달 도전이라 그런지 1등에 대한 욕구가 상당하다. 자국에서 열리는 올림픽에서 내부적으로 치열하게 경쟁할 경우 자칫 모두 실격처리 될 확률이 높다는 것을 당신은 오랜 경험을 통해 너무나 잘 알고 있다. 그로 인해 만약 노메달에 그친다면 앞으로 이들과 다른 선수들에 대한 훈련지원이 열악해질 것이다. 그리고 4년간 고생한 선수들에게 쏟아질 질책과 비난도 걱정이 된다. 당신은 금, 은, 동을 싹쓸이 할 수 있는 작전이 있다. 그러기 위해선 페이스 메이커를 써야 한다. 선수 개인의 자유와 선택도 중요하지만 감독으로서 개인의 이익 보다 팀의 이익이 먼저 떠오른다.

만약 당신이 대표팀 감독이라면 어떤 선택을 할 것인가? 작전을 지시할 것인가, 작전을 지시하지 않을 것인가?

---

1. 팀워크(Teamwork)의 개념

- 스포츠에서 팀(team)은 두 명 이상이 모여 목표지향적 상호작용을 하는 집합체이며, 팀의 협력은 공동의 목표달성에 지대한 영향을 미치는 요소이기에 팀워크를 지키는 것은 스포츠에서 '미덕'으로 간주된다.
- 좁은 의미의 팀워크는 수단적인 것으로 목표추구에 있어 팀의 집단노력을 일컬으며, 이는 스포츠에 있어 팀의 궁극적 가치인 승리보다는 덜한 것이다. 그러나 보다 넓은 의미의 팀워크는 팀이라는 사회계약으로부터 발생하는 도덕적 명령들을 포함시킨다.

2. 스포츠에서 팀워크 자체를 미덕으로 보는 근거

① 공동체 가치: 훌륭한 선수 개인보다 좋은 팀 동료인 것이 훨씬 고결한 것이며 개인 상호간 성취로서의 팀워크는 실용적, 도덕적 의미를 갖기 때문

② 평등성: 팀워크의 원칙이 타고난 재능이나 경기 수준에 상관없이 모든 선수들에게 똑같은 도전을 제공하기 때문

⇨ 팀 내에서 역할은 다를지언정 선수들은 '공동의 목표'를 달성하기 위해 '함께(평등)' 노력한다는 측면에서 팀워크는 도덕적 가치를 부여받는다.

3. 팀워크에 대한 윤리적 비판

① 왜 팀에게 좋은 것이 개인에게 좋은 것을 앞서야하는지 의문을 가질 수 있다.

② 스포츠의 본질이 이기기 위해 최선을 다하는 것, 즉 승리추구에 있다면 팀워크란 이름으로 개인의 승리추구를 막는 것은 스포츠 본연의 목적에 위배되는 것이다.

③ 팀워크와 존중은 항상 상호의존적 관계가 아니며 팀워크는 종종 타인에 대한 부정적 태도와 존중의 결여를 낳는다.

④ 팀의 존재는 자아형성에 도움을 준다기보다 개인을 제한하며 타인(팀)의 존재는 자신에 대한 믿음을 오히려 더 어렵게 한다.

⑤ 팀워크는 지도자의 지배력을 비정상적으로 강화하는 도구로 사용되기도 하고, 팀원의 희생을 정당화함으로써 도덕적 악덕을 만들어내기도 한다.

들어가며

프로야구 LG트윈스의 외국인 에이스 투수인 H는 한화 이글스 전에 선발 등판하여 5이닝 9피안타 3실점을 기록하고 패전 투수가 됐다. 체력이 강하고 근육 회복 속도가 남다른 H는 100개 이상 투구는 문제가 없는 편이다. 그러나 LG의 감독은 5회를 마치고 투수를 교체하기로 했다. H는 6회까지 더 던지겠다고 의욕을 드러냈으나 자신의 뜻이 관철되지 않자 라커룸으로 들어가 물건을 집어던지면서 자신의 감정을 표출했다. H의 이러한 행동은 당시 선발 맞대결을 벌였던 상대팀 투수가 같은 도미니카공화국 출신의 우완 강속구 투수라는 점에서 팀의 에이스로서 충분히 가질 수 있는 승부욕으로 볼 수도 있다. 하지만 H는 1군 엔트리에서 말소되어 2군으로 내려가는 처벌을 받았다. LG 감독은 "팀워크를 해치는 행위는 팀의 미래를 위해서라도 용납될 수 없다"며 "선수 한 명 한 명이 소중한 시기이기는 하지만 팀을 위해서라도 내려야 할 결정이었다"고 말했다.[1]

H의 행동이 바람직한 행동이 아니긴 하지만 잠시만 H의 옹호인이 되어보자. 팀의 승리를 위해 더 던지고 싶은 의욕이 넘쳤던 에이스 투수를 교체하고, 그러한 결정에 불만을 표현했던 선수를 2군으로 내려 보낸 LG 감독의 결정은 옳은 것일까? 팀의 에이스가 2군으로 내려감으로써 다음 선발에 등판하지 못하여 팀이 패배할 가능성도 감내해야 한다. 감독은 모든 선수들과 팀에게 최선의 승리 가능성을 쥐야할 의무가 있지 않은가? LG 감독의 이러한 결정에는 두 가지 정당화가 있을 수 있다. 첫째는 장기적 관점에서 내린 공리주의적 결정이다. 우리 팀원은 이런 식으로 행동하지 않을 것이며, 개인의 이러한 행동은 팀의 불화와 패배의 원인이 될 뿐이라고 감독이 천명하고 있는 것이다. 팀의 에이스 선수를 출장 정지시키는 것은 단기적으로는 손해일지 모르나 장기적으로는 팀을 위해서 효율적이라고 판단한 것이다. 두 번째 정당화는 의무론적 원칙에 입각한 것이다. 감독의 결정에 대해 이러한 행동은 어떤

비용을 치루든 절대 용납될 수 없다는 선언이다. 팀 구성원으로서 할 행동이 아니란 뜻이다.

공동체는 개인 구성원들이 공동의 명분에 스스로 서약하고 충성심이라 불리는 수직적 관계를 형성함으로써 이루어진다.[2] 공동체 형성에 있어 '명분'은 어느 개인보다 중요한 의미를 갖는다. 즉, 명분이 개인보다 높은 레벨에 있는데, 이러한 위계는 명분과 명분에 의해 형성된 공동체가 충성스러운 개인들보다 더 가치 있음을 암시한다.[3] LG 감독은 H의 행동이 팀 분위기를 해치고 한 명의 팀원으로서 팀워크(팀에 대한 헌신)를 위반했다고 생각했으며, 나아가 팀워크가 승리라는 명분에 대한 그의 충성심보다 더욱 가치 있는 것이라고 생각했을 것이다. 우리는 스포츠에서 "팀보다 중요한 개인은 없다"는 말을 흔히 들을 수 있다. 그런데, 정말 스포츠에서 개인은 팀보다 중요할 수 없는 것인가?

LG 감독의 팀워크에 대한 강조가 암시하는 바는 개인의 이익을 팀 이익에 종속시킴으로써 개인의 이익이 더 잘 증진될 수 있다는 것이다. 이것이 사실이라면 스포츠팀의 역학(dynamics) 뿐 아니라 우리 사회생활의 역학에도 밀접한 관련이 있는 무언가를 암시한다. 즉, 공동체와 맺는 개인의 관계라는 사회철학의 핵심적 문제를 끄집어내고 있다. 개인의 노력, 욕망, 이익, 정체성이 어떻게 공동체 안에서 표현되고 의미를 갖는가?[4] 개인과 공동체의 자연스럽고 적절한 관계란 것이 있는가?[5] 있다면 성공적인 통합의 기준은 무엇인가? 이러한 의문을 토대로 팀과 개인의 관계에 대해서 보다 비판적으로 탐구해보아야 할 필요가 있다.

스포츠 경기에서 팀(team)은 두 명 이상이 모여 목표지향적 상호작용을 하는 집합체이며, 팀의 협력은 공동의 목표달성에 지대한 영향을 미치는 요소이고, 이러한 팀워크의 강조를 통해 경쟁의 본질적인 불평등을 넘어서려는 노력은 스포츠에서 하나의 미덕으로 간주되어 왔다.[6] '팀워크'는 팀 스포츠 참여자들로 하여금 공동체 의식을 고양하는 기능을 하며 팀 구성원들 누구나 지켜야 하는 일종의 암묵적 계약으로 여겨진다. Gaffney와 같은 스포츠철학자들[7]은 팀워크를 분석함에 있어 도구적이고 실용적인 개념[8]을 넘어 팀워크 자체가 도덕적 덕목임을 지적한다. 이번 주제에서 필자는 팀워크는 다른 도덕적 요인에 의존한 특별한 경우에만 도덕적으로 선하다고 할 수 있음을 증명하고, 나아가 팀워크 개념 자체에 본질적으로 도덕적인 것은 없음을 밝혀보고자 한다. 팀워크는 미덕이 아니라 도덕과는 관련성이 없음을 주장하기 위해 팀워크의 바람직하지 못한 측면을 부각시켜볼 것이다. 즉, 팀워크가 분노와 멸시의 감정을 야기하고 폭력적 관행을 눈감아주는 풍토가 생겨나게끔 하는 측면이 있음을 드러내볼 것이다. 팀워크의 본질을 분석해보면 팀워크는 승리라는 스포츠의 목적을 달성하기 위한 순전히 도구적인 것일 뿐이고, 팀워크에 수반된 도덕적 가치는 팀워크의 사용방식에서 나오는 것이지 그 도구 자체에서 오는 것이 아님을 궁극적으로 주장하려 한다.

1. 팀워크와 승리추구: 옳은 것 vs 선한 것

월드컵 최종 예선전에서 한국 대 일본이 0-0으로 맞서고 있다고 가정해보자. 후반전 몇 분을 남기지 않은 상황에서 한국팀 스트라이커 A선수는 일본팀 패널티 에어리어 안까지 공을 몰고 가다 일본 수비수에 맞았는지 걸렸는지 골문 앞에서 넘어졌다. 일본팀 선수들이 심판에게 몰려들어 항의했으나 허사였다. 심판은 한국팀에게 페널티킥을 주었다. A선수는 침착하게 골을 성공시켜 한국팀에게 1-0의 리드를 안겨주었고, 결국 그 골은 한국팀 승리를 결정짓는 결승골이었다. 그러나 그 때의 반칙장면이 느린 동작으로 리플레이 되어 텔레비전으로 중계되자 여기저기서 사람들이 아우성을 쳤다. 반칙이 아닌 시선을 잡아끄는 연극이었던 것이다. 일본 수비수는 A선수의 신체에 아예 닿지도 않았는데 한국의 A선수는 화려한 공중동작을 선보이며 땅에 쓰러지면서 두 손을 번쩍 들어 심판에게 항의표시를 한 것이다. 페널티킥을 얻어내기에 충분히 멋진 연기였다.

가상의 이야기지만 축구경기에서 가끔 접하는 장면이다. 물론 위에서 설정한 경기는 감독, 선수, 그리고 우리 국민들에게는 일반적인 축구경기 이상의 의미를 지닌다. 월드컵 최종 예선, 그것도 한일전이다. 그렇다면, 우리 팀의 공동목표인 승리를 위해 헌신한 A선수는 좋은 팀원인가? 어떤 팀동료들은 A선수의 이러한 '할리우드 액션'에 찬사를 보내고 그를 훌륭한 선수로 볼수도 있다. 또 어떤 팀동료들은 진정한 승리를 만들어내지 못하고 경기 자체를 존중하지 않은 A선수의 행위에 대해 부정적으로 생각하고, 쓴 맛을 머금으며 경기장을 떠났을 수도 있다. 스포츠 경기에 있어 승리는 무척이나 중요하다. 하지만 그 승리가 어떻게 얻어진 것이냐 역시 매우 중요하다. 그러므로 스포츠에서 목적과 수단 사이의 불가피한 갈등이 생기며, 공리주의 대 의무론이라는 고전적 논쟁이 일어난다. 이 갈등을 이해하기 위해 팀의 형성과 팀 내부의 역학관계를 개괄해봐야 한다.

선수 개인들이 팀원이 될 때, 그들은 사회계약과 비슷한 조건을 받아들이는 셈이 된다. 팀의 공동목표를 위해 노력을 한데 모을 것임을 서약하고 이 계약관계 속에서 서로를 동등한 파트너로 여길 것임을 서약한다.9) 물론 팀 내에서 각자 맡은 역할과 비중이 다르긴 하지만 팀원으로서 동등한 파트너가 되는 것이다. 그러므로 우리가 흔히 칭하는 '팀플레이어(team player)'는 팀의 공동목표와 팀 구성원, 이 두 가지 대상 모두에 기꺼이 헌신하는 선수를 말한다. 하지만 이 두 대상에 대한 헌신은 위에 제시한 한일전의 예처럼 갈등을 겪을수도 있다. 이러한 갈등의 해결책은 근본적으로 메타윤리적인 질문으로 이어진다. 옳은 것(the right)과 선한 것(the good) 중 어느 것이 우선하는가?

공리주의적 입장은 선한 것(the good)을 우선시한다.10) 보다 정확히 말하자면 선한 것을 폭넓게 정의해 옳은 것을 흡수해버린다. 대표적 공리주의자인 John Stuart Mill이 말하듯, "행동은 행복을 증진하는 것에 비례해 옳다."

즉, 공리주의자들은 옳은 것의 위반은 더 큰 선을 위해 무시된다고 주장할 것이다. 이에 따르면, 우리는 한국팀의 A선수를 좋은 팀원이라 주장할 수 있다. 동료들이 진정한 승리의 가치를 얻을 수 있는 기회를 날려버리고 경기에 대한 존중을 무시했음에도 불구하고 한일전 승리와 더불어 한국팀의 월드컵 본선 진출이라는 결과가 만들어내는 생산성(행복의 증진)을 고려했을 때 A선수는 좋은 팀원이라 주장할 수 있다. 대조적으로, 의무론적 입장은 선이 추구될 수 있는 한계조건들을 규정한다.[11] 의무론은 극대화라는 유혹을 거부한다. 더 큰 선이 생기더라도 절대 넘어선 안 될 원칙들이 있다는 것이다. 의무론 입장에서 경기 결과는 팀원과 경기 자체에 대한 존중(헌신)이라는 도덕적 원칙만큼 중요하진 않다.

다시 LG트윈스의 투수 H선수의 예로 돌아가 보자. 이 경우는 어떻게 승리 추구라는 경쟁적 팀 스포츠의 궁극적 원칙과 팀 스포츠의 도덕적 전제조건 사이에서 갈등이 발생할 수 있는지를 보여준다. LG 감독은 H의 행동이 근본적으로 팀 구성원에 대한 존중의 원칙을 위배하는 것이라 믿었으며 H에 대한 출장정지(2군행)는 감독이 승리라는 명분에 대한 '수직적 충성심(horizontal commitments)'보다 팀 동료들 사이의 '수평적 헌신(vertical loyalties)'을 더 중요하게 여김을 보여준다.[12] 언뜻 보면, 의무론적 접근법이 여기서 효과적일 수는 있다. 왜냐하면 자기중심적으로 행동하는 사람은 스포츠 팀 뿐 아니라 다른 어느 집단 활동에서도 비난받아 마땅하다. 따라서 옳은 것이 선한 것을 앞서야 한다는 주장은 이해될 수 있다. 그러나 경쟁적 팀 스포츠의 경우에서 이 이슈는 이렇게 간단치 않다. 왜냐하면 팀워크의 궁극적 원칙인 공동의 목표에 대한 헌신, 즉 승리추구와 상충하기 때문이다. 즉, 감독의 결정은 팀 스포츠에 승리보다 뭔가 더 근본적인 것이 있어 갈등이 생길 때 승리추구 원칙을 능가할 수 있음을 암시하는 것이다. 달리 말하면, LG 감독에게 다음과 같은 질문에 대한 답변을 요구해 볼 수 있다. 스포츠에 있어 팀워크는 왜 필요한 것인가? 팀워크의 궁극적인 목적은 승리가 아닌가? 경기에서 이기지 못한다면 팀워크의 의미는 무엇인가?

　이러한 의문은 '팀워크(teamwork)'란 용어에 어떤 애매모호함이 있음을 시사한다. 팀워크의 개념을 좁은 의미로 접근해보면, 팀워크는 수단적인 것으로 목표추구에 있어 팀의 집단노력을 일컬으며13), 이는 스포츠에 있어 팀의 궁극적 가치인 승리보다는 덜한 것이다. 그러나 보다 넓은 의미로 팀워크를 분석하는 입장도 있다. 이 입장은 팀워크에 팀이라는 사회계약으로부터 발생하는 도덕적 명령들을 포함시킨다.14) 그렇다면 팀워크에 접근하는 각기 다른 두 입장에는 갈등이 발생할 수 있다. 즉, 어떤 선수는 협소한 의미에서는 나쁜 팀원이지만 부도덕한 팀원은 아닐 수 있다. 축구에서 공격수들에게 공을 분배하여 득점 기회를 창출해내는 역할을 맡는 중앙 미드필더 P선수를 예로 들어보자. 만약 P가 거의 모든 선수(특히 공격수)가 골을 넣고 싶어 하기에 평등주의적 자세로 차별 없이 팀원들 사이에 공을 배분한다면, 이는 팀의 승리 가능성에 해가 될 것이고 P는 이상적 팀플레이의 좋은 예가 될 수 없을 것이다. P의 공평한 볼 분배는 팀워크의 넓은 의미에서 팀원들을 생각하는 도덕적 행동으로 정당화될 순 있겠지만, 좁은 의미에서는 팀의 궁극적 가치인 승리에 헌신하지 않는 팀을 저버리는 나쁜 팀원이라고 할 수 있다.

　마찬가지로 협의로는 좋은 팀원이나 넓은 의미에서는 부도덕한 팀원도 있을 수 있다. 이번에는 P와는 반대로 팀원들에 대해서는 신경 쓰지 않는 철저히 이기적이지만 뛰어난 재능의 공격수 L을 생각해보자. L은 항상 의욕적이고, 자신이 최고의 공격수라고 생각하기 때문에 다른 공격수들에게 패스를 하지 않으며, 경기가 잘 안 풀리는 날에도 지속적으로 슛을 쏜다. 그는 언제나 경기장에서 열심이고 승리라는 팀의 공동목표에 집중한다. 팀원을 생각하지 않는 이기적인 태도를 지녔지만, 그는 우월한 재능으로 팀의 성공(승리)에 그 누구보다 크게 기여한다. 팀워크 개념을 넓은 의미로 접근했을 때, L은 도덕적이지 못한 팀원이지만 협의의 측면에서는 좋은 팀원이다. 만약 L선수의 축구팀 감독이 넓은 의미에서 팀워크를 해석한다면, 아마도 L선수를 팀워크를 저해하는 선수로 간주하여 경기에 출장시키지 않고 벤치에 앉혀 놓을 것이다. L선수가 출장하지 못하는 사유는 팀워크 계약의무 위반과 칸트의 존중원칙 위반이 될 것이며, 감독은 옳은 것이 선한 것을 능가하는 의무론적 원칙을 받아들인 것이다. 달리 말하면, 감독은 L선수가 이성적 존재를 그 자체 목적으로 봐야한다는 칸트의 존중원칙을 위반했다고 본 것인데, 왜냐하면 팀원과의 공동서약(팀워크)을 존중하는 대신 팀원을 개인적 의도의 도구로 이용했기 때문이다.

그렇다면 여기서 의문이 제기된다. 우리가 L을 비난할 수는 있겠지만, 정확히 어떤 이유로 그를 비난할 것인가? L은 정말 나쁜 팀원인가? 팀원들이 승리라는 목표추구를 위해 팀에 들어온 것이라면, 탁월한 재능으로 승리 기여도가 높은 L이 이기적인 플레이를 하더라도 L이 결코 나쁜 팀원으로 보이지는 않는다. 좋은 팀원이 되려고 혹은 팀워크의 미덕을 발휘하려는 목적으로만 팀에 들어가는 사람은 없다. 팀에 들어간다는 것은 경쟁스포츠에서 승리로 정의되는 '팀 프로젝트'를 부여받는 것을 의미한다. 따라서 원칙적으로 승리 가능성을 제고하지 않는 팀워크란 불완전하거나 방향이 틀린 것이다.15) 팀 스포츠에서 승리는 팀워크를 포함한 다른 가치들을 궁극적으로 납득하게 만드는 가치이다.

팀워크에는 협동적인 측면과 경쟁적인 측면이 모두 있음을 발견할 수 있다. 전자는 굳이 설명할 필요가 없는 명백한 것이겠으나, 후자는 팀워크에 대한 도덕적 논의에 또 다른 문제를 제공한다. 주목해야 할 것은, 팀원들은 팀 내에서 서로와 경쟁 속에서 함께 시간을 보내고 있다는 것이다. 예를 들어, 프로야구에서 경기에 출전할 수 있는 각 포지션의 선수는 단 1명이다. 각 포지션별로 선수들은 무한경쟁을 펼친다. 팀 내의 건전한 경쟁은 자연스럽고 생산적이지만, 문제는 결국 누군가는 출전을 하고 누군가는 벤치에 앉아 그 경기를 지켜봐야 한다는 것이다. 어떤 선수도 자신이 벤치에 앉아 있기를 원하지 않을 것이다. 그렇다면 그들은 과연 우정과 동료애로만 뭉쳐진 관계일까?

2. 팀워크에 대한 비판적 검토

스포츠를 통해 배우는 교훈들 중 하나는 팀워크의 중요성이다. 우리는 흔히 팀워크는 최적의 스포츠경기를 위한 원칙이며, 그 도구적 가치에 더해 뭔가 스포츠미덕을 대변하는 것이라 여긴다. 이러한 팀워크의 칭송에는 두 가지 전제가 있다. 하나는 공동체적 관점이다. 이 관점에 의하면, 팀 스포츠 참여는 개인의 재능과 에너지가 공동의 목표 추구와 어우러질 계기를 줌으로써 인간성(personhood)의 주요 부분을 실현케 한다는 것이다.16) 그저 훌륭한 선수 개인보다 좋은 팀 동료인 것이 훨씬 고결한 것이며 개인 상호간 성취로서의 팀워크는 실용적, 도덕적, 심지어 존재론적 의미를 갖는 것으로 주장되어진다. 또 다른 전제는 평등성이다. 팀워크의 원칙이 타고난 재능이나 경기수준에 상관없이 모든 선수들에게 똑같은 도전을 안긴다는 것이다. Gaffney가 주장하길, 모든 것을 타고난 천부적인 선수에서부터, 팀에 들어간 것을 행운으로 여기는 보다 평범한 재능의 선수들까지, 모든 선수는 팀워크 원칙을 인지하고 존중하도록 기대된다. 물론 재능 차이와 팀 내 역할 차이 때문에 팀워크가 팀원들에게 요구하는 실제 도전은 다양하지만, 근본적으로 팀워크 원칙은 모든 팀원들에게 동일하게 적용된다.17)

이처럼 '공동체'와 '평등'이란 가치들은 팀워크에 도덕적 맥락을 제공하며, 왜 스포츠교육이 특히 어린 학생들에게 필요한지를 설명하는 데 활용되어진다. 스포츠를 찬양하고, 특히 스포츠가 만들어내는 도덕적 맥락을 강조하는 이들은 스포츠가 사회생활에 요구되는 공동체적 가치들을 가장 잘 가르칠 수 있다고 주장한다. 실제로 스포츠는 민주사회의 구성원으로서 책임감, 사명감, 협동심 등을 학습할 수 있는 장(場)으로서 그 가치를 오랫동안 인정받으며 교육적으로 활용되어 왔다.18)

그러나 이처럼 팀워크 자체가 본질적으로 도덕적 미덕이라는 주장은 반론의 여지가 있다. 좋은 스포츠의 근본 원리 중 하나는 경쟁이란 것이 참가자의 적절한 특성들을 정당하게 평가할 수 있는 방식으로 구성되어야 한다는 것이다.[19] 따라서 만약 그 경쟁이 100미터 달리기라고 한다면, 그 평가는 누가 100미터를 가장 빨리 달릴 수 있느냐를 결정하는 것이어야 한다. 마찬가지로, 경쟁이 쇼트트랙 경기라면, 그것은 누가 특정 루트를 따라 스케이트를 타고 정해진 거리를 가장 빨리 달릴 수 있느냐를 결정할 수 있어야 한다. 이런 점에서 승리의 영광은 정해진 시험(test)을 치르는데 있어 가장 성공적이었던 개인에게 실력 위주로 수여되어야 한다.[20] 따라서 좋은 스포츠란 참가자의 적절한 특성들을 평가하고 그 평가의 결과를 가장 잘한 사람에게 돌아가도록 만드는 것이다. 그러나 실력과 좋은 스포츠의 근본 원리가 팀과 함께 할 때는 제대로 작용하지 않는 경우가 발생한다.

세계 랭킹 상위권의 선수들이 즐비한 한국 쇼트트랙 대표팀을 생각해보자. 쇼트트랙은 스피드스케이팅 같이 기록을 중요시하는 종목이 아니다. 기록보다는 순위를 가리는 종목이고 몸싸움이 심하기 때문에 마음만 먹으면 특정 선수의 레이스를 방해해 경기를 망치게 할 수 있는 종목이다. 한국 대표팀에 뛰어난 재능을 가진 세계적인 두 선수, S와 J가 쇼트트랙 세계선수권대회 결승전에 함께 진출했다고 가정해보자. 이 경기의 승자는 경주 당일 누가 가장 빨랐느냐에 의해 결정되어야 한다. 그러나 승리가 실력 위주로 결정되지 않는 경우가 발생할 수 있다. 대신 어떤 선수의 승리 가능성이 대표팀 감독에 의해 결정되기도 한다. 대표팀 감독은 어떤 선수는 이기기 위해 경주할 것이며 어떤 선수는 그 이기기 위해 경주하는 선수를 보조할지 결정한다. 두 선수의 실력이 크게 차이가 나지 않지만 감독은 J선수가 이길 확률이 높다고 판단하였다. 따라서 감독은 S선수를 '페이스 메이커'로 지정하며 J선수를 보조하며 팀의 승리를 위해 희생하라고 지시한다. 이 경우 S선수는 이기기 위해 최선을 다하지 말 것을 명확히 지시받는다. 다른 선수가 이기기 위해 도와야 하는 것이다.

물론 감독 입장에서 세계최강인 한국 쇼트트랙 팀이 국제대회에서 내부적으로 치열하게 경쟁할 경우 자칫 모두 실격처리 될 확률이 높아 그러한 결정이 궁극적으로 한국팀의 승리를 위한 것일 수는 있다. 하지만 이것은 승리를 위해 최선을 다해야 하는 스포츠의 근본 원칙에 위배된다. 물론 팀워크를 찬양하는 사람들은 팀워크는 개인의 절제를 필수로 하며 개인보다 팀의 승리를 위해 함께 노력하는 것이기 때문에 S선수는 한국팀을 위해 J선수가 이기도록 도와야한다고 주장할지 모른다. 그러나 이러한 주장은 적절치 못해 보인다. 왜 팀에게 좋은 것이 개인에게 좋은 것을 앞서야하는지 의문을 가질 수 있기 때문이다.

실제로 2010년 벤쿠버 동계올림픽에서 유사한 상황이 발생했다. 남자 1500m 경기에서 결승선을 앞둔 마지막 코너에서 3위로 달리던 C가 2위이던 B를 인코너로 추월하는 과정에서 B와 스케이트 날이 엉키며 둘 모두 링크에 나뒹구는 바람에 은메달과 동메달을 날려버리고 말았다. 당시 맨 앞에서 달리던 A만 금메달을 따냈다. 이로 인해, C는 한국팀이 금, 은, 동을 싹쓸이 할 수 있는 기회를 날렸다며 엄청난 비난에 시달렸다. C는 정말 비난받아야 마땅한 것인가? C는 팀을 위해 승리의 가능성을 양보했어야 하는가?

만약 좋은 스포츠의 핵심 원칙이 이기기 위해 최선을 다하는 것, 즉 승리추구에 있다면 팀워크란 이름으로 개인의 승리추구를 막는 것은 스포츠의 핵심 원칙을 위배하는 것이다. 이러한 상황은 단지 쇼트트랙에서만 발생하는 것은 아니다. 다양한 팀 스포츠가 존재하기에 팀워크 종류도 다양할 수밖에 없다. 필자가 관심을 갖는 것은 개인이익과 팀이익 사이에 갈등을 일으킬 수 있는 종류의 팀 구조이다. 예를 들면, 중거리/장거리 육상, 사이클 경주, 자동차 경주, 축구, 농구, 하키 등의 선수들도 그들의 자유와 잠재력이 다른 선수들에 의해 축소된다. 야구, 축구, 하키, 미식축구 같은 스포츠들에서 팀워크는 기업체 같은 구조 내에 엄격히 정의된 역할 수용을 필수로 한다.[21] 몇몇 역할들은 상대적으로 더 화려하기도 하고, 어떤 전략들은 개인희생을 요구한다. 수비만 하고 골을 넣으려하지 말라고 명령받는 선수, 공을 거의 만질 수도 없고 점수도 내기 힘든 특정 지역에서만 경기하라고 명령받는 선수들도 팀 내에서 존재한다.

물론 팀워크를 찬양하는 사람들은 이러한 견해에 반박할 것이다. 그들은 성공적인 스포츠는 정해진 구조를 준수하고 팀 안의 다양한 역할을 인정하는 선수들에 달렸고, 그렇지 않으면 팀스포츠는 일대 혼란이 생길 것이라고 지적한다.22) 즉, 팀이 잘 되려면 불편이나 좌절, 혼란, 질투를 낳을 수 있는 개개인의 취향은 억제되어야 한다는 것이다.23) 여기서 그들은 앞서 언급한 팀워크의 두 가지 전제, 즉 공동체와 평등이라는 도덕적 원칙을 주로 인용하는데, 역할은 다를지언정 선수들은 '공동의 목표(공동체)'를 달성키 위해 '함께(평등)' 노력한다는 것이다. 이러한 공동의 노력이 상호간의 존중, 어쩌면 우정까지 용이함을 주장한다.24) 이것이 바로 팀워크가 도덕적 미덕이라고 주장하는 이유일 것이다.

그러나 팀워크와 존중은 상호의존적 관계가 아니다. 팀워크는 종종 타인에 대한 부정적 태도와 존경의 결여를 낳는다. 다시 쇼트트랙 대표팀의 예로 가보자. S선수는 스스로를 J선수 못지않은 대표팀 최고선수라 믿으며 페이스메이커 역할을 해야 하는 것에 화가 나있다. 이와 비슷하게, J선수는 여러 이유로 팀의 지배적 선수였고 S선수가 자신의 권위와 지위에 도전하는 것에 화가 나있다. 둘 다 서로에게 부정적으로 느끼며 둘의 관계는 기껏 해봐야 적대적인 것이다. 게다가 이렇게 부정적인 감정은 두 선수가 팀 안에서 마키아벨리식 정치력25)을 행사함으로써 서로의 지위를 깎아내리려는 시도를 낳는다. 이러한 상황에 두 팀원 간의 사랑 따위는 없으며, 누구 한 사람이 넘어지거나 부상을 당하면 서로 어느 정도 고소함을 느낄 것이다. 같은 팀에 속해 있다는 것이 필연적으로 동료애 혹은 우정을 낳지는 않는다.

이 견해에 반대하는 입장에서는, 이러한 적의에도 불구하고 어느 정도의 상호존중은 여전히 존재한다고 주장할지 모른다. 그러나 두 선수는 마지못해서나마 서로의 재능과 능력을 인정하나 서로 그것을 약화시키려 한다. 이렇다면 팀워크는 이들에게 보기 좋은 허울만 제공할 뿐이다. 이들은 마치 '쇼윈도 부부'와 같은 팀워크로 포장된 '쇼윈도 팀메이트'인 것이다. 한국 대표팀으로서 돈, 지위, 명성을 제공받는다는 점에서 팀워크는 S와 J선수에게 도구적 역할을 한다고는 하겠으나 그렇다고 팀워크 하면 종종 연상되는 연대감, 우정, 존경 같은 도덕적 자질을 부추기지는 않는다. 이처럼 팀워크란 개인의 다른 목적을 보장하기 위한 도구적 역할을 할 뿐이지 그 자체가 목적은 아니다.[26]

물론 이러한 주장에 대해 반대 입장이 있을 수 있다. 팀워크를 찬양하는 사람들은 이제까지 언급한 예들을 두고 팀은 있지만 팀워크가 없었다고 주장할지 모른다. 즉, 팀워크는 단순히 팀의 일원이거나 심지어 주저하는 일원을 의미하는 게 아니라 팀의 노력에 공헌하는 것이라고 주장할 것이다. 쇼트트랙 대표팀 예로 다시 돌아가 보자. S와 J선수의 적대감과 분노를 발견한 감독이 S선수를 대표팀에서 퇴출한다고 가정해보자. 결국 같은 팀의 선수들이 공동의 목적을 위해 함께 노력할 수 없다면 팀워크가 아닐 것이기 때문이다. 퇴출의 결과로 이제 팀에는 새로운 선수가 들어왔으며 모두 역할에 만족하고 J선수를 1등으로 만들려는 데 열심이다. 새로 대표팀에 들어온 Y선수는 팀에서 가장 막내인 어린선수이다. 이 선수는 팀의 동료들과 팀의 목표, 둘 모두에 아주 열심이다. 페이스 메이커 역할에도 만족스러워 하며 팀을 위해 개인의 욕심을 기꺼이 제쳐놓는다. 팀워크를 찬양하는 입장이라면 팀워크가 바로 이러한 태도에 달렸다고 주장할 것이다. 팀의 충성스러운 일원은 경쟁에 있어 탁월함과 승리를 위해 달려가되 자신의 이기심을 제한하고 있기에 도덕적이라고 주장할 것이다.

이제 대표팀의 팀 문화가 개인의 안녕보다 팀의 성공을 중시한다고 상상해보자. 이러한 문화에서 선수들은 팀의 성공을 위해 무엇이라도 할 거라고 예상된다. 열성적인 팀의 일원이지만, Y선수는 팀을 위해서라면 비윤리적이고 어쩌면 합법적이지 않은 관행에 참여할 거라는 우려가 든다. 쇼트트랙 세계선수권대회 결승에 J선수를 포함한 3명의 한국 선수가 출전하게 되었다고 가정하자. 막내 Y선수도 최종 예선전에서 1등으로 달리던 상대 선수가 넘어지는 바람에 가까스로 결승전에 나오게 되었다. Y에게는 세계선수권대회 첫 결승전 출전이다. J선수의 강력한 라이벌인 세계 랭킹 1위의 중국선수도 결승전에 진출했다. 감독은 Y선수에게 한국팀을 위해서 중국선수와 고의적 몸싸움을 벌이며 함께 넘어지라는 지시를 내렸다. Y선수는 고민에 잠겼다. 감독의 지시를 따르지 않는다면, 팀 문화 포용을 주저한 결과로 자신은 앞으로 경기 출전에 제외되고 왕따를 당할 수도 있다고 생각했다. 자신의 팀에 대한 헌신이 다른 팀원들의 의심을 사고 감독은 자신을 팀플레이어가 아니라고 여길 것이라고 생각했다. 결국 쇼트트랙에 대한 사랑과 대표팀 퇴출의 위협, 그리고 팀의 일원이 되지 못할지도 모른다는 두려움에 Y선수는 팀 승리에 기여하려면 당당하지 못한 잘못된 관행에 참여하는 것이 어쩔 수 없이 치러야할 희생이라고 결론짓는다. 팀워크를 찬양하는 사람들에겐 이것이 팀워크이겠지만 별로 도덕적이지 않아 보인다. 팀의 태도는 순전히 도구주의적이며 선수들은 승리라는 목적을 얻기 위한 대상 혹은 도구로 취급된다.

그렇다면 스포츠, 특히 엘리트스포츠나 프로스포츠 레벨에서는 타인을 목적에 도움이 되거나 방해가 되는 대상으로만 봐야 하는 것인가? 자신의 미래가 승리에 달려있는 감독이나 코치, 팀 매니저에게는 이것이 사실인 경우가 많을 것이다. 그렇기에 아마 팀워크의 필요성이 무엇보다 부각될 것이다. Ryall은 감독이나 코치는 선수들을 "그 자체로서의 존재"로 봐야한다고 주장한다.27) 감독은 승리의 목표를 달성하기 위해 누가 어떤 포지션에서 플레이할지 결정할 책임을 가진다. 감독은 어떤 선수가 각 역할에 가장 적합한지를 결정해야만 하고, 팀워크는 그런 감독을 돕는 도구가 된다. S선수가 대표팀에서 나가게 된 이유는 페이스 메이커 역할을 수행하지 않으려했기 때문이고, 팀의 일원으로서 주어진 임무를 의도적으로 거부했기 때문이다. 스포츠 감독들은 성공을 위해 팀워크를 필요로 한다. 어떤 방식으로 팀워크를 사용하느냐는 감독이 가진 다른 요인과 덕목들에 달려 있으며 팀워크 자체가 미덕은 아니다.

Gaffney는 또 다른 측면에서 팀워크의 도덕적 본질을 언급하는데, 팀워크가 개인의 발달에 유용함을 가지고 있다는 것이다. 그는 자아에 대한 공동체주의적 입장을 견지하며 사람은 다른 이들과의 관계를 통해 자아가 형성된다고 주장한다. 개인은 삶에서 맡는 다양한 역할 이전에 존재하지 않으며 역할들로부터 독립적이지도 않다는 것이다. Gaffney에 따르면, 축구의 미드필더나 야구의 유격수는 스포츠라는 조직에서 그 자체로 존재하지 않는다. 선수들은 일단 팀 속에서 스스로를 발견하고, 그렇기에 팀워크 원칙을 부정적이고 제한적이라기보다 자신에게 힘을 주고 해방적인 것으로 경험한다는 것이다. 따라서 팀에 대한 선수의 헌신은 개인의 이익을 팀에 종속시키는 것이라기보다 진정한 자아와 진정한 개인이익을 발견할 수 있게 해준다는 것이 Gaffney의 주장이다.

그럴듯한 주장이긴 하나, 원자론(atomism)이나 개인주의 관점에서 이러한 Gaffney의 주장을 반박해 볼 수 있다. 우리가 타인과 있다는 것은 끊임없이 스스로의 이미지와 타인의 시선을 의식해야 한다. 스스로를 정의하는 인간의 고유한 능력은 타인의 존재로 인해 마찰을 일으키는데, 이것은 타인이 우리가 원치 않는 방향으로 우리를 정의하려고 하며 우리의 자유를 제한하기 때문이다. Sartre가 주장하듯, 주체는 타인들이 항상 주체를 하나의 대상으로 보고 있음을 안다.[28] 그래서 타인들은 개인을 "별 볼일 없는 선수"나 "패배자," "팀플레이어"나 "승자"라고 꼬리표를 붙일 수 있다. 이러한 꼬리표가 긍정적이든 부정적이든 간에 우리는 타인이 붙인 꼬리표를 스스로 받아들이게 되는 것이다.[29] 따라서 쇼트트랙 대표팀의 경우 페이스 메이커 역할을 기꺼이 수행하는 선수는 타인에 의해 정의된 자아에 빠져있다고 할 수 있다. 타인의 존재는 Gaffney가 주장하듯 자아형성에 도움을 준다기보다 개인을 제한하는 방식이 될 수 있다. 타인의 존재는 진정성 있는 자신에 대한 믿음을 더 어렵게 할 뿐이다.

나가며

이번 주제에서는 팀워크 개념이 우리의 일반적인 생각과 달리 윤리적으로 문제가 있음을 제시해보았다. 팀워크가 사리사욕과 이기주의를 다스린다는 주장은 맞을지 모르나, 분노나 멸시 같은 다른 악덕을 감추며 개인주의를 더 심각하게 만들 수도 있다. 탁월함의 추구와 동시에 타인에 대한 진정한 존중은 불가능하지는 않을지언정 조화시키기에는 어려운 것으로 보인다. Tuxill과 Wigmore의 주장처럼, 어찌보면 스포츠에서 타인에 대한 존중은 근본적으로 불가능하거나 자기모순적일 수 있다.30) 이러한 주장이 스포츠에서 승리를 위해 무자비한 경쟁을 펼쳐지는 엘리트스포츠를 두고 한 것이긴 하지만, 이것이 팀 동료에게도 똑같이 적용될 수 있다.

이 글에서 분석한 팀워크 개념이 다소 냉소적이고 불쾌하게 들릴 수 있다. 어쨌거나 팀워크는 19세기 후반 강건한 기독교주의 사조의 한 부분으로 옹호되던 스포츠의 핵심 가치 중 하나이고, 오늘날에도 스포츠가 지닌 좋은 가치로 많은 사람들에게 알려져 있다. 필자는 팀워크가 긍정적 가치를 증진하는 방법이 될 수 없음을 주장하는 것은 아니다. 팀워크가 도덕적 미덕이란 주장을 보다 합리적이고 윤리적인 시험대에 올려놓고 과연 팀워크의 도덕적 맥락이 납득할 만한 당위성을 가지는지를 검증해보고자 했다. 이제껏 살펴본 바와 같이, 팀워크 원칙과 승리추구 원칙 간에 갈등이 일어날 수 있음을 부정할 순 없다. 물론 팀워크와 승리추구는 마치 제로섬(zero-sum) 관계 속에서 서로 다투고 있지만은 않다. 즉, 승리를 강조하는 것이 팀워크나 경쟁의 미덕을 폄하하는 것은 아니다. 이 두 원칙들은 서로를 강화시키며 승리를 향한 큰 욕망은 팀워크 원칙에 더욱 헌신하도록, 상대를 더욱 존중하도록 할 뿐 아니라 더욱 멋진 경쟁을 만들기도 한다. 하지만 팀의 구조적 목표(승리)는, 팀을 지원하고 존속하게 하는 다른 가치들보다 일단은 우선권을 갖는다. 공동의 목표를 위해 타인과 더불어 노력하는 것이 우리가 타인에 대해 가치 있게 여기는 특성들을 개발하고 강조할 수 있다는 주장은 옳다. 그러나 이것이 팀워크 자체를 도덕적 미덕으로 만들지는 않는다. 왜냐하면 팀워크는 지도자의 지배력을 비정상적으로 강화하는 도구로 사용되기도 하고, 팀원의 희생을 정당화함으로써 도덕적 악덕도 만들어내기 때문이다. 요컨대, 팀워크는 도덕적이라 할 수 없는 특성들을 숨기고 악화시킬 수도 있기 때문에 팀워크 자체가 본질적으로 도덕적 미덕은 아니다.

PART

II

경쟁, 부정행위, 그리고
스포츠맨십

유전자도핑은 왜 금지되어야 하는가?

쟁점

1. K선수가 도핑검사에서 금지약물인 네비도(NEBIDO) 사용이 발각되면
서 큰 파문을 일으켰다. K선수에게 검출된 네비도(성분: 테스토스테론,
testosterone)는 현재 모든 스포츠 종목에서 사용이 금지된 경기력 향상
약물(performance-enhancing drugs)로 분류되어 있다. 남성이 40대가 넘어
서면 남성 호르몬인 테스토스테론 체내 수치가 떨어진다. 테스토스테론
저하가 남성 갱년기 원인이기도 하다. 남성호르몬을 보충해 주는 것은
갱년기 치료 방법 중 하나고 이때 사용되는 주사 중 하나가 네비도이다.

* 체육과학연구 제29권 제2호에 게재된 저자의 논문, 『유전자조작 기술과 스포츠윤리 쟁점
연구』를 수정·보완하여 작성함

네비도와 같은 테스토스테론 성분의 스테로이드는 근력을 증가시키는 작용을 한다. 보통 근력의 5-20%가 증가하는 것으로 알려져 있으며 강도 높은 훈련 후 빠른 회복에 도움이 되기에 많은 훈련을 소화할 목적으로 사용된다. K선수는 의사가 일반적으로 처방해주는 처방약(네비도)이 어떻게 건강을 위협한다는 이유로 금지되는지 모르겠다며 항변한다. 또한 건강상 위험하다고 해도 자신의 경기력을 향상시키기 위해, 그래서 최고의 퍼포먼스를 보여주기 위해 어느 정도의 위험을 감수하고라도 부작용이 수반되는 약물을 복용하겠다는 성인운동선수의 자율성에 대한 외적 간섭은 부당하다고 주장한다.

K선수의 주장은 합당한 것일까?

2. 대학 4학년인 P학생은 중요한 졸업시험을 앞두고 있다. 이 시험에 통과하지 못하면 졸업을 하지 못한다. P는 이미 취업 공채시험에 합격한 상태이다. 하지만 이번에 졸업하지 못하면 합격이 취소된다. 그렇기에 P는 일주일째 카페인이 가득한 커피를 하루에 8잔씩 마시며 시험공부에 열중한다. L학생도 졸업시험을 앞두고 있다. P와 마찬가지로 이미 취업이 확정되어 이번 졸업시험에 반드시 합격해야 하는 상황이다. L은 밤새 시험 준비를 하기 위해 일주일째 기면증 치료제인 모다피닐(Modafinil)을 복용하며 시험공부에 열중한다.

P와 L의 행위는 윤리적으로 잘못된 것일까? P와 L의 행위는 윤리적으로 어떤 차이가 있는 것일까?

3. 올해 7급 공무원 시험 경쟁률은 50:1이다. P는 지난 2년간 이 시험을 열심히 준비했다. 시험이 이제 한 달 앞으로 다가왔다. P는 아픈 어머니의 치료비와 어린 동생들의 학비를 책임지기 위해 반드시 이번 시험에 합격해야 한다고 다짐했다. 공부시간을 늘리기 위해 P는 온라인으로 구입한 모다피닐(Modafinil)을 복용하며 공부에 매진한다. L은 재능 있고 성실한 스포츠선수다. 가장 규모가 큰 세계선수권대회가 한 달 앞으로 다가왔다.

L은 아픈 어머니의 치료비와 어린 동생들의 학비를 책임지기 위해 반드시 이번 대회에서 우승해야 한다고 다짐했다. 훈련 강도를 높이기 위해 L은 온라인으로 구입한 단백동화 스테로이드를 복용하며 훈련에 매진한다.

국가 공무원 공채 시험 경쟁에서 성공하기 위해 모다피닐을 복용하는 수험생과 스포츠선수로서 치열한 경쟁에서 살아남기 위해 스테로이드를 복용하는 선수는 윤리적으로 어떤 차이가 있는 것일까? 전자는 허용되고, 후자는 금지되어야 하는 것일까? 그렇다면 그 근거는 무엇이고 기준은 어떻게 정해야 하는 것일까?

1. 유전자 도핑(gene doping)

특별한 효소를 이용하여 유전자를 절단해 연결하거나 또는 이렇게 하여 만든 재조합 DNA를 세포에 넣어 그 수를 늘려가게 하는 방법 등 인위적으로 유전자를 재조합하는 기술을 유전자조작(gene manipulation)이라고 하는데, 이것을 치료목적이 아닌 경기력 향상 목적으로 스포츠선수들에게 사용하는 것을 유전자 도핑이라고 한다.

2. Robert Simon이 제시한 도핑을 금지해야 하는 4가지 당위성

(1) **건강**: PEDs(Performance Enhancing Drugs: PEDs) 사용은 스포츠선수들의 건강에 해로움을 끼치기 때문에
(2) **강요**(coercion): 일부 스포츠선수들의 PEDs 사용은 PEDs를 사용하지 않는 다른 순수한 스포츠선수들로 하여금 그들과 경쟁하기 위해 어쩔 수 없이 PEDs를 사용할 수밖에 없게끔 강요하는 결과를 초래하기 때문에
(3) **스포츠 본연의 목적**: PEDs의 사용은 혹독한 훈련을 통해 신체적, 정신적 한계를 극복하여 승리를 쟁취한다는 스포츠 본연의 목적에 위배되기 때문에

(4) **공정성**: 스포츠의 근본적이고 기본적인 전제에 해당하는 공정성을 위협하기 때문에

3. (유전자) 도핑 금지 논리에 제기되는 반론

(1) **건강**: UFC, 행글라이딩, 미식축구, 암벽등반, 산악스키, 모터사이클 경주와 같은 스포츠에 참여하는 것이 약물복용이나 유전자조작의 부작용보다 더욱 생명을 위협할 수 있는데, 그렇다면 이들 스포츠 자체를 금지해야 하는 것 아닌가?

(2) **강요**: 어떤 선수가 경기력을 향상시키기 위한 방안으로 심각한 부상을 초래할 수 있는 웨이트 트레이닝을 수행하는 것은 이러한 트레이닝을 원치 않는 선수들로 하여금 경쟁력을 갖추기 위해 어쩔 수 없이 위험한 웨이트 트레이닝을 강요하는 상황을 초래하는 것인가?

(3) **스포츠 본연의 목적**: 올림픽 모토인 '더 빠르게, 더 높이, 더 강하게'가 스포츠정신 아닌가? 스포츠선수에게 생명공학 기술은 지금보다 더 뛰어난, 더 우수한 선수가 될 수 있는 기회를 증대시켜 주는 것이다.

(4) **공정성**: 타고난 신체적 재능의 현저한 차이를 인정하는 스포츠를 공정한 경쟁이라고 부르는데 아무런 문제가 없다면, 약물이나 유전자조작 기술의 도움을 받은 선수와 유전적으로 월등한 재능을 가진 선수의 경기를 공정한 경기라고 할 수 없는 근거는 무엇인가?

(5) **존엄성**: 인간은 본래 자기 증진이라는 욕구를 가진 존재이기에 자신의 몸을 향상시키는 것이 타인에게 피해를 주지 않는다면, 개인의 자율적 판단과 선택권을 존중해야 하는 것 아닌가? 그것이 인간의 존엄성을 지켜주는 것이 아닌가?

(6) **자율성**: 대중에게 비쳐지는 외모와 이미지가 연예인으로서 자신의 삶과 생계에 직접적인 영향을 끼치기에 성형수술을 한 연예인을 도덕적으로 문제 삼지 않는다면, 유전공학 기술을 이용하여 자신의 능력과 경쟁력을 향상시킨 스포츠선수를 과연 비난할 수 있는가?

들어가며

  1970년대에 과학자들은 특별한 효소를 이용하여 유전자를 절단해 연결하거나 또는 이렇게 하여 만든 재조합 DNA를 세포에 넣어 그 수를 늘려가게 하는 방법을 알게 되었다. 이와 같이 인위적으로 유전자를 재조합하는 기술을 유전자조작(gene manipulation)이라고 한다. 이러한 기술들로 인해 유전병을 치료하거나 식물과 동물, 미생물의 유전자를 조작하여 필요한 물질을 생산할 수 있게 되었다. 특히, 인간 유전체에 대한 연구가 지속됨으로써 유전형질은 부모로부터 물려받았기 때문에 어찌할 수 없는 운명으로 받아들이는 것이 아니라, 마음만 먹으면 나쁜 형질의 유전자는 제거하고 우수한 형질의 유전자로 바꿔 넣는 것이 가능하게 되었다.[1] 그렇다면 이러한 유전자조작 기술이 스포츠에 응용된다면 어떤 일이 벌어질까?

  하버드대학 Nadia Rosenthal 박사는 노년에 수반되는 근력소모를 멈추기 위해 생쥐의 유전자 치료에 IGF-1(인슐린 성장인자)을 이용하였다. 이 실험에서 늙은 쥐들은 근력을 27퍼센트까지나 증가시켰으며, 이러한 사실은 노인들의 근력을 유지하고 근육위축으로 고통 받는 이들의 근력을 증가시키는 만큼이나 운동선수에게도 가능성을 제시하는 것이다.[2] 즉, IGF-1은 비록 그 의학적 목적이 근육소모병을 치유하기 위한 것이지만 근육량을 증가시키기 위해 운동선수들이 사용할 수 있다는 것이다. 또 다른 예로, 유전적으로 조작된 erythropoietin(적혈구 생성 촉진인자, EPO)의 의학적 이용은 만성신장질환자의 혈액 속 혈구비율을 증가시키기 위한 것이지만, 이것이 장거리 육상선수에게 사용된다면 아주 유용하게 지구력을 증가시킬 수 있다. 이와 같이 세포성분이나 유전자 성분의 조작이 치료목적이 아닌 경기력 향상 목적으로 스포츠선수들에게 사용되는 것을 유전자 도핑(gene doping)이라고 한다. 2006년 토리노 동계 올림픽 직전, 독일의 한 감독이 다량의 적혈구를 생산해 경기력을 향상시키는 '레폭시겐' 바이러스 유전자 도핑을 선수들에게 권유한 혐의를 받으며

유전자조작 기술의 스포츠에 대한 위협은 세상에 크게 알려지게 되었다.3)

근래 유전자조작 기술이 세계 스포츠계에 중요한 이슈가 되었다. 변형된 유전자 혹은 정상 유전자를 주입하는 생명공학기술이 인위적으로 인간의 능력을 향상시킬 수 있다는 점에서 스포츠에서는 오용될 수 있는 여지가 너무나 크고, 이는 스포츠의 존립 자체를 위협할 수도 있다. 오늘날 생명공학 분야의 비약적인 발전 속도에 비추어 볼 때, 승리지상주의에 내몰린 스포츠선수들이 자신들의 유전자를 변형시키는 유전자 도핑을 행할 가능성이 점차 커지고 있다. 이에 2001년 국제올림픽위원회(International Olympic Committee: IOC)는 유전자조작 기술에 관한 실무단을 발족시켰고, 세계반도핑기구(World Anti-Doping Agency: WADA)는 유전자조작이 스포츠계의 잠재적인 위협임을 인지하여 2002년 이 문제를 논의하기 위해 회의를 주재하였다.4) 그리고 2003년에는 마침내 유전자 도핑을 WADA의 공식적인 도핑 리스트에 올렸다.

최근 들어 국내에서도 유전공학기술의 윤리적인 문제에 대하여 사회적인 관심이 높아지고 있음에도 불구하고 유전자조작 기술의 사용이 가장 뜨겁게 논란거리가 될 수 있는 스포츠계에서는 정작 논의가 제대로 이루어지지 않고 있다. 문제는 유전자 도핑이 스포츠에서 도덕적으로 가치 있는 것들을 훼손시킨다고 주장하고 있지만 유전자 도핑이 훼손하는 가치가 정확히 무엇인지에 관해서 명확히 확립되어 있지 않다는 것이다. 유전자조작이 인간의 신체에 안전하게 행해질 수 있다면, '왜 운동선수가 이 기술을 사용하는 것이 윤리적으로 문제가 되는가?'라는 질문에 대한 논의가 우선적으로 이루어져야 할 것이다. 아직까지 일반인이나 정책의 성향은 유전자조작 기술의 사용을 상당히 우려하고 이를 규제하려는 데 반해서, 영미의료윤리학계의 분위기는 이 기술의 사용을 용인하거나 긍정하는 쪽으로 기울고 있으며5), 일부 철학자들은 인간의 좋은 특성을 더 높이거나 많게 하는 것은 바람직한 태도라며 향상(enhancement) 목적의 유전자조작 기술의 사용을 옹호하고 있다.6)

스포츠에서 우리는 운동재능이 가장 뛰어난 사람에게 그에 따른 보상을 주기를 원한다. 보통 운동재능이 가장 뛰어난 사람은 자연적으로 최상의 운을 타고난 자이다. Tännsjö가 주장하듯, 스포츠 세계는 인생의 복권(타고난 운동재능)을 거머쥔 자들의 축제이고 오직 한 명의 승자만이 존재한다.[7] 우리는 타고난 운동재능이 우수한 자와 그보다 재능을 타고나지 못한 자가 함께 경기를 하는 것에 대해서 일반적으로 불공정하다고 생각하지 않는다. 또는 여성선수만 참여하는 경기나 장애인올림픽처럼 장애를 가진 사람들만으로 이루어진 경기를 따로 만든다고 해서 이들을 차별한다고 생각하지도 않는다.[8] 그렇다면 유전자조작 기술에 의해 운동재능을 향상한 자와 남들이 갖지 못한 타고난 자연적 운동재능을 가진 자가 함께 경기를 하는 것은 불공정한가? 또는 타고난 운동재능을 가진 자들로만 구성된 스포츠경기를 따로 만드는 것은 이들을 차별하는 것인가? 타고난 운동재능의 현저한 차이를 인정하는 경기를 공정한 경기라고 부르는데 아무런 문제가 없다면, 유전자조작 기술을 활용한 자와 타고난 운동재능을 가진 자의 경기를 공정한 경기라고 부르는데 무슨 문제가 있는가?[9] 이러한 물음과 쟁점에 대한 논의가 선행되어야 유전자조작이 스포츠에 야기할 수 있는 문제가 무엇이고, 그러한 문제에 대처할 수 있는 방안 또한 합리적으로 모색할 수 있을 것이다.

최근 생명공학기술이 급속하게 발전함에 따라 유전자조작을 통한 도핑에 관한 많은 연구물이 해외 여러 학술지에 게재되고 있다. 하지만 아직 국내에서는 약물도핑과 관련된 논문에서 유전자 도핑을 짤막하게 소개하고 그것의 잠재적인 위험성을 알리는 것에만 그치고 있다. 유전자 도핑은 스포츠의 본질뿐만 아니라 존립 자체를 위협할 수 있을 만큼 심각한 문제들을 지니고 있음에도 불구하고 아직 이에 대한 정보와 이해가 미흡하고 관련된 연구 또한 부족한 실정이다. 이번 주제에서는 운동선수가 지닌 자연적 재능(예를 들면, 산소흡입력, 근육량, 유연성이나 힘 등)을 그 이상으로 향상시키는 기술의 사용이 과연 어떤 문제를 야기할 수 있는지에 관해 구체적으로 살펴보고자 한다.

1. 공정성(Fairness)

'유전자조작과 스포츠'를 논의할 때 가장 먼저 떠오를 수 있는 쟁점은 공정성일 것이다. 즉, 스포츠선수가 유전자조작을 통해 경기력을 향상시킨다면 경쟁에서의 공정성 문제를 야기할 수 있다는 것이다. 선수가 지닌 특정한 신체적 능력에 주로 의존하는 스포츠에서 유전자조작에 의해 향상된 탁월한 능력을 바탕으로 경쟁에 우위를 점한다면, 스포츠의 기본 전제조건이라 할 수 있는 공정성 자체가 위험에 처하게 될 것이다. 경기력 향상을 위해 끊임없는 훈련이 아니라, 유전자를 의도적으로 조작하는 행위는 일종의 속임수를 사용하는 것이고, 해당선수에게 부당한 이점(unfair advantage)을 제공하여 선수들 간의 불공정한 경쟁을 만들 것이다.10) 뿐만 아니라 유전공학 기술은 부유한 선수와 그렇지 못한 선수 사이의 불공정성도 야기할 수 있다. 유전자조작이 스포츠에서 허용된다고 하더라도 그것의 혜택은 다른 재화들과 마찬가지로 모든 선수들에게 공정하게 분배되지는 않을 것이다. 유전자조작 기술의 사용에 대한 비용 장벽이 존재하기에 부유한 국가, 부유한 선수들에게 그 사용이 국한될 것이다. 이처럼 유전자조작 기술에 대한 불평등한 접근은 가난한 선수들이 능력과 기술을 향상시킬 수 있는 기회를 박탈함으로써 불공정성과 위화감을 조성할 수 있다.11) 요컨대 유전자조작을 통해 얻은 향상은 스포츠의 근본적이고 기본적인 전제에 해당하는 공정성을 위협하기에 결코 허용되어서는 안 된다는 것이다.

하지만 과연 유전자조작 기술의 사용이 속임수이며 불공정을 초래하는가? 유전자조작 기술의 사용이 금지되어야 한다는 생각의 배후에는 유전적으로, 선천적으로 이미 결정된 요소들이 경쟁의 결과를 정해야한다는 생각이 있다. 모든 선수가 같은 양, 같은 강도의 훈련을 하더라도 승리할 확률은 똑같이 가지지 못한다. 이는 선수의 훈련량이 아닌 유전적 체질이 승리에 결정적임을 의미한다. 또한 오늘날 대부분 성공한 선수들은 과학적 근거에 의해 훈련한다.

모든 선수가 훈련시설, 장비, 영양공급, 스포츠과학자의 보조 등 똑같은 자원을 쓸 수 있어야 경쟁은 공정할 것이다. 일부 특정 선수들의 최첨단 기술을 동원한 과학적 기반의 훈련이 괜찮다면 왜 일부 선수들의 인위적인 유전적 향상은 받아들이지 않는 것일까? 적어도 사용되는 유전자조작 기술이 특별히 위험한 것이 아니라면 말이다.

그렇다면 만약 스포츠계가 유전자조작 기술을 받아들인다면, 이것은 경쟁을 위한 공평한 조건이 갖추어짐을 의미할까? 아니면, 최상의 유전환경을 갖고 있는 이들이 이기는 것을 의미할까? 이것은 누구도 확실하게 말할 수 없다. 그리고 이것이 아마도 약물 도핑과 유전자 도핑이 그토록 논쟁거리가 되는 이유일 것이다. 1960년대 핀란드 크로스컨트리 스키선수 Eero Mäntyranta는 그의 적혈구 수치가 다른 선수들보다 20% 높다는 이유로 혈액도핑을 의심받았다. 30년 후, 과학자들은 그의 일가족 200명을 검사해 Eero를 포함한 가족 50명이 산소가 풍부한 적혈구의 증가를 일으키는 희귀한 유전변이를 갖고 태어났음을 발견했다. 이 유전변이는 Eero의 전성기 때 그를 천하무적으로 만들었다. 그렇다면, 유전적으로 Eero보다 덜 타고났던 경쟁자들은 그를 따라잡기 위해, 혹은 최소한 그와 경쟁하기 위해 혈액 도핑 혹은 유전자 도핑을 하는 것은 잘못된 것일까? 많은 이들이 경쟁자들의 도핑을 부당하게 여길 것이다. 그러나 도핑에 대한 이러한 반대가 견고한 도덕적 근거에 의한 것인가? Eero의 경쟁자들이 공정한 경기를 위하여 똑같은 수치의 적혈구를 가지는 것이 과연 부당한 것인가? 아마도 아닐 것이다. 그렇다면 스포츠 '정의(正義)' 개념에 결함이 있는 것이다. 천부적 재능, 타고난 체격, 선천적 힘, 이러한 유전적으로 이미 결정된 개인적 특징들이 승리로 이어져야 한다는 생각이 합당한가? 스포츠의 핵심가치인 공정성 추구를 위해 오히려 유전공학 기술이 필요한 것은 아닌가?

오늘날 스포츠, 특히 프로나 엘리트 레벨의 스포츠에 참가하는 선수들은 단순히 성취감과 즐거움을 얻기 위해 운동을 하는 것이 아니다. 그들에게 승리하는 것은 자신뿐만 아니라 가족의 생계가 달려 있는 문제이고, 승리에 대한 막대한 금전적 보상은 그들로 하여금 유전자 도핑의 유혹에서 더욱 벗어나기 어렵게 만든다. 유전자조작의 허용을 찬성하는 입장은 이러한 새로운 기술의 도입을 금지하는 것이야 말로 스포츠의 발전에 도움이 될 수 있는 활용을 제한하고 암시장의 융성을 초래할 것이라고 주장한다. 일부 스포츠철학자들12)은 자유지상주의 논리를 토대로, 인간은 본래 자기 증진이라는 욕구를 가진 존재이기에 자신의 몸을 향상시키는 것이 타인을 해치지 않는다면, 개인의 자율적 판단과 선택권을 침해해서는 안 된다고 주장한다.

또한 자연은 공정성과 무관하게 이익과 불이익을 할당했으므로, 자신의 의지와 무관하게 유전적 불이익을 가진 선수들이 유전공학 기술을 통하여 자신의 장애나 불이익을 제거하기 위한 향상(enhancement)은 선수로서의 삶을 개선하는 것이고 그 자체가 정의로운 것이라고 주장한다.13) 다시 말해, 자연적 운동재능 자체가 동일한 출발선에서 시작하는 것이 아니라면, 그 출발선에 개입하려는 시도를 속임수로 비난해서는 안 된다는 것이다. Levy의 주장처럼, "누구도 자신이 태어난 환경을 그대로 누려야만 하는 마땅한 이유가 없으며, 누구도 그들의 태생적인 상대적 장점을 계속 누릴 이유가 없다는 점에서 우리에게는 (다른 사정이 변함없다면) 총체적 불평등을 바로잡을 의무가 있다."14)

이처럼 스포츠에서 유전자조작 기술의 사용에 대한 공정성 논점은 상반되는 입장이 존재한다. 대부분의 사람들은 스포츠에서 공성성은 근본적이고 본질적인 요소라고 믿고 있으며, 유전자조작 기술이 스포츠에 침투함에 있어 가장 우려하는 것이 바로 이 공정성에 대한 훼손일 것이다. 하지만 많은 스포츠학자들은 유전자조작 기술의 금지를 주장함에 있어 공정성이 가장 먼저 제시될 수 있는 상식적인 근거임에는 틀림없지만, 공정성은 철저한 비판적 고찰에서 결국은 견디어 내지 못함을 지적하고 있다.15) 공정성으로는 유전자조작 기술을 규제할 수 있는 정당성이 모호하고 설득력이 빈약하기에 보다 일관성 있고 논리적인 근거가 필요하다.

2. 강요(coercion)

경기력 향상을 위한 유전자조작이 보편화될 경우, 경쟁을 불가피하게 강요하는 스포츠에서는 유전자를 조작하라는 모종의 압력과 권유가 선수들 사이에 만연할 수 있다. 특히 유전자조작을 원하지 않는 선수들을 향한 그러한 압력은 개인의 자유로운 선택권에 대한 심각한 위협이 될 수 있다. 즉, 자신의 경쟁자들이 유전자조작을 통하여 경기력을 향상시켰을지도 모른다는 의구심만으로도 그 경쟁자와 동일한 것을 해야 경쟁이 가능하다는 압박감을 유발할 수 있다는 것이다. 이를 소위 "강요논쟁(coercion argument)"이라 부른다.[16]

강요논쟁은 다음과 같이 전개된다. 스포츠에서 선수들의 유전자조작을 규제하지 않는다면 유전자를 조작하는 선수들의 수를 증가시킬 것이다. 유전자조작을 통해 선수들의 기능과 경기력이 향상될 것을 고려해 볼 때, 유전자를 조작하지 않고 경쟁에 임하는 선수들은 심각한 경쟁적 열위에 놓이게 될 것이다. 따라서 이를 규제하지 않는다면, 유전자조작을 원치 않던 선수들도 유전자를 조작하거나, 혹은 유전자조작 없이 경쟁적 열위에서 경기에 임해야 한다. 선수들이 유전자조작에 대해 암묵적으로 강요받는 만큼 동시에 무분별한 유전자조작으로 인해 그들의 건강 또한 위험에 처하게 될 것이다. 새로운 기술의 수용 여부를 판단함에 있어서 안전성에 대한 우려는 가장 본질적인 것이다. 현재 유전자조작이 선수들에 미치는 장기적 효과와 위험성에 대해 아는 바가 거의 없다. 아프지 않은 건강한 운동선수들이 경기력 향상을 목적으로 유전자조작을 시도할 경우 가장 우려되는 사항은 역시 안전성이다.[17] 따라서 Fraleigh와 Holowchak은 유전자조작을 허용하는 것은 안정상의 위험을 감수할 만큼 가치 있다고 여기는 선수들의 자유는 증진시킬지는 모르지만,

유전자조작을 원치 않던 선수들에게는 유전자를 조작해야만 하는 상황을 초래하여 결국 그들 자신에게 해를 가하도록 강요하게 될 것이라고 주장한다.[18]

하지만 이러한 주장에는 다음과 같은 반론이 제기될 수 있다. 예를 들면, 웨이트 트레이닝은 심각한 부상을 초래할 수 있는 위험한 운동이다. 선수들이 근력을 향상시키기 위한 방안으로 고강도 웨이트 트레이닝을 행하는 것이 허용된다면, 많은 선수들이 고강도 웨이트 트레이닝을 행하게 될 것이다. 이는 곧 웨이트 트레이닝의 경험이 없고, 원치 않는 선수들 또한 경쟁력을 갖추기 위해 고강도 웨이트 트레이닝을 해야만 하는 상황을 초래할 것이다. 이는 실질적으로 선수들이 웨이트 트레이닝을 행하도록 강요하는 것과 더불어 그들을 심각한 부상의 위험에 노출시키는 것이다. 그렇다면 우리는 선수들이 웨이트 트레이닝을 하지 못하도록 규제해야 하는가?

위와 같은 반론에 대하여 Holowchak은 웨이트 트레이닝보다 약물복용이나 유전자조작으로 초래되는 선수들의 안전과 건강상의 위험이 더욱 심각하다고 주장한다. 즉, 스포츠에서 특정 유형의 강제적인 압박감은 항상 존재하지만, 유전자조작과 같은 선수들의 건강에 심각한 위험을 수반하는 압박은 스포츠에서 허용될 수 없는 강요 유형에 속한다는 것이다. 따라서 Holowchak은 웨이트 트레이닝보다 유전자조작이 초래하는 위험의 정도가 더욱 심각하기에 유전자조작은 마땅히 규제되어야 한다고 반박한다.

Holowchak의 이러한 주장에는 두 가지 반론이 제기될 수 있는데, 첫 번째는 오늘날 생명공학의 발전 속도에 비추어 볼 때, Holowchak의 주장만큼 유전자조작이 선수들의 건강에 그리 심각한 문제를 초래하지 않을 것이라는 반론이다. 두 번째는 몇몇 스포츠는 단순히 참가하는 것만으로도 선수들의 안전과 건강에 심각한 문제를 초래할 수 있다는 것이다. 즉, 몇몇 스포츠 자체가 지니고 있는 위험성을 고려해보면, 유전자조작의 위험성이 받아들일 수 없을 정도로 심각하다는 주장의 근거는 타당성이 떨어진다는 것이다. 예를 들어, UFC, 행글라이딩, 미식축구, 암벽등반, 산악스키, 모터사이클 경주와 같은 스포츠에 참여하는 것 자체가 유전자조작 기술의 사용보다 더욱 위험할 수도 있다는 것이다.

또 다른 예로 세계적인 체조선수인 우리나라 양학선의 경우를 생각해보자. 양학선은 2011년 세계선수권 도마 경기에서 세계에서 가장 어려운 기술을 선보였다. 뜀틀을 짚고 공중에서 한 바퀴를 돌고 정점에서 내려오면서 세 바퀴(1080도)를 비틀어 돈 후 정면으로 내리는 기술이다. 양학선은 이 기술을 완벽하게 선보이며 2012년 런던올림픽에서는 금메달을 획득하였다. 국제체조연맹(FIG)은 기술개발자의 이름을 따 '양학선'이라는 이름의 7.4 최고 난이도 신기술을 공식 등재하였다. 처음 이 기술을 선보인 양학선 때문에 다른 체조선수들은 부상의 위험성이 도사리고 있는 어려운 기술인 '양학선'을 습득할 것인가, 아니면 최상의 수준에서 경쟁하지 않을 것인가, 둘 중 하나를 선택해야만 했다. 강요논쟁을 지지하는 사람들의 논리라면, 양학선이 다른 선수들로 하여금 부상의 위험을 무릅쓰고 새로운 기술을 습득하도록 강요하였기 때문에 양학선을 비난함과 동시에 그 기술이 초래할 위험성을 고려해서 선수들이 그 기술을 행하는 것을 규제할 것을 주장해야 한다. 이는 터무니없는 주장처럼 들린다. 하지만 강요논쟁의 지지자들은 유전자조작이 초래할 안전과 건강의 위험성과는 달리 양학선이 초래할 심각한 부상의 위험성은 허용될 수 있다고 주장해야 하는데, 과연 어떤 기준으로 허용의 유무를 판단할 수 있을까?

Holowchak은 선수 개인의 자유와 선택권을 보장하기 위해 유전자조작을 허용하는 것은 그것을 원하는 소수의 선수들을 위해 유전자조작을 원치 않는 대다수의 선수들의 자유와 선택권을 훼손하는 것이라고 주장한다. 그는 자유주의(liberalism)가 선수들의 자율권을 극대화하기 보다는 오히려 안전상의 위험성을 감수하고 유전자를 변형하려는 소수의 선수들을 도울 뿐이라고 생각한다. Holowchak이 주장하는 바와 같이 선수들 개인의 자율권이 중요하다는 것을 전제로 한다면, 유전자조작 기술의 허용 유무에 따라 강요받는 선수들의 '수'는 중요해진다. 만약 소수의 선수들이 아니라 압도적으로 많은 대다수의 선수들이 유전자조작 기술로 얻는 이점이 위험을 감수할만한 가치가 있다고 판단하고 있음이 드러난다면, 강요논쟁을 옹호하는 입장의 주장은 설득력이 상당히 저하될 것이다.19) 만약 이러한 결과에도 유전자조작 기술이 제재된다면, 승리의 순간은 모든 것을 걸고라도, 또는 건강상의 위험을 감수하고라도 도전할 가치가 있다는 보편적 동의가 이뤄진 스포츠공동체의 가치를 무시한 채 대다수 선수들을 부당하게 강요하는 것이다.

지금까지 논의한 강요논쟁을 요약하면 다음과 같다. 스포츠가 선수들의 유전자조작 기술의 사용에 대해 규제하지 않는다면, 선수들은 유전자를 조작하거나 이러한 기술을 사용하지 않고 경쟁적 열위에 놓인 상태로 경기에 임하거나, 둘 중 하나를 선택해야 하는 상황에 놓이게 된다. 선수들을 그러한 선택의 기로에 서도록 내버려 둔다면, 우리는 그들이 유전자를 조작하도록 강요하는 것이고, 그 결과 그들의 건강상의 위험 또한 야기하는 것이다. 선수들이 이와 같은 방식으로 강요를 받고 있다면, 그들의 자율성이 훼손되고 있는 것이다. 그러므로 스포츠가 선수들의 유전자조작에 대해 금지하지 않는다면, 선수들의 자율성은 결과적으로 훼손될 것이다. 인간의 자율성이 기본적인 가치임을 고려할 때, 만약 위의 변증법이 성공적이라면 '강요'는 선수들의 유전자조작이 규제되어야 한다는 주장을 뒷받침할 수 있는 타당한 근거를 제공할 수 있을 것이다. 하지만 앞에서 살펴본 바와 같이, 강요논쟁은 몇 가지 논리적 허점을 지니고 있으며, 특히 자율성 쟁점에 대한 대립은 여전히 남아있는 상태이다.

3. 존엄성(Dignity)과 자율성(Autonomy)

스포츠에 유전공학 기술이 도입되는 것을 반대하는 입장은, 유전자조작 기술이 자연적인 혹은 정상적인 인간이라고 여겨지는 능력 이상을 가진 선수를 만들어냄으로써 인간의 존엄성을 위협할 뿐만 아니라 결국 비인간화를 초래하여 인간이 하는 스포츠로서의 본래적 가치들을 훼손할 것이라고 비판한다.20) Sandel 역시 유전자조작 기술의 사용을 우리에게 주어진 자연적 재능을 그 자체로 수용하지 않고, 인위적으로 디자인하고 정복하려는 프로메테우스적인 태도로 간주하며 인간 존엄성에 대한 경시를 심각하게 우려한다.21) Sandel과 마찬가지로 Kass도 우생학과 유전공학 기술에 대한 우려를 다음과 같이 표현하였다. "인간을 바퀴벌레로 바꾸는 것은 비인간화시키는 것이다. 인간을 인간 그 이상으로 변화시키려고 시도하는 것도 마찬가지가 될 수 있다. 우리는 본성의 선물에 대한 더욱 보편화된 인식력을 필요로 한다. 우리는 우리만의 주어진 본성인 특별한 선물에 대한 특별한 관심과 존중을 필요로 한다."22)

또한 유전자조작 기술에 의해 향상된 능력이나 승리는 혹독한 훈련을 인내하며 신체적, 정신적 한계를 극복하여 쟁취한 승리에 높은 가치를 부여하는 스포츠 본연의 정신에 위배된다고 주장한다. 즉, 유전공학 기술의 도움을 받아 이루어진 스포츠선수의 성취와 오로지 자신의 땀과 노력을 통해 얻어진 스포츠선수의 성취는 그 의미와 가치가 분명히 다르며, 스포츠에서 궁극적으로 추구하는 가치는 후자라는 것이다. 유전공학 기술이 아픈 사람을 치료하는 목적이 아니라 일반적인 사람들보다 더 건강하고 기능적인 선수들의 운동능력을 극대화하는 데 사용되는 것은 선수들을 상품화하는 것이나 다를 바 없으며, 결국 스포츠에서 중요한 가치와 개념들은 빛을 잃게 될 것이라는 주장이다.23)

하지만 이처럼 유전자조작 기술의 활용을 반대하는 사람들은 이 새로운 기술이 인간에게 주어진 본연의 가치를 훼손한다고 주장하지만, 그 가치 있는 것 혹은 주어진 것이 과연 무엇인지에 대해서는 시원스런 대답을 내놓지 못하고 있다.24) 유전자조작 기술 찬성론자들은 인간에게 자연적으로 주어진 것은 존엄한 것이 아니라 결함이 있고 불만족스러운 것이기에 과학기술을 통해 개선되거나 향상될 수 있다면 그것이 오히려 인간의 존엄성을 존중하는 것이라고 반박한다. 어떻게 보면, 인간 존재의 본질은 문명과 기술을 통하여 자신을 재발명하거나 자신의 미래를 재창조하는 것이다. 즉, 인간은 본래 자기 증진(self-improvement)이라는 실존적 욕구를 가진 존재이기에 태어나면서 부여받은 기질을 스스로 자기개발을 통해서 바꿔나가는 것이 도덕적으로 문제가 되지 않는다면, 우수한 형질로 전환하기 위한 유전공학 기술의 활용은 인간의 완벽과 자기 증진을 향한 시도로서 바람직하다고 볼 수 있다.25) 따라서 스포츠선수에게 유전공학 기술은 지금보다 더 뛰어난, 더 우수한 선수가 될 수 있는 기회를 증대시켜 주는 개입활동이라 할 수 있다.

예를 들어, 우리는 연예인이 성형수술을 했다고 하더라도 인간의 존엄성을 훼손했다며 그 연예인을 비난하지는 않는다. 더 예뻐지고, 더 멋지고 싶은 인간의 욕구가 도덕적으로 문제되지 않는다면, 자기 증진을 위한 의학기술의 사용을 비난할 수 있을까? 대중에게 비처지는 외모와 이미지가 연예인으로서 자신의 삶과 생계에 직접적인 영향을 끼친다면, 과학기술을 이용하여 자신의 능력과 경쟁력을 향상시키는 것이 과연 인간의 존엄성을 훼손하는 것인가? 더욱이 자유민주주의 사회에서 다른 사람에게 심각한 해로움을 끼치지 않는다면, 자신에게 선천적으로 주어진 것들을 새로운 기술을 활용하여 더 증진하거나, 혹은 자신의 타고난 불리한 점을 제거하여 자신을 더욱 발전시키려는 개인의 선택과 판단을 인간 존엄성 훼손이라는 이유로 비난하는 것이 타당한가?

Tännsjö는 스포츠에 유전공학 기술을 도입하는 것은 F1(Formular One, 세계 최고의 자동차경주대회)의 경쟁과 비슷할 것이라는 흥미롭고 설득력 있는 주장을 한다. F1 경기는 분명 운전수들이 있긴 하지만 그들의 기술보다 더 중요한 것은 자동차의 디자인이다. Tännsjö의 주장에 따르면, 스포츠경기 전반의 경우에도 마찬가지일 것인데, 선수들이 경기장에서 그들의 몸을 컨트롤하기는 하나, 그들의 몸은 유전공학 기술에 의해 디자인된다는 것이다. 미래에는 아마 고된 훈련이 필요 없을지도 모른다. 유전자조작 기술에 의해 연습 없이 근육세포를 치솟게 하는 알약 개발이 가능하기 때문이다. 당연히 대부분의 사람들이 이러한 현상을 못마땅하다고 느낄 것이다. 유전공학 회사들이

스포츠경기의 승자를 결정하고 선수들을 고된 훈련에서 해방시키는 것을 허용함으로써, 회사들이 인간을 실험용 쥐처럼 사용하도록 허용한다고 느낄 수 있다. 하지만 이러한 걱정과 비난은 과연 타당한 것일까? 그 근거는 무엇일까?

우선, 인간을 수단으로 사용하는 것이 잘못된 것인지 분명치 않다. 선수들에게 승리를 위한 요건들을 설계해주는 유전공학 회사들은 정말 선수들을 수단으로만 이용하는 것인가? 비록 어떤 유전공학 회사가 몇몇 선수들을 실험실 안에 넣고 유전적으로 변형된 그 선수들이 회사의 명성을 홍보하기 위해 최선을 다할 것이란 전제하에 원하는 요건들을 제공한다 해도, 자유민주주의 사회에서라면 이러한 계약을 맺는 것은 자발적일 것이다. 따라서 회사가 선수를 수단으로 사용하는 것이 사실이라 해도, 선수를 수단으로만 사용한다고 하는 것은 사실이 아니다. 그 거래에는 선수를 위한 것도 있다. 그렇지 않다면 선수는 그 거래를 시작하지 않았을 것이다. 그리고 그 회사가 성공적이라면 돈과 명예란 측면에서 선수에게도 이득이 있을 것임에 분명하다. 또한 스스로 다양한 종류의 유전적 특성(개인의 신체적 특징들)을 골랐다는 사실은 실존주의 철학의 한 중요한 교리를 떠올리게 하는데, 우리의 신체적 실존은 우리의 '본질'을 앞선다는 것이다.[26] 이것이 우리의 존엄성이나 자율성에 영향을 미친다면, 그것은 위협받기보다 증가됨을 뜻한다.

흥미롭게도, John Rawls 같은 칸트철학자도 유전공학을 통한 향상에 원칙적으로는 반대하지 않는다. "우리는 결국, 만약 능력의 상한경계가 있다고 한다면, 최대로 평등한 자유를 가진 사회에 도달할 것이며, 그 사회에서는 모든 구성원이 최대의 동등한 재능을 즐길 것이다."[27] 만약 신체적 능력의 상한경계가 있다는 그의 전제가 맞다면, 유전공학은 자연적 정의로움(평등)을 제공한다. 그러나 보다 설득력 있는 것은, 육체적 힘에 관한 한 뚜렷한 상한경계는 없으며 유전적 향상의 결과는 새롭고도 안전한 형태의 약물사용과 더불어 우리에게 일련의 놀라운 성취들을 제공해줄 것이다.[28] 달리 말하면, "더 빠르게, 더 높이, 더 강하게"라는 올림픽 모토를 실현할 너무나 많은 방법이 생겨날 것이다.

이처럼 유전자조작 기술이 선수의 존엄성과 자율성을 위협하는가의 문제 또한 서로 다른 생각과 관점을 갖고 있기에 논쟁의 여지가 많다. 스포츠에서 유전공학 기술의 사용을 규제하기 위해서는 인간의 존엄성과 자율성에 대한 보다 설득력 있는 윤리적 틀과 현실적인 논거들이 다양하게 확보되어야 할 것이다.

나가며

국내 프로농구 KCC의 전태풍 선수가 한 언론 인터뷰에서 이런 말을 한 적이 있다. "나도 키만 더 컸으면 NBA(미국프로농구)에도 도전해볼 수 있었을 텐데." 우리도 가끔 이런 생각을 해보곤 한다. "내가 IQ가 조금 더 좋았더라면 과학자가 되었을 텐데", "내가 얼굴만 더 예뻤더라면 미스코리아가 될 수 있었을 텐데." 우리는 살아가면서, NBA선수의 월등한 신체조건, 과학자의 뛰어난 머리, 미스코리아의 타고난 미모를 부러워해 본 적이 있을 수 있다. 그리고 우리는 이러한 유전적 체질과 천재성에 열광하기도 하고, 우리가 갖지 못한 이러한 자연적 재능을 가진 이들을 숭배하기도 한다. 그러나 이러한 열광과 숭배가 정당한 것일까? 질문을 달리하면, 유전적으로 선택받지 못한 우리가 유전적으로 선택받은 이들과 경쟁하는 것은 공정한 것인가? 필자는 유전자조작 기술이 스포츠에 적용되는 것에 관하여 찬성하거나 반대하는 주장의 바탕에 깔린 이러한 근본적인 의문들을 짚어보고자 하였다.

유전공학은 스포츠에 큰 변화를 가져올 가능성이 있다. 오늘날 유전공학 분야의 발전 속도에 비추어 볼 때, 스포츠에서 성공에 결정적인 신체적 특징을 아주 급진적으로 향상시킬 수 있는 기술이 머지않아 가능해질 것이다. 예를 들어, 산소흡입력, 근육량, 유연성이나 힘 등을 유전적으로 디자인하는 것이

가능해질 것이고[29], 혹은 승리에 중요하고도 전략적인 유전자를 제어하는 것이 가능해져 타고난 유전적 체질에 상관없이 사람들을 더 강하게 만들 수 있는 방법이 생길 것이다.[30] 그렇다면 승자가 자연의 유전자복권에 당첨되어서가 아니라 유전적으로 의도돼 승자의 중요한 자질을 갖게 되었다면, 스포츠에 어떤 문제가 초래될 수 있을까?

지금껏 경기력 향상을 위한 유전자조작 기술의 사용에 대하여 찬성자와 반대자가 내세우는 쟁점을 비판적으로 검토함으로써, 왜 극명하게 대조되는 입장이 존재하는지, 그리고 이들 각 입장의 바탕이 되는 가치이론이 무엇인지에 대해 고찰하였다. 왜냐하면, 이러한 윤리적 쟁점에 대한 논의가 선행되어야 유전공학 기술이 스포츠에 야기할 수 있는 문제가 무엇이고, 이를 예방하기 위한 방안도 효과적으로 모색할 수 있기 때문이다. 필자는 유전자조작 기술이 스포츠에 사용되는 것에 관하여 공정성, 강요, 존엄성과 자율성이라는 네 가지 주요 쟁점을 도출하였고, 각 쟁점에 대한 철학적 분석을 통하여 유전자조작 기술의 규제를 위한 기존의 주장과 근거에는 논리적 모순점이 있음을 지적하였다.

하지만 필자의 주장이 스포츠에서 유전자조작을 허용하자는 것은 결코 아니다. 오늘날 4차 산업혁명 시대가 도래함에 따라, 인위적으로 인간의 능력을 향상시킬 수 있는 유전공학 기술이 스포츠에서 사용되거나 혹은 오용될 수 있는 여지가 크기 때문에 유전자조작 기술의 윤리적 문제에 대한 담론의 장이 스포츠계에 형성되어야 하며, 유전자조작 기술의 규제를 정당화시킬 수 있는 보다 일관성 있고 논리적인 설명이 절실히 필요하다는 것이 필자가 주장하는 바이다.

1970년대 유전자재조합기술의 출현과 함께 탄생한 유전공학(genetic engineering)은 현재 인류가 겪고 있는 많은 문제점을 해결해줄 대안으로 부상했고, 더욱이 인간 자체에도 변화를 주어 우성적인 인간을 만들려는 노력들이 진행되고 있다는 점에서 스포츠 분야에 있어서도 큰 변화와 혁신을 가져올 것이라는 주장들이 지속적으로 제기되고 있다. 그러나 스포츠가 유전 공학 기술을 어느 곳에, 어떻게, 어떤 방향, 어떤 철학을 갖고 이용하는지에 따라 스포츠의 미래에 대한 밝은 전망과 건전한 발전을 가져다줄 수도 있고 그 반대로 엄청난 위험요소가 될 수도 있을 것이다. 스포츠에서 유전자조작 기술은 이제껏 우리가 경험해보지 못한 상대적으로 새로운 사안인 동시에 스포츠의 본질과 공정성, 선수의 존엄성과 자율성뿐만 아니라 이로 인해 사회 에 미치는 파장도 매우 클 수 있기 때문에, 새로운 기술에 대한 선입견이나 막연한 두려움에서가 아닌 구체적으로 어떤 부분이 장점이 되고, 어떤 부분이 윤리적으로 문제가 될 수 있는지에 관해 매우 신중하게 살펴보아야 할 것이다. 스포츠계가 유전공학 기술의 사용에 대하여 어느 한 극단으로만 치우치게 된다면 오히려 그 위험성은 더 커질 것이고, 위험성에 대한 근본적인 대안도 찾을 수 없을 것이며, 새로운 기술로부터 얻을 수 있는 혜택도 누릴 수 없게 될 것이다.

주제 06 | 최선을 다하지 않는 행위는 승부조작인가?

불법도박과는 상관없이, 팀이나 개인이 유리한 조 배정을 위해 전략상 승부를 조작하는 경우가 있다. 대표적인 예로, 2012년 런던올림픽 배드민턴 여자복식 조별 리그에서 가장 강력한 중국팀과 시합하는 것을 피함으로써 결승에 오를 확률을 높이기 위해 경기에서 고의로 지려는 시도가 있었고, 여기에 한국의 두 팀도 연루되어 모두 실격 처리되었다. 불법도박이나 금품수수와는 연루되어 있지 않은 승리를 위한 전략상의 승부조작이나 혹은 선수가 경기에 이기려고 노력하지 않음으로써 발생하는 승부조작이 있다. 스포츠에 있어

* 한국체육학회지 제55권 제4호에 게재된 저자의 논문, 『윤리적 관점에서 본 승부조작』을 수정·보완하여 작성함

경기의 결과, 즉 승패는 무척이나 중요하다. 최선의 결과를 얻는 것을 목표로 하는 감독, 코치, 선수의 입장에서 자신들의 목표를 달성하기 위해 팀 또는 개인의 전력을 분석하고 상대 팀과 비교하여 포기하는 경기, 또는 반드시 이겨야하는 경기 등 전략적인 작전을 구상하고, 불필요한 전력(戰力)의 손실 없이 최상의 컨디션 유지를 하면서 경기에 임하려고 노력하는 것은 스포츠에서 바람직한 행동일지도 모른다. 따라서 2012년 런던올림픽에서 승부조작으로 실격 처리되었던 4명의 한국 배드민턴 선수는 자신들이 받은 처벌에 대하여 억울하게 느낄 수도 있다.

그렇다면 이들의 행동이 왜 잘못된 것일까? 어떤 면에서 비윤리적인 행위일까? 어떤 (윤리적) 근거로 선수들에게 그러한 행위(승부조작)를 하지 말라 강요할 수 있을까?

핵심개념

1. 승부조작(match-fixing)이란?

스포츠경기에서 선수, 감독, 심판 등 경기의 참여자가 경기의 결과를 의도적으로 유도하는 일체의 행위를 의미한다.

2. 승부조작의 4가지 유형

① 불법도박과 베팅이 연루되어 있는 경우로 선수, 감독 등 경기와 관련된 자들이 전문 브로커와 공모하여 금전적 이득을 편취할 목적으로 고의로 경기 결과를 조작하는 형태

② 경기에서 유리한 결과를 보장받고자 심판들을 금품으로 매수함으로써 승부를 조작하는 형태

③ 도박이나 배팅과 관련 없는 승부조작의 경우로 팀의 승격, 강등, 해체 등의 이유로 인해 미리 팀들끼리 결과에 관해 합의를 보는 형태

④ 팀이나 개인이 유리한 조 배정을 위해 전략상 승부를 조작하는 형태

3. 경기에 최선을 다하지 않는 행위에 대한 스포츠 본질 관점의 비판

① '상대 선수나 팀'을 존중하지 않는 행위
② '관중'을 존중하지 않는 행위
③ '스포츠 자체'를 존중하지 않는 행위

4. 승부조작 비판의 이론적 근거

① 의무론적 윤리

이기려고 최선을 다하는 것은 스포츠에 참여하는 모든 경쟁자들에게 보편적으로 적용되는 법칙과 같은데, 왜냐하면 이 보편적 법칙을 준수하기로 합의하지 않고서는 경쟁스포츠 자체가 성립할 수 없기 때문이다.

② 계약론적 윤리

스포츠경쟁에 참여한 사람은 최선을 다해 이기도록 노력해야 한다는 스포츠규범을 실천함으로써 스포츠의 목적을 실현할 수 있는데, 승부조작은 이러한 상호성을 위반함으로써 쌍방 사이에 존재한다고 여겨지는 (암묵적) 합의를 무효화시킨다.

③ 타자성의 윤리

스포츠에서 '타인을 위하는 것'은 타인을 이기게 하는 것이 아니라 타인에게 진정한 경쟁을 제공하는 것이기에 승부조작은 상대로 하여금 자아실현과 탁월성 추구의 목적을 손상시키는 행위이다.

들어가며

1960-70년대 한국에서 가장 인기가 있던 스포츠 중에 하나는 프로레슬링이었다. 딱히 볼거리가 많지 않았던 시대상황 속에서 가장 흥미진진한 스포츠경기였다. 일제강점기와 6.25 등 시련을 많이 겪어온 우리 국민들에게 숙적 일본과 서양의 거구 레슬러들을 때려눕히던 프로레슬링 선수들은 국민적 영웅이었으며, 프로레슬링은 애국심까지 결부된 응원을 받으며 민족스포츠로까지 추앙되었다. 그러나 장영철 선수가 "프로레슬링 경기에서는 언제든지 사전에 시합 방법과 우승자를 논의하는 법"이라고 발언하면서, 이른바 "프로레슬링 쇼파동"으로 국내 프로레슬링의 인기는 급추락하며 쇠퇴기를 맞이했다.1)

스포츠는 일정한 경기규칙 하에 공정한 경쟁을 통해서 승부를 겨루는 게임이며, 결과의 불확실성이라는 특징을 가진 각본 '없는' 드라마로서 인식되어왔다. 그러나 만약 우리가 열광하는 스포츠가 각본이 '있는' 드라마라면 우리는 과연 스포츠에 열광할 것인가? 만약 우리가 보고 있는 스포츠경기가 조작되었거나, 인위적인 요인에 의해 경기가 시작되기도 전에 이미 승부가 결정되었든지, 혹은 팀이나 선수가 최선을 다하지 않는 불성실한 플레이를 펼친다면, 아마도 그러한 경기는 스포츠로서 가치가 상실될 것이다.2) 위에서 언급한 프로레슬링의 경우가 좋은 예가 되듯이 스포츠가 가진 우연성과 불확정성이 사라지면 스포츠에 대한 흥미와 신뢰가 저하되고, 관중들은 그 스포츠를 외면하게 될 것이다. 따라서 승부조작은 승부를 점칠 수 없는 스포츠의 불확정성, 페어플레이 정신 및 선수의 투지에 감동하는 팬들을 대상으로 한 기망행위라고 할 수 있으며, 스포츠의 존립자체를 위협하는 그 심각성이 중차대한 병리현상이라 할 수 있다.

최근 국내 프로스포츠 전반에 걸쳐 승부조작 사실이 드러나 스포츠계에 큰 충격을 주었을 뿐 아니라 승부조작이 심각한 사회문제로까지 대두되었다. 2011년 한국 축구계는 K-리그 승부조작사건으로 엄청난 홍역을 치르게 되었다. 선수와 감독이 스스로 목숨을 끊는 안타까운 사건이 발생했으며, 전직 국가대표선수까지 포함하여 선수, 감독, 전문 브로커 등 관련자 100여명이 징계 또는 형사처벌을 받았다.3) 2012년에는 승부조작사건이 프로배구, 프로야구로 확대되어, 승부조작 사실이 드러난 2명의 현직 프로야구선수가 제명되고 11명의 배구선수들이 한국배구연맹(KOVO)으로부터 영구제명 처분을 받았다.4) 2013년에는 스타농구선수 출신인 K감독이 승부조작에 개입한 사실이 확인되어 구속됨으로써 국내 4대 프로스포츠 전부 승부조작사건과 연루되었다. 승부조작은 스포츠의 순수성과 공정성을 신뢰하면서 스포츠를 즐기던 사람들을 실망시키는 것은 물론이고 스포츠의 근간을 뒤흔드는 문제가 되었다.

물론 승부조작은 비단 국내의 특정 스포츠에서만 일어난 문제는 아니다. 거의 모든 스포츠 경기에서 오랫동안 고질적으로 행해져 왔으며 해외에서도 적지 않게 발생하는 일이다. 1919년 미국 메이저 리그에서 발생한 일명 '블랙 삭스 스캔들(Black Sox Scandal)'은 승부조작과 관련해서 항상 언급되는 대표적인 사건이다. 미국 프로야구 챔피언결정전인 월드시리즈에서 시카고 화이트 삭스가 신시내티 레즈와의 경기에서 미리 돈을 받고 일부러 경기에 진 사실이 밝혀지면서 시키고 화이트삭스 소속 8명의 선수들이 야구계로부터 영구제명을 받았고, 그 이후 메이저리그는 몇 년간 암흑기를 거치게 되었다. 부정부패로 얼룩진 이 사건은 화이트삭스가 아닌 "블랙"삭스로 불려지게 되었다.5) 축구의 예를 들면, 유럽경찰단체인 유로폴이 2013년 2월에 발표하길, 유럽 13개국의 수사 끝에 425명의 프로축구 선수들, 경기진행자들, 축구클럽 임원들 뿐 아니라 범죄조직까지 승부조작에 연루된 사실이 밝혀졌으며, 이들은 챔피언리그 경기를 포함해 380개가 넘는 프로축구 경기를 조작하였다.6) 스포츠 환경과 패러다임이 변화하고, 인터넷을 통한 불법스포츠도박이 성행함으로써 승부조작은 더욱 심각한 사회문제로 확대되고 있는 실정이다.

승부조작은 크게 4가지 형태로 분류해 볼 수 있다. 첫째, 불법도박과 베팅이 연루되어 있는 경우이다. 즉, 선수, 감독 등 경기와 관련된 자들이 소위 전문

브로커와 공모하여 금전적 이득을 편취할 목적으로 고의로 경기 결과를 조작하는 행위이다. 둘째, 심판이 경기의 흐름을 바꾸도록 설득당한 경우이다. 즉, 경기에서 호의적인 결과를 보장받고자 심판들을 금품으로 매수함으로써 승부를 조작하는 행위이다. 셋째, 도박이나 배팅과 관련 없는 승부조작의 경우인데, 팀의 승격, 강등, 해체 등의 이유로 인해 미리 팀들끼리 결과에 관해 합의를 보는 경우이다. 이러한 경기들은 종종 시즌의 끝 무렵, 한 팀이 다른 팀보다 경기를 덜 중요하게 여길 때 발생한다. 마지막 네 번째도 도박과는 상관없이, 팀이나 개인이 유리한 조 배정을 위해 전략상 승부를 조작하는 경우이다. 대표적인 예로, 2012년 런던올림픽 배드민턴 여자복식 조별 리그에서 가장 강력한 중국팀과 시합하는 것을 피함으로써 결승에 오를 확률을 극대화하기 위해 경기에서 고의로 지려는 시도가 있었고, 여기에 한국의 두 팀도 연루되어 실격 처리되었다.

첫 번째와 두 번째 유형의 불법도박, 배팅, 금품수수와 관련된 승부조작은 더 이상 논란의 여지가 없는 법에 어긋나는 범죄행위이다. 즉, 우리나라 현행 형법에 의거하여 처벌받는 불법행위이다. 따라서 여기에서는 이 두 가지 유형의 승부조작은 논의하지 않을 것이다. 필자가 다루고자 하는 것은 바로 세 번째와 네 번째 형태의 불법도박이나 금품수수와는 연루되어 있지 않은 승리를 위한 전략상의 승부조작이나 혹은 선수가 경기에 이기려고 노력하지 않음으로써 발생하는 승부조작이다. 스포츠에 있어 경기의 결과, 즉 승패는 무척이나 중요하다. 최선의 결과를 얻는 것을 목표로 하는 감독, 코치, 선수의 입장에서 참가한 대회에서 자신들의 목표를 달성하기 위해 팀 또는 개인 전력을 분석하고 상대 팀과 비교하여 포기하는 경기, 또는 반드시 이겨야하는 경기 등 전략적인 작전을 구상하고, 불필요한 전력(戰力)의 손실 없이 최상의 컨디션 유지를 하면서 경기에 임하려고 노력하는 것은 스포츠에서 바람직한 행동일지도 모른다.[7] 따라서 2012년 런던올림픽에서 승부조작으로 실격 처리되었던 4명의 한국 배드민턴 선수는 자신들이 받은 처벌에 대하여 억울하게 느낄 수도 있다. 그렇다면 이들의 행동이 왜 잘못된 것인가? 어떤 면에서 비윤리적인가? 어떤 (윤리적) 근거로 선수들에게 그러한 행위를 하지 말라 강요할 수 있을까?

이번 주제에서는 이러한 물음에 대한 설득력 있는 답변을 찾아보고자 한다. 이를 위해, 먼저 스포츠 부정행위에 관한 철학적 접근법 중에서 형식주의와 에토스의 개념을 중심으로 승부조작과 관련된 논쟁을 맥락화 하고자 한다. 다음으로, 저명한 스포츠철학자들의 승리와 경쟁에 대한 해석을 고찰함으로써 승부조작 행위를 윤리적으로 분석하고자 한다. 끝으로, 윤리적 관점에서 승부조작을 비판하기 위한 이론적 토대로 Kant의 정언명령(의무론), Rawls와 Scanlon의 계약주의, 그리고 Hegel의 사상을 제안하고자 한다. 승부조작에 대한 비판을 칸트, 헤겔, 계약주의 윤리에 근거함으로써 승부조작이 훼손하는 스포츠의 가치들이 정확히 무엇인지 밝혀보고자 한다.

1. 스포츠 부정행위에 대한 철학적 접근

승부조작(match-fixing)이란 스포츠경기에서 선수, 감독, 심판 등 경기의 참여자가 경기결과를 의도적으로 유도하는 일체의 행위를 의미한다. 즉, 경기가 시작되기 전부터 경기의 최종 결과나 과정을 미리 조작하는 것으로 정의되고 있다.8) 이는 특정한 경기의 결과를 미리 정해 놓고 경기 참가자들이 사기행각을 벌이는 부정행위라 할 수 있다. 스포츠 부정행위에 관한 철학적 접근법은 크게 두 가지 진영으로 분류된다. 형식주의(formalism)와 에토스(ethos)가 바로 그것이다. 이 두 가지 접근법을 토대로 승부조작을 스포츠 부정행위로서 검토해 보고자 한다.

형식주의의 핵심은 스포츠경기란 규칙의 지배를 받는 관행이고, 경기에 참여한 경쟁자들은 경기를 함에 있어 규칙을 준수하기로 합의했다는 것이다.

그렇다면 규칙위배의 모든 경우에 경기는 자동으로 무효가 되는 것인가? 형식주의자들은 구성적 규칙(constitutive rules)과 규제적 규칙(regulative rules)의 구별을 통해 이 질문에 대답한다. 형식주의자들은 구성적 규칙이 곧 경기이며 구성적 규칙을 의도적으로 준수하지 않는 경우 경기는 무효가 되고, 선수 역시 구성적 규칙을 지키지 않았을 경우 아예 경기를 했다고 할 수 없기에 이겼다고 할 수도 없다고 주장한다.9) 구성적 규칙을 위배한 가장 유명한 사례 중 하나는 러시아의 근대5종경기 선수인 Boris Onischenko의 경우로, 그는 1976년 하계올림픽에서 에페 검을 조작해 상대를 찌르지 않고도 검이 닿은 것으로 작동하게 하였다.10) 따라서 형식주의 관점에서 Boris Onischenko 는 펜싱이라는 스포츠 자체를 하지 않은 것이 된다.

반면 규제적 규칙은 경기가 치러지는 조건이나 수단을 결정하는 것이다. 예를 들면, 야구 경기에서 선수들이 사용할 수 있는 야구공의 크기, 색깔, 무게 등에 대한 제한이다. 만약 크기나 무게가 다른 공을 사용한다고 해도 야구경기가 아니라고 할 수는 없을 것이다.11) 고의적 파울 하나가 전체 경기를 결정하지 않듯, 규제적 규칙 하나를 위반했다고 전체 경기가 무의미해지지는 않는다. Simon이 언급하듯, 이러한 주장이 정당화되는 까닭은 규제적 규칙의 위반에 대한 벌칙을 명기함으로써 규제적 규칙이 스스로의 위반을 허락하고 있기 때문이다.12) 그러나 Pearson은 이와 같은 주장을 반박하며 Simon의 주장의 논리적 오류를 지적하는데, 즉 모든 법칙이 벌칙을 부여함으로써 위반을 허용한다면 적절한 대가를 치르기만 하면 합법화되지 못 할 위법이 없다는 것이다.13) 결과적으로는 법이나 규칙이 아예 없는 셈이 된다는 것이다.

이러한 반대를 넘어서기 위해 부정행위에 관한 대안적 접근법은 스포츠를 문화적 관행이나 사회적 구조물로 보는 것이다. 이러한 접근법에서 부정행위 는 단순히 특정 규칙에 위배되었는지에 의해 판단되는 것이 아니라 그 위반사항이 선수와 팬, 다른 이들 사이의 더 광범위한 에토스(ethos)의 일부인지에 의해 판단된다. 국내 프로야구에서 일어난 K선수의 일명 "빈 글러브 태그"

사건을 예로 들어보자. 삼성과 SK의 경기 상황에서 삼성 타자 P의 타구가 홈 플레이트에서 얼마 떨어지지 않은 3루 선상 지점에 높게 떴고 타구를 잡기 위해 모여든 1루수, 3루수, 그리고 K투수 사이로 공이 떨어졌다. 홈으로 달려 들어오는 주자 C를 K는 그대로 태그를 했고, C는 아웃됐다. 그러나 공은 K의 글러브가 아니라 1루수인 B선수의 글러브 속에 있었다. 하지만 삼성 벤치와 심판진 모두 보지 못했다. 결국 아웃처리가 됐고, 그대로 4회 경기는 끝이 났다.

많은 야구팬들이 느린 방송화면에 잡힌 K의 이러한 거짓 행동에 비난을 했지만 상대팀의 감독인 L감독을 비롯하여 대부분의 전·현직 선수와 코칭스태프들은 '경기 중에 일어난 일이기 때문에 어쩔 수 없다'는 의견이었다. 야구 관계자들은 "그런 상황에선 아무도 모른다. 눈앞에서 득점을 하려는 상대팀 주자가 보이면 빈 글러브로도 습관적으로 태그를 하게 된다"며 K선수를 옹호했다.14) K선수를 향한 동료 선수들의 지지는 프로야구 경기가 형식주의자들이 주장하듯 규칙의 지배에 머무는 것이 아닌, 엄밀한 의미에서 규칙의 지배에서 벗어날지 몰라도 프로야구 경기의 에토스가 되어버린 행동에 관한 합의를 공유하는 문화적 관행임을 보여준다.

이처럼 어떤 부정행위, 고의적 규칙위반은 선수들과 팬들 사이에 공유되는 경기의 에토스, 특히 프로세계의 "이기기 위해 최선을 다하는 행동"에 호소함으로써 부분적으로 용납되기도 한다. 그렇다면 선수들이 고의적으로 자신의 기량을 최대로 발휘하지 않는 행위, 즉 최선을 다하지 않고 대강 경기에 임함으로써 일어나는 승부조작 행위는 위에서 언급한 경기에 이기기 위해 고의적으로 규칙을 위반하는 것과 어떤 차이가 있는가? 승부를 조작하기 위한 고의적 대강하기는 어떻게, 그리고 어떤 측면에서 비윤리적 행위인가? 이 질문에 답하기 위해 '승리와 경쟁'이라는 개념을 먼저 분석해 보고자 한다. 승부조작의 목적이 경기에서 고의로 지거나 제대로 경쟁하지 않는 것이라는 점에서 승리와 경쟁의 개념이 승부조작의 윤리적 평가에 핵심사항이기 때문이다.

2. 스포츠 본연의 목적과 승리추구

스포츠에 입문하면서 가장 먼저 배우게 되는 도덕적 교훈 중에 하나가 '부정을 통한 승리는 공허한 것'이라고 한다면, 여기에 전제된 교훈은 '승리는 상대방 역시 이기려고 최선을 다했을 때만 유의미하다는 것'이다. 실력 면에서 비슷한 경쟁자들이 맞붙었을 때 가장 흥미진진한 스포츠가 탄생한다. 윤리적 관점에서 본다면 별개지만 스포츠에서는 동맹관계에 있는 두 가지 명령이 있다. '이기기 위해 노력하는 것'과 '실력을 최대한 발휘해 경쟁하는 것'이다. 이 두 가지는 "적수에 대해 존경"을 가지라는 Schneider의 표현으로 요약될 수 있다. Schneider가 주장하길, "품위 있게 이기고 지는 것, 공정하게 경기하는 것, 실력을 최대한 발휘하는 것, 그리고 시합 전, 시합 중, 시합 후에 스포츠맨십을 보이는 것 모두 승리에 직접적으로 영향을 끼치지는 않지만 스포츠의 가치 있는 중요한 요소들이다."[15] 그러나 그는 또한 승리가 결정적으로 중요하다고 하는데 왜냐하면 "어떤 종목에 참가하기로 합의했을 때 참가자들은 규칙과 도전을 받아들이는 것뿐만 아니라 이기기 위해 경기하기로, 그들이 준수하기로 한 규칙의 범위 내에서 할 수 있는 모든 것에 최선을 다하기로 암묵적 동의 또한 했기 때문이다 … 이기려는 노력은 중요할 뿐 아니라, 스포츠시합에 참여했으면 이기기 위해 최선을 다할 것이란 기대가 전제되는 것이다."[16]

이와 비슷하게 Suits는 "경기하는 목적," "시합의 목적," 혹은 더 간단하게 "이기려는 것"이 모든 스포츠종목에 본질적인 것으로 파악한다.[17] 이 목적 없이는 스포츠는 사실상 존재하지 않는다는 것이다. Fraleigh는 이 개념을 확장해서 말하길, 무승부로 끝내려는 것 또한 불만족스러운데 그것은 이기라는 명령에 위배되기 때문이다.[18] 그러므로 경쟁은 스포츠를 하는 데 있어 타협불가능한 요소로 간주되며, Boxill이 말하듯 "경쟁은 … 이미 결정되거나 조작되지 않은 결과를 달성하려는 노력"이다.[19] 따라서 제대로 경쟁하지 않는 것은 상대방과 관중, 그리고 경기 자체를 모독하는 것이다. Butcher와 Schneider는 공정하게 경기하는 것은 그 경기 자체를 존중하기 위해 필수적이라고 주장한다. 이들이 주장하길, "공정하게 경쟁하는 것은 무엇보다 스포츠를 경기로 취급하고, 규칙에 따라 경기하고 상대방을 존중하는 페어플레이는 경기에 대한 존경심을 뜻하며 그 종목 자체를 존중하고 가치 있게 여김을 함의한다."[20] 따라서 경기 시작 전 경기결과에 영향을 끼치고자 하는 선수나 팀, 혹은 심판이나 클럽 간부 같은 경기에 관련된 누군가의 결정은 스포츠의 본질인 경쟁을 약화시키기 때문에 스포츠의 심장을 가격하는 셈이다.

물론 경쟁하지 않는 것이 반드시 승부조작과 연관되지는 않는다. 어차피 지고 있기에 선수가 포기해버린 것일 수도 있다. 그러나 이러한 행동은 어쨌든 승자로부터 승리의 진정한 이득, 즉 '최선을 다한 상대를 이긴 성취감'을 훔치는 행위이며, 상대선수와 경기 자체에 대한 무례함의 한 형태이다. 여기서 '경기 중' 전략적으로 물러서는 것과, '경기 전체'를 포기 혹은 대강하는 행위는 구별되어야 한다. 테니스경기를 예를 들면, 1세트당 6게임, 총 3세트 혹은 5세트를 경기하는 선수는 어떤 특정한 게임과 세트에 경쟁하지 않기로 결정할 수 있는데, 다가올 더 중요한 전투, 즉 경기 전체를 위해 힘을 비축하기 위한 목적이기 때문이다. 이러한 전략적 물러서기는 경기의 전체적 맥락에서 더 잘 경쟁하려는, 즉 경기를 이기려는 목적으로 행해진 것이기에 경쟁이라는 명령을 무시한 것이 아니며 승부조작이라고 할 수는 없다.

그런데 만약 제대로 경쟁하지 않는 것이 적수와 관중, 그리고 경기에 대한 무례함의 문제라면, 이러한 무례함은 정확히 어떤 형태를 갖는가? Fraleigh가 주장하듯, 경쟁에 실패하면 스포츠의 목적인 누가 최고인지 가려내는 결과(지식)를 얻지 못하게 되며, "우리 둘의 치열한 시합 없이는 정확히 '누가 최고인가'라는 지식이 상대방이나 나에 의해 얻어질 수 없기에, 내가 이 가치를 추구하는 것은 상대방의 똑같은 가치실현에 필수적이다."[21] '누가 최고인가'라는 지식을 둘 다 얻기 위해서는, 혹은 무승부의 경우 능력차가 없다는 결론을 얻기 위해서는, 두 선수 다 제대로 경쟁해야만 한다. 이 지식을 얻는 것은 모두에게도 좋다. 왜냐하면 몰랐던 것을 알게 되기 때문이다. Kretchmar와 Elcombe 역시 경쟁의 도덕적 중요성을 비슷한 말로 묘사하며 다음과 같이 주장한다. "경쟁자들은 불확실함과 의미들이 복잡하게 엮인 것을 경험한다. 그들은 '내가 이걸 할 수 있다 해도 상대방보다 잘 할 수 있는가' 혹은 '우리 둘 다 이걸 해낼 수 있다 해도 우리 사이의 차이점은 과연 무엇인가'라고 스스로에게 묻는다."[22] 이 차이를 알아내거나, 이 차이가 결국 식별불가능하다는 것을 발견해내는 유일한 길은 경쟁을 통해 서로의 의지와 실력을 맞붙여보는 것이다. 이러한 의미에서 경쟁의무를 저버리는 것은 경쟁을 통해 가능해지는 경험적 잠재력을 최소화 시켜버리는 것이다.[23]

스포츠를 통해 얻고자 하는 다양한 규범적 목표들이 있다. 예를 들면, 인성함양, 끊임없는 노력, 도전정신, 규칙의 준수, 극기, 실패극복을 통한 성숙 등이다. 하지만 이것들은 스포츠에 내재한 본질적인 것들이라기보다 스포츠로부터 파생되는 부차적 목표들이라 할 수 있다. 스포츠는 이 같은 소위 가치 있는 효과들이 존재하지 않는다 할지라도 계속 될 수 있다. 그러나 이러한 목표들이 스포츠에 딸려있는 한, 경쟁에 실패하는 것이 이러한 목표들을 약화시킬 것임에 의심의 여지가 없다. 무엇보다도 제대로 경쟁하지 않는 것은 경쟁자들 간의 실력을 시험함으로써 상대적인 능력을 결정하는 스포츠 본연의 목적을 파괴시키며, 실패한 경쟁에서 승자는 나쁜 기분만을 얻는다. 1965년 5월 25일 세계헤비급 방어전에서 무하마드 알리가 도전자 소니 리스톤을 1회전 시작과 동시에 2분 만에 일명 "유령 펀치(phantom punch)"[24]로 링 위에 눕힌 뒤 오른손 주먹을 휘두르며 "일어나라"고 소리치는 장면은 유명하다. Connor가 표현하듯, "무력한 경멸감을 갖고 소니 리스톤을 내려다볼 때만큼 알리가 그토록 진정으로 격분한 것처럼 보인 적이 없었다."[25] 알리는 누가 최고인지 결정할 수 있는 기회를 박탈당했다. 만약 "스포츠가 절대적 확신의 원칙, 무엇이 벌어졌든 벌어진 것은 의심의 여지없이 일어난 것이라는 원칙에 따라 추진되는 것이라면, 승부조작은 이러한 확신을 공허한 것으로, 정교하지만 터무니없는 거짓으로 만든다.”26) 스포츠는 눈앞에 보이는 것에 대한 믿음에 의존하며, 이것이 의심될 때 스포츠는 퇴색된다. 승부조작은 결과의 불확실성이라는 스포츠의 핵심적 면모를 파괴함으로써 스포츠를 공허하게 만든다. 따라서 결과의 불확실성 없이는 스포츠도 없는 것이다.

3. 승부조작 비판을 위한 윤리적 틀

그렇다면 '최선을 다해 경쟁하라'는 명령, 다른 말로 '승부조작 하지 말라'는 명령을 어떻게 더 형식적인 윤리적 용어로 표현할 수 있을까? 필자는 Kant의 정언명령, Rawls와 Scanlon의 계약주의, 그리고 Hegel의 사상이 승부조작 비판의 이론적 토대를 제시해줄 수 있음을 주장하고자 한다.

먼저 Kant의 보편법칙의 형식과 목적 그 자체의 형식을 고려해 볼 수 있다. Harvey는 일반적으로 인식되고 있는 “스포츠경기를 할 때 경쟁해서 이기도록 노력하라”는 것은 스포츠 참여자에게는 보편법칙이라고 주장한다.27) 즉, 스포츠경기를 할 때 이기려고 노력하는 것은 스포츠에 참여하는 '모든' 경쟁자들에게 보편적으로 적용되는 법칙과 같다는 주장이다. 왜냐하면 경기에 참여한 경쟁자들이 경기를 함에 있어 이 보편적 규칙을 준수하기로 합의하지 않고서는 경기 자체가 성립할 수 없기 때문이다.28)

하지만 이러한 Harvey의 주장에는 반론이 제기될 수 있다. '경쟁해서 이기려 노력하라'를 보편적 도덕법칙으로 설정할 수 있을까? 만약 폭력으로 악명 높은 범죄자가 선수에게 승부조작을 하지 않으면 선수의 가족을 해치겠다고 하면 어쩔 것인가? 이런 사례가 실제로 일어나지 않았던 것도 아니다. 이 경우 사람의 생명에 비한다면 스포츠 속 원칙은 부차적인 것이 된다. 이 작은 예로 인해 우리는 스포츠에 관한 의무론적 규칙을 만드는 것을 경계하게 된다. 스포츠란 의무론적 규칙을 만들만큼 충분히 중요하지 않을 뿐더러, 이 경우는 결과론적 입장이 더 낫다. 스포츠 속 원칙을 고수하는 것보다 선수의 가족이 상해를 입지 않는 것이 결과로서 더 선호된다. 그러나 이와 같은 외부의 위협은 아예 처음부터 스포츠를 무효화하는 것이므로, 스포츠에서 '최선을 다해 경쟁하라'는 스포츠 속 보편적 법칙으로 유효할 수 있다.

다음으로 "사람을 언제나 목적 그 자체로 대하고 절대 수단으로 대하지 않도록 행동하라"는 칸트의 두 번째 정언명령을 활용할 수 있다. 스포츠의 경우 이 명령은 변형된 형태로 적용된다. 즉, 타인을 대하는 방식에서 이득을 취하는 것(스포츠에서 상대와 경쟁하고자 하는 욕구를 충족시키는 것) 정도는 용인되나, 그러한 자신의 이득을 취하는 것이 다른 이를 희생해서는(예를 들어 전문 브로커와 돈을 벌기 위해, 혹은 다른 목적을 위해 타인을 수단으로 대하는 것) 결코 안 된다. 승부조작은 순수한(조작에 대해 모르는 쪽) 참가자를 목적달성을 위한 수단으로 대하지 말라는 규칙을 위반하는 것이다.

승부조작 비판을 위한 두 번째 윤리적 틀은 계약론적 윤리로부터 나올 수 있다. Rawls의 『정의론(A Theory of Justice)』에 바탕을 둔 Loland는 다음과 같은 Rawls의 주장에 힘입어 페어플레이에 관한 세련된 윤리적 틀을 만들어냈다. "여러 사람들이 서로에게 득이 되는 협동적 모험에 동참하며 어떤 규칙을 따르고 자발적으로 스스로의 자유를 제한할 때, 이러한 제한에 복종한 사람들은 그들의 복종으로부터 이득을 보는 사람들의 암묵적 동의에 대한 권리를 갖는다."29) 이러한 페어플레이에 관한 명령을 스포츠에 적용시키며 Loland는 다음과 같이 주장한다. "스포츠경쟁에 자발적으로 참여하는 모든 집단은 그 경쟁의 목표를 다음을 통해 최대한 실현할 수 있도록 행동해야한다. 경쟁자들이 최대한도로 이기도록 경기한다는(공유되는 정당한 에토스에 의거해) 규범을 실현함으로써 말이다."30)

비록 조작에 가담하지 않은 쪽은 모르겠지만, 승부조작은 상호성을 위반함으로써 쌍방 사이에 존재한다고 여겨지는 합의를 무효화시킨다. 경쟁자들이 경기의 일부분에서라도 다른 종류의 노력을 함으로써 계약의 개념이 파괴되는 것이다. Loland는 스포츠의 심장부에 자리 잡은 규범적 목표, 즉 이기려는 것의 중요성을 강조한다. 그러나 Loland가 다루고 있지 않으나 충분한 가능성이 있기에 승부조작을 설명하는 데 있어 고려해야 할 압력의 문제가 남아있다. Scanlon의 계약주의 해석이 이 점에 대해 보다 융통성 있는 접근법을 제공해준다. Scanlon이 언급하길, "어떤 행동을 실행할 때 그 실행이 행위의 일반적 규제원칙, 즉 충분한 정보를 제공받고 강요당하지 않은 일반적 합의의 토대로서 아무도 거부할 수 없는 일반적 규제원칙에 의해 받아들여지지 않는다면 그 행동은 틀린 것이다."31) 앞서 언급했듯, 스포츠 속 원칙이 선수가족의 안전보다 부차적으로 중요한 것임은 대부분의 사람들이 동의할 것이고, Scanlon의 주장 역시 외부 압박이나 다른 외부적 요소들은 승부조작에 관한 규범과 별개의 문제라고 본다.

비록 칸트 윤리학과 계약주의 모두 어떤 압박 하에서 승부조작금지가 위반될 여지를 남기고 있지만, 이것이 어쨌든 조작이 일어난다는 사실을 부정할 수는 없다. 압박 하에서 벌어졌든 아니든 승부조작은 스포츠로서의 스포츠를 파괴시키는데, 그 이유는 상대적 역량을 시험하고 결정하는 스포츠 본연의 목적이 훼손되기 때문이다. 바로 이 목적이 선수들이 서로 맞서 경쟁하기로 했을 때 합의한 무언의 상호이해이며, 심판들이 공정하게 집행하기로 합의한 것이고, 사람들이 적지 않은 돈을 주고 경기를 보려는 이유이다. Sadler에게 이 목적을 훼손하는 것은 실존주의적 실패인데, "경쟁이란 ... 자아와 타인의 실현에 본질적으로 내재된 부분"이기 때문이다.32) 그렇다면 어떤 의미에서 경쟁하기에 실패한 것이 자아와 타인의 상실을 낳는가? 이 질문에 대한 답은 Hegel의 인지윤리학, 즉 칸트나 계약주의자의 주장에서 중요했던 가해자의 관점에서 피해자의 관점으로 눈길을 돌리는 Hegel 윤리학에 있다. Hegel은 타인에게 인지되고자 하는 욕망이 인간 주체성의 핵심이라고 본다.

Morgan, Beamish와 같은 몇몇 스포츠철학자들은 스포츠에서의 경쟁을 헤겔의 『정신현상학(Phenomenology of Spirit)』에 나오는 주인(Master)/노예(Servant) 변증법 렌즈, 즉 타인에게 인정받고자 하는 투쟁이 한 편이 다른 편을 지배하는 결과를 낳는다는 변증법을 통해 해석하기도 한다.33) 하지만 이러한 해석은 스포츠경쟁의 진정한 목적을 간과한 것이다. Boxill이 주장하듯, "경쟁자들은 상호간의 도전 속에 서로에 맞서 그들의 능력을 시험한다."34) 이런 면에서, 스포츠경쟁이란 상대를 파괴시키려는 (혹은 노예로 삼으려는) 충동에 끌리는 것이 아닌, 경쟁을 통해서만 달성될 수 있는 탁월함을 추구하고 용맹스러움을 상호간에 시험하는 것이다. 물론 패자가 승자의 더 큰 용맹을 인정하게 되나, 그렇다고 패자가 파괴되거나 노예로 종속되는 것은 아니고 훗날 경기장으로 돌아와 다시 경쟁할 자유를 갖는다.

Kojéve는 헤겔의 주종변증법을 상호성이란 측면에서 재해석하여 서로 동등한 위치에서 상대방을 인지하는 것으로 본다.35) Kojéve의 분석에 따르면, 주종변증법에는 결함이 있는데, 노예(종)가 자유를 빼앗기면 인간성까지 빼앗겨 결국 주인이 욕망하는 '인정'을 줄 수 없게 된다. 인정받기 위해 상대방을 노예화함으로써, 주인은 역설적으로 상대의 인정할 수 있는 능력을 파괴시킨다. 즉, 노예는 주인에게 완전히 의존적으로 됨으로써 주인은 노예로부터 제대로된 인정을 받을 수 없게 된다는 것이다. Kojéve는 진정한 인정은 그가 "중간지점"이라고 부르는 상호성을 가진 것, 상대를 "자율적 가치를 가진 자의식적 존재"로 보는 지점에서만 달성 가능하다고 한다.36) 바로 이기려고 노력하는 두 경쟁자의 자율적 가치를 상호간 인정할 때 진정한 스포츠경기가 벌어지며, 승부조작은 이러한 인정을 산산이 부숴버린다.

Kojéve의 분석을 토대로 Connor의 주장에 대한 반론을 제기해 볼 수 있다. Connor가 주장하길, 승리는 언제나 타인이 원하는 위치를 빼앗는 것이므로 스포츠는 무승부의 경우를 제외하고는 항상 비윤리적일 수밖에 없다.37) 그러나 Connor의 이러한 분석은 스포츠경기가 마지막 순간 '누가 최고인가'를 결정하려는 탁월함을 향한 자발적이고 합의된 시도라는 점을 간과하고 있다.

스포츠에서 '타인을 위하는 것'은 타인을 이기게 하는 것이 아니라 타인에게 경쟁을 제공하는 것이다. 탁월함을 증명하려는 과정에서 양쪽 다 패배를 탁월함에 대한 열망과 '누가 최고인가'에 대한 지식추구 과정에서 발생하는 결과로 기꺼이 받아들인다. 더군다나 한 경기는 그 특정 경우에만 누가 최고인지를 결정할 뿐이다. 경기를 재개하고 다시 이기기 위해 노력해볼 다른 기회가 종종 있을 것이다. 스포츠는 상대에 맞서 기술과 능력을 시험하려는 자발적인 상호합의에 기초한다. 이러한 의미에서, 스포츠경기의 목적과 관련해 인지윤리학이 전제하는 것은 쌍방이 이 목적을 공유한다는 점이다. 각 경쟁자는 경쟁해서 이기겠다는 (혹은 무승부를 만들겠다는) 같은 목적으로 경기에 임한다. 중요한 것은 경기에 참여한 선수는 스스로(자아)를 위해서 뿐 아니라 다른 경쟁자(타자)를 위해서 이렇게 하는 것이다.

어떤 식으로든 조작된 경기는 스스로를, 혹은 상대를 경쟁자로 인지하지 못함으로써 스포츠의 목적을 완전히 손상시킨다. 따라서 경기가 조작되면 진정한 승리를 빼앗긴 기분이 든다. 찾으려던 지식(누가 최고인가)을 못 찾게 되고 탁월함에 대한 탐색도 할 수 없게 된다. 승부를 조작하거나 최선을 다해 경쟁하지 않을 때, 부정을 저지르는 선수는 스스로나 상대의 지위를 '경쟁자'로 인지하는데 실패한 것이다. Kojéve가 주장하듯, "만약 사회가 오직 한 무리의 욕망이 서로를 욕망으로서 열망할 때에만 인간적"이라면38), 스포츠경쟁이야 말로 이렇게 서로를 열망하는 욕망들을 가장 인간적으로 풍성히 재현해낸다. 사실 스포츠는 서로가 경쟁해서 이기려고 열망하는 것을 열망하는데 의존한다. 이것이 바로 최선을 다해 경쟁하지 않으면 상대에게 무례를 범하는 것이라는 말의 의미이다.

그렇다면 지금까지의 승부조작에 관한 분석이 선수들은 정직하나 심판과 같은 경기집행자가 부패한 경우에도 적용되는가? 경기를 조작한 경기집행자는 관중들로 하여금 진정한 경쟁을 목격하지 못하게 할 뿐 아니라 선수들이 누가 최고인지 또한 결정하지 못하게 한다. 달리 말해, 참가자와 관중 모두에게 스포츠의 목적을 손상시킨다. 부패한 심판은 진정한 경쟁이 일어나지 못하게 하며 사기경쟁에 참여하게 된 모든 선수들의 정직한 노력을 훼손한다. 스포츠에 참가한 선수들은 최선을 다해 경쟁해야한다는 도덕적 명령, 심판과 다른 경기집행자들은 공정한 경쟁을 용이하게 해야 한다는 명령을 받는다.

나가며

승부조작은 전 세계에 걸쳐 스포츠에 주요한 위협이 되었다. 오늘날 스포츠 도박 시장의 급속한 성장과 세계화, 베팅과 관련된 조작에 취약한 특성은 스포츠의 핵심가치를 훼손시킬 수 있는 잠재적 위협요소이다. 이러한 위협에 맞서기 위해 체육학계와 정책입안자들의 승부조작에 대한 주의 깊은 관심과 대책 마련을 위한 지속적인 연구가 필요하다.

필자가 소개한 승부조작에 대한 세 가지 윤리적 접근법은 서로 상충된다기보다 상호보완적이며, 칸트와 계약주의 입장은 자아에 중점을 두고, 다시 이것은 헤겔의 '타자'에 대한 강조를 지지한다. 물론 필자가 제시한 이론적 틀이 승부조작에 관한 모든 것을 아우를 수 없음을 인정한다. 필자의 주장은 승부조작에 대한 비판을 칸트, 헤겔, 계약주의 윤리에 근거함으로써 '경기존중' 같은 상투적 문구에 훨씬 큰 실체를 부여하고, 스포츠 자체의 가치와 상대 선수, 팬, 스폰서, 스포츠관계자들에 대한 존중을 아우를 수 있다는 것이다. 이러한 타자들에 대한 존중의 가치를 훼손한다고 주장함으로써 승부조작이 얼마나 스포츠를 공허하게 만드는지 증명할 수 있다. 조작된 스포츠는 아무 가치가 없으며, 핵심가치를 상실한 스포츠는 사람들로부터 외면 받게 될 것이다.

스포츠 속 '불문율'은 지켜져야 하는가?

쟁점

1. 미국의 한 고교 농구시합에서 P고교가 K고교를 100대 0으로 이겼다. 이 경기에 대한 사회적 반응이 특히 컸던 이유는, P학교는 기독교계 학교이고, B학교는 학습장애 학생들이 다니는 특수학교의 농구팀이란 사실이었다. 미전역 대중매체가 이 이야기를 다루었고, 열흘도 되지 않아 P학교의 교장이 "그리스도답게 명예롭게 경쟁하는 것에 실패한 수치스러운 사건"이라며 공식 사과문을 발표하였다. 또한 교장은 그 경기의 결과를 취소해달라고 고교농구시합을 관장하는 기관에 공식적으로 요청하였다. 당시 P학교의

* 체육과학연구 제30권 제3호에 게재된 저자의 논문, 『스포츠 불문율 담론에 대한 고찰』을 수정·보완하여 작성함

농구팀 감독은, 100점을 득점하고 경기 종료 1분이 남은 상황에서도 팀원들에게 속공과 강한 압박수비를 멈추지 말라고 지시하였다. 이 사건으로 인해 자신을 인터뷰 하러온 많은 기자들 앞에서 그는 당당해하며 다음과 같이 공식적으로 답변하였다. "우리 선수들은 명예롭고 당당하게 경기했다. 만약 이 경기 때문에 내가 감독직을 잃는다면 나는 내 소신을 유지하며 물러나겠다." 인터뷰 직후 감독은 결국 해고당해 감독직에서 물러나게 되었다. 그렇다면, 이 감독의 해고는 정당한 것일까? 스포츠경기에서 약한 팀을 상대로 이렇게 압도적인 점수 차이로 승리하는 것은 과연 스포츠정신을 위반하는 것일까?

2. 국내 프로야구 한화 이글스 감독은 13-7로 KIA 타이거즈를 크게 앞서 있던 9회말 2아웃, 아웃카운트 단 하나를 남겨 둔 상황에서 KBO리그 최고 마무리 투수 중에 한 명인 선수를 마운드에 올렸다. 이에 맞서 KIA의 감독은 타석에 들어선 타자를 갑자기 빼고, 타자가 아닌 신인 투수를 대타로 내세웠다. 장갑과 팔꿈치보호대까지 착용하지 않았을 정도로 헐레벌떡 타석에 들어선 투수는 그대로 서서 스탠딩 삼진을 당했다. KIA는 점수차가 크게 벌어지자 패배를 인정하고 주축 선수를 교체한 상황임에도 불구하고 최고의 마무리 투수를 내보낸 것은 상대팀을 존중하지 않는 모욕적인 행위로 받아들이고 투수 대타 기용을 통해 항의를 표현한 것이다. 하지만 KIA 감독은 경기가 끝난 후 여론과 팬들의 비난을 받았다. 과연 KIA 감독의 지시는 정말 비난받아 마땅한가?

과연 무엇이 스포츠맨십일까? 승부가 이미 기울어진 상황에서 상대방을 존중한다는 것은 경기 끝까지 모든 전술을 동원하여 최선을 다해 상대를 압도적으로 제압하는 것일까, 아니면 전략적으로 최선을 다하지 않고 경기를 마무리 하는 것일까? 스포츠에서 상대를 존중한다는 것은 어떤 행동을 말하는 것일까?

1. 스포츠 속 불문율

- 공식적인 규정에는 없지만 스포츠 구성원 간 암묵적으로 공공의 동의를 얻어서 지켜지는 규칙
- 예를 들면, 큰 점수차로 이기고 있는 팀의 선수들이 지고 있는 팀의 선수들을 자극하거나 농락하는 행동이나 화려한 기술을 보이지 않는 것
- 스포츠에서 불문율을 지키는 것은 상대를 존중하고 배려하는 행동으로 간주되며, 이를 어길시 주로 보복행위가 이루어짐

2. 압승에 관한 불문율

이미 한 쪽의 승리를 누구나 예측할 수 있는 승패가 기울어진 시합에서는 상대팀에 대한 배려 차원에서 점수차를 계속해서 압도적으로 벌리려고 행동하지 않는다는 암묵적 규칙

3. 자비규칙(mercy rules)

- 이미 승리가 확보되었을 정도로 편중된 시합을 빨리 마치려는 취지의 구성원 간의 공식적 혹은 암묵적인 규칙(예, 야구의 콜드게임)
- 압도적인 점수차로 패배를 당하는 팀 선수들이 겪을 자존감 상실과 수치심을 고려하여, 상대방에 대한 존중과 배려 차원에서 일종의 '대강하기' 전략

4. 자비규칙의 찬성 입장

- 상대(팀)에 대한 예의와 존중을 보여주는 것이 스포츠맨십이라는 주장
- 진정한 경쟁이란 서로가 탁월함을 추구해야 하는 것인데, 팀들 간의 실력차이가 너무 커 승패가 압도적으로 기울어진 경기라면 탁월함의 추구가 불가능하기에 자비규칙을 적용하는 것이 현실적이고 바람직하다는 입장
- 압도적인 패배를 당하는 선수들에게 가해질 감정적, 정서적 해로움을 고려한 윤리적으로 바람직한 행위라고 보는 입장

5. 자비규칙의 반대 입장

- 경기 끝까지 모든 전략을 동원해 최선을 다하는 자세가 스포츠맨십이라는 주장
- 오히려 압승이 팀들 간의 상대적 능력을 객관적으로 보여주어 탁월함을 측정하게 해준다는 입장
- 전략적으로 대강하는 행위는 패자들의 고통을 완화시키지 못할 뿐 아니라 수치심을 오히려 더 심하게 유발한다고 보는 입장

들어가며

앞선 두 사건은 농구와 야구 경기에서 실제 발생한 사건이다. 미국의 농구 시합에서 일어난 100대 0의 경기는 이미 승부가 기울어진 상황임에도 불구하고 경기 끝까지 점수차를 벌려 상대를 압도적으로 제압하였지만, 그러한 플레이가 상대팀을 존중하지 않고 모욕감을 주었다는 이유로 감독이 비난을 받은 사건이다. 국내 야구 경기에서 일어난 사건은 승패가 이미 기울어진 상황임에도 불구하고 한화는 최고의 마무리 투수를 기용하여 마지막까지 최선을 다해 경기에 임했고, 이러한 행위를 상대를 존중하지 않고 모욕감을 주는 행위로 받아들인 KIA 감독은 투수 대타 기용으로 항의를 표현했지만, 앞서 언급한 미국의 고교농구 시합과 달리 압승을 한 팀의 감독이 아니라 오히려 이를 항의한 감독이 비난을 받은 사건이다. 과연 어떤 것이 스포츠맨십일까? 승부가 이미 기울어진 상황에서 상대방을 존중한다는 것은 경기 끝까지 최선을 다해 모든 전술을 동원하여 상대를 압도적으로 제압하는 것일까, 아니면 전략적으로 최선을 다하지 않고 경기를 마무리 하는 것일까? 스포츠에서 상대를 존중한다는 것은 어떤 행동을 의미하는 것일까?

스포츠에는 흔히 불문율이라 불리는 관습이 있다. 스포츠 속 도덕률이라 할 수 있는 불문율은 말 그대로 문서에 적혀 있지 않은 규칙이다. 공식적인 규정에는 없지만 암묵적으로 공공의 동의를 얻어서 지켜지는 약속에 가깝다. 주로 이미 승패가 결정 난 상황에서 상대방을 자극하거나 조롱하는 행위들이 불문율의 대상이 된다. 예를 들면, 축구에서 큰 점수차로 이기고 있는 팀의 선수가 의도적으로 묘기 같은 드리블로 지고 있는 상대방을 자극하거나 농락하는 행위를 해서는 안 된다는 것이다. 이러한 불문율이 단지 농구, 축구, 야구 같은 팀스포츠에만 있는 것은 아니다. 탁구에선 10대 0으로 이기고 있을 경우 고의적인 '서브 미스'를 통해 11대 0 승리를 회피하는 것이 기본 예의라 생각하여 관례처럼 되어있다. 실제 탁구 스코어에서 11대 1이 많이

나오는 이유다. 2018년 부에노스아이레스 유스 올림픽(Youth Olympic Games) 결승에서 중국의 왕추친은 일본의 하리모토를 맞아 10대 0에서 '서브 미스'를 해, 11대 0 승리를 피했다.[1] 이런 장면이 나올 때 대부분의 관중은 박수를 보낸다. 상대를 배려하는 스포츠맨십을 보여주는 행동이라고 생각하는 것이다.

과연 스포츠에서 이런 행동이 정말 상대를 존중하고 배려하는 것일까? 스포츠 불문율의 본질은 상대에 대한 존중일까? 그렇다면 상대팀이 이러한 불문율을 어겼을 경우 흔히 행해지는 보복행위는 정당한 것일까? 불문율을 지지하는 입장은 불문율의 핵심은 '상대에 대한 존중과 배려'라고 강조한다.[2] 스포츠철학자 Keating은 스포츠는 경쟁에 기반을 두고 있지만, 그 경쟁에 참여해주는 상대에 대한 예의와 존중이 없으면 품위를 잃기 쉽다고 주장한다.[3] 즉, 자칫 거칠어지기 쉬운 승부의 세계에서 불문율을 통해 결과에 상관없이 팀의 결속과 존엄성을 보호하고, 서로를 견제할 수 있는 장치를 마련함으로써 스포츠맨십에 어긋나는 플레이를 사전에 자제하도록 만드는 효과가 있다는 것이다.[4] 하지만 스포츠 속 불문율에 대해서는 찬성만큼이나 반대 의견도 많다.[5] 반대 주장의 요지는 팬들이 원하는 건 최선을 다하는 경기이지 선수들 간 친목 도모는 아니라는 것이다. 또 점수 차가 클 때 필요한 건 '위로'가 아니라 '분발'이라고도 말한다.

Hardman, Fox, McLaughlin과 Zimmerman 같은 학자들은 팀이나 선수들이 이미 승부가 한쪽으로 기울어진 편중된 시합에서 점수의 격차를 최대한 벌이려는 것은 본질적으로 정정당당하지 못하다고 주장한다.[6] 이들은 압도적인 패배를 당하는 선수들에게 가해질 감정적, 심리적 해로움에 기초해 이러한 압승이 스포츠맨십에 어긋난다는 주장을 펼친다. Feezell은 약한 상대와 경쟁하여 압도적으로 이기려고 노력하는 것은 어떤 특정 상황에서는 용인될 수 있지만 대개 윤리적으로 문제가 있으며 스포츠맨십 측면에서도 정정당당하지 못한 것이라고 주장한다. Feezell은 이미 승패가 기울어진 시합에서 '대강하기'

전략을 제시하는데, 이것은 큰 점수차로 이기고 있는 팀이 득점을 자제하려는 전략을 말한다.[7] Sailors는 이러한 전략을 '자비규칙(mercy rules)'이라고 부르며 이미 한 쪽의 압도적인 승리를 누구나 예측할 수 있는 시합에서는 자비규칙들이 유지되어야만 하며 또한 확장되어야 한다고 주장한다.[8]

하지만 Dixon, Leaman, Russell과 같은 학자들은 이들의 주장을 반박하며 상대를 압도적으로 제압하여 대승을 거두는 것이 본질적으로 그릇된 것은 아니며, 스포츠맨십에 어긋나는 행위도 아니라고 주장한다.[9] 특히 Dixon은 Hardman, Fox, McLaughlin과 Zimmerman이 주장한 압도적인 패배를 당한 선수나 팀이 겪는 자존감 상실과 강한 수치심 사이의 관련성을 반박하며, 압승으로 야기된 자존감 상실이 압승을 비윤리적인 것으로 만들지 않는다고 주장한다. 나아가 그의 논문, 『The Inevitability of Disappointment: Reply to Feezell』을 통해 Feezell이 제안한 이미 승리를 확보한 상태에서는 전략적으로 대강하자는 주장은 패자들의 고통을 완화시키지 못할 뿐 아니라 패자가 겪는 수치심을 오히려 더 심하게 만들지도 모른다고 주장한다.[10]

이번 주제에서는 '승리를 이미 확보했을 정도로 압도적으로 이기면서도 점수차를 계속 벌리는 행위'를 중심으로 스포츠 속 도덕률이라 할 수 있는 불문율에 관하여 스포츠맨십이라는 특수한 규범적 측면에서 비판적으로 고찰해 보고자 한다. 이를 위해 저명한 학자들의 기존 압승의 불문율에 관한 논쟁을 분석함으로써 이를 지지하는 입장과 반대하는 입장을 살펴보고, 왜 상반되는 입장이 존재하는지, 그리고 서로 다른 입장의 바탕이 되는 가치이론이 무엇인지에 대해 스포츠의 본질적 측면과 도덕적 측면에서 분석하고자 한다.

1. 압승의 불문율에 관한 윤리적 검토

전통적으로 스포츠에서 상대를 최대한 철저하게 무찌르기 위해 "승리를 이미 확보했을 정도로 압도적으로 이기면서도 점수차를 계속 벌리는 것"은 스포츠정신에 어긋난 행위로 생각되어져 왔다.11) 물론 이러한 전통적 관행을 거부한 사람들도 있다. 미국 텍사스 Christian University 농구팀의 감독인 Billy Tubbs는 상대를 최대한 무참히 깨버리는 것에 자부심을 가졌다. 일례로 138-75로 Delaware State University에 압승한 경기에서, Tubbs는 승부는 이미 기울어졌음에도 불구하고 경기 마지막까지 주전 선수들을 기용하며 압박 공격을 폈다. Tubbs는 한 인터뷰에서 다음과 같이 말했다. "감독으로서 나의 임무는 우리 팀은 최대한 우월하게, 상대팀은 최대한 치욕적으로 보이게 만드는 것이다. 이게 바로 승리다."12)

저명한 철학자인 Nicholas Dixon은 "승리를 이미 확보했을 정도로 압도적으로 이기면서도 계속 점수차를 벌리는 것"에 문제가 없다는 Tubbs 입장을 강력하게 옹호한다. Dixon은 경쟁적인 시합에서 편중된 승리를 위해 최대한 압박을 가하는 것은 전혀 '본질적'으로 잘못된 일이 아니라고 주장한다. 또한 엄청난 점수차로 대패를 당하는 것도 본질적으로 수치스러운 것이 아니라고 주장한다. 만약 압도적인 승리를 위해 끝까지 몰아붙이는 것이 윤리적으로 나쁜 의도를 가졌다면, 예를 들어 상대방을 치욕스럽게 하려는 의도를 가졌다면, 이런 행동은 본질적으로 나쁘다고 할 수 있다. 그러나 이러한 의도를 갖고 있지 않다면 그 행동의 옳고 그름은 의도에 따라 달라진다. 그러므로 승리를 이미 확보했을 정도로 압도적으로 이기면서도 계속 점수차를 벌리는 것은 '본질적'으로 나쁜 것이 될 수 없다는 주장이다.13) 더군다나 결과적으로 그 행동이 상대방에게 수치심을 주지 않는다면 그 행동은 당연히 '본질적으로 나쁜 것'이 아니게 된다.14)

이러한 Dixon의 주장에 반대하는 Feezell 또한 때로는 점수차를 최대화하는 것이 필요할 때가 있음을 인정한다. 예를 들어 토너먼트 경기에서 결승전으로 진출하기 위한 방법이 총 획득한 점수의 차이로 결정하는 경우가 있다. 이러한 경우 큰 점수차의 압도적인 승리를 필요로 한다. 그러나 Feezell은 이러한 상황은 상대적으로 드물며, 승리를 이미 확보했을 정도로 압도적으로 이기면서도 계속 점수차를 벌리는 것은 대개 정정당당하지 못하며, 스포츠계에서 일반적으로 퍼져있는 관행과 스포츠정신에 어긋나는 것이라고 주장한다. Feezell은 자신의 주장에 대한 근거로 압승에 의해서 대패를 당하는 상대편의 정서적 반응을 강조하였다. 상대편을 최대한 처참하게 무찌르려는 것은 상대에게 수치심을 주려는 욕구의 표현이고, 실제로 압도적인 점수차로 패배를 당하는 선수나 팀은 수치심을 느낀다는 것이다.15) 스포츠경기에서 진다는 것은 실패하는 것이고, 크게 지는 것은 크게 실패하는 것이다.

스포츠에는 탁월함의 기준이 있고, 그 기준에 도달하거나 넘어서려는 목표는 스포츠경기에 참여하는 경쟁적인 선수들이 가진 근본적인 욕망이다. 진다는 것은 특정한 상황에서 원하는 만큼 잘 하는 데 실패했다는 뜻이므로, 크게 진다는 것은 자신의 잘하려는 욕망과 실제 능력 사이의 큰 차이를 깨닫게 되는 고통을 수반한다.16) 의도적 압승은 상대의 실패, 즉 일시적인 '능력 없음'을 거듭 상기시키는 것이다. 이건 다른 이의 감정에 대한 존중 부족을 드러낸다.17) 상대방을 최대한 처참하게 깨려는 것은 상대를 존중하는데 실패하는 것이기에 스포츠정신에 위배된다.18) 이것은 일상에서, 어떤 사람이 다른 이에게 상실과 실패에 대해 부정적인 심리적 반응을 유발시키는 경우와 마찬가지다.

Gaffney, Kretchmar, McNamee, Simon과 같은 저명한 스포츠철학자들 또한 Feezell의 입장을 지지한다.19) 이들이 Feezell의 주장을 옹호하기 위해 내세운 주요 근거는 스포츠가 본질적으로 '경쟁'이라는 것이다. 스포츠시합이 경쟁이라고 할 때는 두 가지 의미가 있다. 넓은 의미에서, 말 그대로 나에게 맞서서 시합하는 이가 있을 때 그 시합은 경쟁이라고 할 수 있다. 좁은 의미로는, 양쪽의 기술과 재능이 비슷하여 막상막하의 대결을 할 수 있을 때 그 시합을 경쟁이라고 한다.20) 후자의 경쟁을 좋은 경기라고 하는데, 서로의 운동재능을 겨뤄 결과가 나오고, 극적인 긴장감 때문에 결과를 예측하기 어려우며, 최선을 다하도록 도전받는 과정에서 탁월함이 생겨나기 때문이다.21) 이러한 의미에서 이긴 팀 코치는 진 팀이 '경쟁적'이었던 것에 감사할 수 있으며, 좋은 경쟁자가 되어준 진 팀에게 승리를 위해 최선을 다해 노력하게 해준 것에 대해 감사의 말을 건넬 수 있다. 이러한 코치의 상대에 대한 감사 역시 경쟁의 두 가지 의미를 구별하게 해준다. 넓은 의미의 경쟁은 그냥 경기를 묘사할 뿐이다. 즉, 양쪽 상대가 있고 규칙이 있고 승리의 가능성이 있을 때 경기는 성사된다. 좁은 의미의 경쟁은 평가의 요소를 포함한다. 좁은 의미에서 어떤 시합이 경쟁적이라고 하는 것은 '성공적' 혹은 '좋은' 경쟁이 이뤄져 칭찬과 감사의 대상이 된다는 의미이다.22)

한 쪽의 승리를 이미 예측할 수 있을 정도로 편중된 시합은 주로 한 쪽이 상대보다 훨씬 더 강해 승자가 가치 있는 '경쟁적인' 상대를 만나지 못하는 경우이다. 또는 가치 있는 상대이긴 하나 유난히 형편없이 경기하는 경우 혹은 한 팀이나 선수가 유달리 뛰어나게 경기하는 경우이다. 물론 한 쪽이 유달리 그날 운이 좋거나 운이 없는 경우도 있을 수 있다. 한 쪽이 압승하는 경기에서 승리는 이미 결정되었고 결과는 의심의 여지가 없다. 경기는 더 이상 좁은 의미에서 경쟁적이지 않다. 사실 이 경우 경쟁이란 이미 무너진 것이다. 이렇게 편중된 경기에서 승리를 확보한 후에도 점수의 격차를 최대화 하려 한다면, 그건 진정한 경쟁을 존중하지 않는 것이다.23) 진정한 경쟁, 좋은 경쟁이란 가치 있는 상대로부터의 도전이나 시험을 필수로 한다. 압승의 경우에는 이런 요소가 일시적으로나마 결여돼있다.

좋은 경쟁이란 탁월함, 선수와 팀들이 도달할 수 있는 최고의 퍼포먼스를 끌어낸다. 이러한 퍼포먼스야말로 막상막하의 격렬한 경쟁 속에서 나올 수 있는 진기하고도 멋진 순간들, 스포츠가 제공할 수 있는 최상의 것들이다. 좋은 경쟁을 통해 선수들과 팀은 그들이 참여하는 스포츠에 대한 존중을 드러낼 수 있다. 스포츠정신의 이러한 면을 Feezell은 "경기존중"이라고 부른다.24) 예를 들어, 아주 잘하는 팀과 아주 못하는 팀 간의 야구시합을 생각해보

자. 6회에 이미 점수가 25 대 0 이라고 해보자. 그럼에도 불구하고 이기고 있는 팀의 감독은 가차 없이 점수를 더 쌓아가고 있다. 기습 번트, 이중 도루, 스퀴즈 번트 등을 통해 계속 출루시키며 득점하고 있다. Feezell은 야구를 사랑하고 존중하는 사람이라면, 이 경우 이기는 팀의 감독이 '경기를 존중'하고 있지 않다는 점에서 이건 '진정한' 야구가 아니라고 생각할 것이라고 주장한다.[25]

스포츠에 대한 존중은 단순히 그 종목의 규칙을 지키는 것만이 아닌, 그 종목의 전통과 관습에 대한 존중을 포함한다. 스포츠 속에 존재하는 어떤 규범이나 행동양식 역시 전통의 일부이다. 스포츠의 관습과 전통은 자연법칙이 아니라 구성원의 상호작용으로 만든 것이다. 즉, 선수, 지도자, 팬, 구단 관계자 사이에서 형성된 합의와 이해의 산물이다. 이러한 관습에 대해 이해하는 것이 스포츠정신의 중요한 부분이다.[26] 그리고 이러한 관습에 비추어 어떻게 행동할지 아는 것이 항상 쉬운 건 아니며, 경험과 올바른 판단력을 요한다.[27] 또한 이러한 스포츠 속 전통과 관습들은 구성원의 상호작용으로 만들어진 것이기에 절대적인 진리가 아니라 변하기 마련이다. 예를 들어, 최근 야구는 언제 어떻게 승패가 바뀔지 모르니 최대한 득점을 많이 내야 한다며 도루, 번트, 투수 교체 등 마지막 순간까지 총력을 다하는 태도를 옹호하는 사람들도 적지 않다. 그러나 압승에 관한 불문율은 스포츠의 역사 속에 쌓여온 관습과 깊은 관련이 있다. 역전 홈런을 맞고 괴로워하는 투수 앞에서 춤을 추는 세레머니를 한다든지, 큰 점수차로 이기고 있는 축구팀이 상대 수비수를 조롱하듯 묘기를 부리며 골을 넣고 상대 관중석 앞에서 세레머니를 펼친다든지, 승리를 확보했을 정도로 엄청난 차이로 이기고 있는 팀이 갖은 전략을 사용하여 점수차를 더 벌리려는 행위는 여전히 상대방을 존중하고 예의를 지키는 스포츠 전통 혹은 관습과는 거리가 멀다.

그렇다면 선수들과 코치들은 승리를 이미 확보했을 정도로 압도적으로 이기는 상황에서는 '대강' 경기해야 한다는 것일까? 이것은 항상 최선을 다해 경기함으로써 상대와 관중, 경기를 존중해야 한다는 의무에 반하는 것 아닌가?
Feezell은 이 질문에 답변하기 위해 '대강하기'에 대한 구별을 제시한다.

> 어떤 의미에서, 대강 한다는 것은 덜 열심히 하는 것이고 덜 노력한다는
> 것이다. 그러나 또 다른 의미로 대강 하는 것은 노력이라기보다 전략과
> 관계가 있다. 후자의 의미에서, 대강 한다는 것은 점수를 내기 위한 전략을
> 피하는 것이다.[28]

예를 들어, 농구에서 승리를 이미 확보했을 정도로 압도적으로 이기고 있는
경우, 노력적인 면에서가 아니라 전략적으로 대강하는 것은 적절하다. 한
쪽으로 승리가 치우친 경기라 할지라도 모든 선수들은 열심히 경기해야 한다.
그러나 점수내기를 멈추기 위해 코치가 할 수 있는 전략 중 하나는, 열심히
하겠지만 점수 내는 데는 효과적이지 못할 후보 선수를 투입하는 것이다.

그러나 Dixon, Leaman, Russell과 같은 학자들은 이처럼 스포츠에 단순히
승리 말고도 다른 중요한 면들이 있다는 점을 들어 승리를 확보한 후에도
점수차를 최대화하려는 노력은 피해야 한다는 주장에 반론을 제기한다.[29]
이들 반론의 요지는 압도적인 승리를 통해 선수들 역시 그들의 탁월함을
보였다는 점에서 그들이 세운 개인기록 혹은 팀 기록에 대해, 그리고 팬들에게
선사한 기쁨에 대해 자랑스러워해도 된다는 것이다.

하지만 스포츠에서 의미 있는 탁월함은 도전할 수 있는 가치 있는 상대를
필수로 한다. 한 축구팀 감독이 토너먼트 1라운드에서 절대적으로 약한 랭킹
최하위의 신생팀에 맞서 엄청난 점수차로 승부가 기울어졌음에도 모든 스타선
수를 경기 내내 기용하여 끝까지 상대를 압박한다고 가정해보자. 그 경기에서
스타선수 P는 무려 7골을 넣었고, 어시스트(도움)도 3개나 기록했다. 그러나
토너먼트의 남은 경기 동안, P는 단 한 골도, 어시스트도 기록하지 못하며
불필요한 반칙과 실책만 기록했다. 결승전에서 P는 백패스 실책을 범하며

황당한 자책골로 그의 팀은 허망하게 지고 만다. P선수는 유일하게 최약체 팀을 상대해 기록했던 득점 7골로 토너먼트를 마치며 최다 득점 선수에게 주는 이 대회 최우수선수(MVP)로 선정된다. 과연 P가 수상한 MVP는 선수의 탁월함을 인정하는 의미 있는 상인가?

허약한 상대를 깨부수거나 잘 하지만 그날따라 못하는 상대를 무참히 이기는 것은 탁월함의 적절한 척도가 되지 못하고, 허약한 상대를 통해 이룬 기록들 역시 별로 주목할 만한 것이 못된다.30) 실제 오늘날 야구 경기에서는 승리확률 기여도(Win Probability Added, WPA)를 통해 선수의 탁월함, 흔히 '영양가'를 평가하는 척도로 활용한다. 즉, 15대 0으로 이길 때의 홈런과 1대 1로 팽팽히 맞서고 있을 때의 홈런은 승리에 기여하는 정도가 다르며, 당연히 후자의 경우에 선수의 탁월함을 더욱 높게 평가하는 것이다. 야구에서 약한 팀을 상대로 20점차로 이기는 것은 10점차로 이기는 것과 별반 차이가 없다. 이런 경우는 승리팀의 탁월함보다는 상대팀의 허약함을 더 많이 드러낼 뿐이다. 그리고 '팬들에게 선사하는 기쁨' 역시 상관이 없다. 팬들의 반응은, 상대와 경쟁하고 탁월함과 승리를 추구하며 재미와 성취감을 맛보는 스포츠의 '본질적' 요소의 외부에 있기 때문이다. 스포츠정신을 판단하는 핵심 열쇠는 스포츠의 본질적 요소이지, 외부의 것이 아니다.31) 다르게 표현하면, 스포츠는 경쟁적인 놀이라고 할 수 있는데, 놀이는 '팬들을 즐겁게 해주기'와 본질적으로 무관하며, 스포츠의 놀이적 가치는 참가자에게 그 가치가 있지 관객에게 가치가 있지는 않다. 따라서 '팬들에게 선사하는 기쁨'은 스포츠맨십과 관련된 적절한 행동을 판단하는 본질적 요소가 될 수 없다.

무엇보다 압승에 관한 논쟁에 있어 중요한 사항은 스포츠정신과 관련된 도덕적 부분이다. 만약 선수들이나 팀이 편중된 경기에서 승리를 확보한 후에도 의도적으로 점수차를 최대화한다면, 그런 패배를 경험하는 상대편은 수치심을 느끼고 인간으로서도 폄하된 느낌을 가지게 된다는 것이다. 이 수치심과 관련된 주장은 분명 도덕적 요소를 가지고 있는데, 문제의 행위가 패배한 상대에게 해를 끼치거나 잔인함을 발휘할 수 있기 때문이다. 이에 대해 Dixon, Morgan, Russell은 스포츠경기에서 큰 점수차로 지는 것이 수치심을 주지 않는다며 반박한다. 특히, Morgan은 그러한 주장은 스포츠경기 결과를 너무 중요하게 부풀리고 있기 때문이라고 지적하며 승리나 패배 모두 인간의 가치에 영향을 끼치지는 않는다고 반박한다.[32] Dixon과 Russell 역시 상대편이 혹시 수치심을 느끼더라도, 도덕적으로 염려할 필요가 없으며, 이렇게 부정적인 반응은 스포츠경기의 결과에 대한 '착각'에 근거한다고 주장한다.[33]

　물론 처참하게 지는 것이 인간의 가치를 떨어뜨리는 것도 아니고 큰 수치심을 주는 것도 아니라고 할 수도 있지만, 공개적으로 상실감과 큰 실패를 맛보는 것이기에 부정적인 반응은 실제로 일어날 수밖에 없다. 창피함이나 심리적 고통은 피상적이거나 착각이 아니며, 도덕적 고려에 있어 매우 중요하다. 무엇보다 승리를 확보한 후에도 의도적으로 점수차를 최대한 벌리려는 선수나 팀은 상대에 대한 존중에 실패하는 것이며, 이는 경쟁을 존중하지 않는 것이고, 특히 상대방에 대한 존중과 배려를 근간으로 하는 스포츠의 전통과 관습을 무시하는 것이다.[34]

　Dixon, Leaman, Russell의 주장처럼 스포츠에서 이미 승리를 확보한 후에도 의도적으로 점수차를 최대화하려는 행위가 본질적으로 그릇된 것이 아니라고 전제하더라도, 이러한 행위가 스포츠계에 만연했을 때 발생할 수 있는 바람직하지 못한 현실적 결과들에 기초해 의도적인 압승을 막아야할 충분한 이유가 있다. 이러한 압승에 의해 초래될 수 있는 현실적 문제들을 예방할 수 있는 합리적인 방안으로 자비규칙(mercy rules)이 제안되었다.

2. 스포츠맨십과 자비규칙

　자비규칙(mercy rules)은 이미 승리가 확보되었을 정도로 편중된 시합을 빨리 끝내려는 취지의 규칙이다. 이 규칙은 종목과 장소, 경쟁 정도에 따라 다양하다. 미국의 주립고교연맹의 경우, 자비규칙을 미식축구, 야구, 농구, 소프트볼, 필드하키, 아이스하키, 축구 등에 적용하고 있다. 우리가 흔히 콜드게임(called game)이라고도 부르는 것도 자비규칙의 일종인데, 아마추어 야구에서는 5회 10점 차 이상, 7회 7점 이상 점수차가 나면 콜드게임이 선언되어 경기가 종료된다. 압도적인 승리를 피하는 자비규칙들 중에는 다음과 같은 것도 있다. 한 팀이 일방적으로 완전히 앞서가면 실내축구 경기에서는 점수판을 더 이상 바꾸지 않는다. 미국 유소년 농구리그에서는 10점 이상 이기기 시작하면 전면압박수비를 하지 말아야 한다. 이처럼 한 쪽이 일방적으로 승리를 거두는 경기를 피하기 위해 고안된 다양한 자비규칙들이 많이 존재한다.

스포츠는 경쟁의 형태에 따라 간접경쟁과 직접경쟁으로 나눠볼 수 있다.[35] 간접경쟁 경기는 육상, 볼링, 양궁, 사격, 수영, 스키, 골프 등이다. 간접경쟁에서는 한 선수의 퍼포먼스가 다른 선수에게 거의 혹은 아무 영향이 없다. 이런 경기에서 참가자들은 상대방의 수행과 독립적으로 스스로 최선을 다하면 된다. 예를 들어, 두 볼링선수가 경쟁을 하기로 했는데 우월한 선수의 평균점수가 230이고 열등한 선수는 100이상을 못 넘봤다고 하더라도 두 선수는 여전히 스스로 최선을 다할 수 있다. 승부의 결과가 뻔하더라도 경기를 통해 성취감을 느끼고 자신의 탁월함을 발휘할 수 있는 기회는 여전히 두 선수 모두에게 주어져 있다. 승자나 패자 모두 개인기록을 깨기 위해 노력하면 된다. 압승에 관한 논쟁은 볼링처럼 간접경쟁을 요하는 종목에서는 크게 문제가 되지 않는다. 하지만 축구, 테니스, 농구, 태권도, 야구처럼 직접경쟁을 하는 종목에서는 문제가 된다. 왜냐하면 전자에서는 초점이 개인성취에 있는 반면 후자에서는 특정 상대를 이기는 것에 있기 때문이다. 직접경쟁에서 선수들은 스스로 잘하려고 노력해야 할 뿐 아니라 상대방을 어떻게든 막아야 한다. 따라서 볼링에서는 자비규칙이 요구되지 않으나 야구에서는 요구된다.

시간제한이 있는 종목의 경우는 점수차가 어떻든 결국 시간이 다 될 것이나,

이닝이나 시간제한이 없는 종목의 경우는 이론상 자비규칙 없이는 끝없이 경기가 지속될 수 있다. 이것을 피하기 위해 적용할 수 있는 방법은, 정해진 이닝 수가 지난 후 한 팀이 경기를 뒤집을 수 없을 정도로 크게 리드를 하고 있다면 경기를 멈추는 것이다. 예를 들어, 아마추어 야구의 경우 5이닝을 마친 후 10점을 리드하면 이 규칙이 적용된다. 많은 야구 시합이 하루에 한 경기 이상 하게끔 되어있기에, 한 팀의 우월성이 분명히 드러난 경기에서 선수들의 체력이 고갈되거나 부상당할 위험을 감수하지 않는 것이 바람직하다. 스포츠란 탁월함을 위해 노력하는 것인데 이처럼 한 팀으로 승리가 치우친 경우, 잘 하는 팀은 충분한 도전을 못 받고 열등한 팀은 너무 실력 차가나 그들의 기술을 증진시킬 만큼 제대로 겨뤄볼 수도 없기에 두 팀 모두 탁월함을 위해 노력할 기회가 없다.36) 두 팀 모두 이렇게 무의미한 시합보다 연습을 하는 게 더 나을 것이다. 가치 있는 상대를 만나 기술을 시연할 기회도 없고 우월한 상대에 맞서 결연한 투쟁을 벌이며 기술을 습득할 수도 없는, 이렇게 둘 다에게 이로울 것 없는 경기를 지속하는 것은 두 팀에게 모두 도움이 안 된다.

이처럼 이미 승리가 확보된 편중된 시합의 경우 자비규칙이 적용되어야 하는 두 가지 명분이 있다. 첫째, 이러한 시합이 진정한 경쟁을 포함하느냐는 문제 때문이다. 진정한 경쟁이란 서로 탁월함을 추구해야 하는 것인데, 팀들 간의 실력 차이가 너무 커 자비규칙을 적용해야 할 정도라면 탁월함 추구가 불가능하기 때문이다.37) 둘째, 현실적 이유이다. 한 팀이 다른 팀보다 월등히 우월하다는 것이 밝혀진 후에도 경기를 지속하는 것에서 얻을 이득의 가능성이 부상이란 훨씬 현실적인 위험에 못 미치기 때문이다.38)

물론 Dixon, Morgan과 Russell의 주장처럼 압승이 팀들 간의 상대적 능력을 객관적으로 보여주어 탁월함을 측정하게 해줄 수도 있다. 그러나 자비규칙을 적용해도 이긴 팀은 큰 점수 차로 이겨 상대적 탁월함을 충분히 보여줄 수 있고, 동시에 자비규칙으로 두 팀의 코치들은 주전 선수들을 쉬게 하여 불필요한 부상을 피하고, 새로운 전술을 시험해보거나 덜 숙련된 팀원들이 뛰어볼 기회를 줄 수 있다는 현실적 문제도 잘 처리할 수 있다.[39] 물론 자비규칙을 적용하면 축구에서 열 골을 넣는 공격력이나 야구에서 한 선수 혼자 10타점, 도루 열 개 같은 압도적인 플레이는 볼 수 없을 것이다. 그러나 확연히 불평등한 시합에서 이렇게 얻은 승리와 기록은 별로 인상적이지도 않고 강력한 공격력만큼 상대의 허약한 수비력만 드러낸다.

축구, 농구, 배구, 야구와 같은 팀스포츠의 경우, 한 팀이 다른 팀을 압도적으로 앞서 있는 경기에서 조롱과 막말, 앙갚음은 흔히 일어난다. 절망이 커질수록 선수들이 육체적으로 서로에게 해소하려고 하기에 물리적 충돌로 인한 부상의 위험도 커진다. 지고 있는 팀의 코치들은 상대의 사소한 작전에도 감정적으로 예민해한다. 양 팀의 팬들 역시 경기에 주의를 기울이기보다 상대팀 팬들을 조롱하기 시작한다. 심판과 경기진행자들도 그냥 최대한 빨리 경기를 끝내버리고 싶어 하는 것도 당연하다. 야구와 소프트볼의 경우 심판의 스트라이크 존이 넓어지기도 한다. 이러한 상황이라면 자비규칙이 훨씬 바람직한 해결책으로 보인다.

승부가 이미 완전히 기울어진 편중된 경기에서는 이기는 팀이나 지는 팀 모두에서 불미스러운 행동, 특히 도덕적으로 나쁜 행동이 나올 확률이 높다. 예를 들어, 4연패에 빠져 있는 팀이 오늘 경기에서도 15대 1로 지고 있는 상황에서, 이기는 팀이 기습번트와 도루를 하고, 투수는 타자들과 지속적으로 몸 쪽 승부를 하여 몸에 맞는 공을 세 번이나 던졌다면, 양쪽 팀 모두에서 최악의 감정적 행동을 끌어내는 것을 현실적으로 피하기 어렵다. 스포츠맨십은 모든 경쟁자들이 항상 서로에 대한 존중을 보일 것을 요구한다. 스포츠맨십을 가진 승리자라면 지고 있는 상대편을 모욕하고 조롱해서는 안 되며, 패자에게 감사해야 하며 그들의 실망을 위로해줘야 한다.[40] 하지만 스포츠정신을 제대로 발휘하기 힘든 환경을 만들어놓고, 선수들에게 스포츠맨십을 가진 승자와 패자가 되기를 강조하는 것은 가혹하다. 이러한 경우 자비규칙이 선수들을 부도덕성에 의해 불붙는 최악의 본능으로부터 구제해줌으로써 스포츠맨십을 유지할 수 있다.

나가며

스포츠 속 경쟁을 통해 우리가 얻을 수 있는 많은 가치들이 있다. 혹자는 경쟁에서 승리보다 패배를 통해 얻을 수 있는 가치가 더 많다고 주장한다. 미국 메이저리그야구 감독이었던 Christy Mathewson은 "승리하면 조금 배울 수 있고 패배하면 모든 것을 배울 수 있다"는 말을 남겼다. 물론 패배는 고통과 좌절을 수반하지만, 패배를 통해 값진 경험과 배움, 그리고 새로운 도전에 대한 동기를 얻을 수도 있다. 따라서 경쟁에 참여한 선수들에게 '모두가 승자'라는 생각을 심어주려고 노력하는 것은 바람직하지 않을 것이다. Frankfurt는 "가혹한 현실을 알고 그에 맞서는 것이 현실을 모르고 있는 것보다 이롭다"고 언급하였다.[41] 즉, 현실로부터 눈을 가리는 것은 현실의 위험이나 위협을 전혀 감소시키지 않으며, 현실을 더 정확히 볼 수 있다면 그것이 야기하는 위험을 성공적으로 다룰 가능성도 커진다. 그러므로 스포츠 속 패배의 고통으로부터 선수들을 보호하려는 노력은 기만적일 뿐 아니라, 그들에게 어떻게 용기를 갖고 고난에 대처하며 우아하게 패배를 대하는지 가르쳐줄 소중한 기회를 앗아간다. 이는 성인스포츠 뿐만 아니라 유소년스포츠에도 마찬가지이다. 우리는 어린 선수들을 삶의 피할 수 없는 일부분인 패배와 실망에 노출시켜 주어야 한다.

위와 같은 주장을 지금껏 논의한 승부가 이미 갈린 상황에서도 의도적으로 점수차를 더욱 벌리려는 경기에 적용시켜, 어린 선수들에게 굴욕적인 패배를 겪어 보게 하는 것이 그들에게 큰 패배 후에도 삶은 지속된다는 것을 가르쳐줄 수 있지 않느냐고 반문할지 모른다. 그러나 약간의 약이 좋다고 해서, 더 많은 약은 더 좋을 거라고 생각하는 것은 맞지 않다. 어린 선수들에게 바람직한 행동을 가르치기 위해 벌을 줄 수 있지만, 벌은 감정적으로나 육체적으로 큰 상처가 될 만큼 가혹해서는 안 된다. 벌의 대가가 오히려 줄어들기 때문이다. 압도적인 차이로 지는 것은 어린 선수들에게 소중한 교훈을 줄 수도 있다. 하지만 처참하게 수치스럽게 지는 것은 너무 가혹해서 어린 선수가 그냥 포기하고 다시는 그 스포츠에 참여하고 싶지 않을 수도 있다.

자비규칙은 압도적인 차이로 이기는 승리를 없애버리려는 게 아니라, 대신 의도적인 압승에 수반되는 해로움을 제거하려는 것이다. 자비규칙은 이기는 팀이 자비규칙이 적용될 때까지 최선을 다해 경기하게 해준다는 점에서 득점을 덜 하려고 대강 하는 것보다 더 정직하고 바람직한 방식이다. 스포츠맨십이 패자는 승자에게 박수와 축하를, 승자는 패자에게 위로와 격려를 해줄 수 있는 서로에 대한 존중을 보일 것을 요구한다는 점에서 스포츠에서 자비규칙은 장려할만한 충분한 이유가 있다.

PART

III

스포츠 속 공정과 평등

스포츠는 '정의'를 실현하는가?

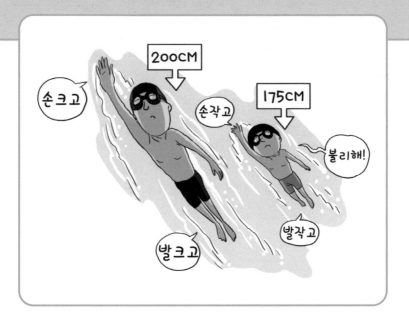

쟁점

1. 크로스컨트리 스키선수 P는 산소가 풍부한 적혈구의 증가를 일으키는 희귀한 유전변이를 갖고 태어났다. 그의 적혈구 수치는 다른 경쟁선수들보다 거의 20%가 높았다. P가 가진 유전적 변이는 그에게 크로스컨트리 스키선수로서 엄청난 이점을 안겨주었다. 그는 두 번의 세계선수권대회에서 우승하고, 세 번의 동계올림픽에서 7개의 메달을 획득하였다. 모든 선수가 P가 가진 유전적 특성을 갖고 싶어 했지만, 그들에게는 유전자 돌연변이가 주어지지 않았다. 그를 따라잡기 위해 더 혹독한 훈련을 견디며

* 한국체육학회지 제60권 제1호에 게재된 저자와 임다연의 논문, 『스포츠 속 공정에 관한 비판적 고찰: McKinnon의 주장을 중심으로』를 수정・보완하여 작성함

노력했던 경쟁자들은 억울함을 호소했다. 유전적으로 결정된 개인적 특징이 승리를 결정하는 것은 불공정하다고 주장했다. 유전적으로 적혈구 수치가 높은 P선수와 그의 경쟁자들은 산소 섭취량이 절대적인 영향을 미치는 크로스컨트리 경기에서 정말 공정한 경쟁을 하는 것일까? 더 혹독한 훈련과 노력에도 불구하고 선천적으로 이점을 가진 P를 이길 수 없는 경쟁은 정의로운 것일까?

2. 농구는 바닥부터 농구 골대까지의 높이가 약 305cm이기 때문에, 신장이 큰 선수에게 유리한 종목이다. 그렇다면 엄밀한 의미에서, 신장이 177cm인 선수와 2m인 선수의 농구경기는 공정한 조건의 경쟁일까? 또한 경제적으로 부유한 국가의 선수들과 상대적으로 가난한 국가의 선수들은 정말 공정한 조건에서 경기를 치르는 것일까? 훈련시설, 영양공급, 전문 코치진과 보조인력, 동기부여 등의 수준을 고려할 때, 선수들은 정말 똑같은 출발선에서 경주를 시작하는 것일까? 이런 불공정은 불가피하기에 불평해서는 안 되는 것일까? 그렇다면 이러한 불평등은 어떻게 정당화될 수 있는 것일까? 과연 스포츠 속 경쟁은 공정하고, 그 결과는 언제나 정의로운 것일까?

핵심개념

1. 스포츠의 '기술 원칙(skill thesis)'

스포츠는 정해진 규칙을 엄격히 지키면서 누가 더 뛰어난 '기술'을 가졌는지를 겨루는 것이기에 외부의 도움을 전혀 받지 않고 오로지 자신의 신체적 능력을 통한 기술을 경쟁할 수 있어야 공정한 스포츠가 성립할 수 있다는 주장

2. '공정한 스포츠'에 대한 일반적 견해

• 공정한 스포츠란, 모든 사람에게 스포츠 참가의 기회가 열려 있고, 참가자들은 모두 똑같은조건에서 출발하거나 경기해야 하며, 경기 중에 반칙을

범한 참가자에게는 그에 마땅한 벌칙을 주는 것
- 공정한 스포츠란, 모든 선수가 공평한 기회를 가지고, 똑같은 규칙의 적용을 받으며, 자신들의 실력을 힘껏 펼쳐 경쟁에서 승리한다면, 마땅히 그에 따른 보상도 받을 자격이 있다는 것

3. 능력주의(Meritocracy)

영국의 사회학자 마이클 영(Michael Young)이 처음 사용한 용어로서 개인의 능력에 따라 사회적 지위나 권력을 분배하는 보상과 인정 시스템을 의미한다.

4. 운평등주의(luck egalitarianism)

- 자신의 노력을 통해 얻은 결과물에 대해서는 그것을 소유할 마땅한 자격이 있지만, 노력이 아닌 자연적 운에 의한 결과물에 대해서는 그럴 자격이 없다고 보는 입장
- 노력과 선택의 차이에 따른 결과의 불평등은 도덕적으로 정당지만, 재능, 인종, 신체조건, 부모의 경제적 배경, 태어난 국가나 사회적 조건과 같은 자연적 운에 따른 결과의 불평등은 최소화되어야 정의가 실현될 수 있음을 강조

5. Rachel McKinnon의 스포츠 속 '운평등' 주장

- 선수들에게 합당한 칭송의 양은 그들의 운의 결과에 따라 조정되어야 한다고 주장
- 선수의 성취가 행운에 의한 것이었으면 행운에 비례해 얻은 성취를 깎아야 하고, 마찬가지로 불운에 의한 결과는 그 불운에 맞춰 성취를 부여해야만 한다는 주장
- 이러한 원리에 의해서만 성공한 선수가 자신이 얻어야 할 마땅한 성취와 칭송을 받을 수 있고, 스포츠의 기술 원칙도 온전히 유지될 수 있다고 주장

6. Rachel McKinnon의 스포츠 속 '운평등' 주장에 대한 비판

① 스포츠경쟁의 본연의 목적에 대한 이해가 결여

② 공정(fairness)과 평등(equality)의 개념 구분이 필요

③ 유전적으로 타고난 재능이 모든 선수들에게 동등하게 주어지지 않더라도 그것이 주어진 선수에게는 선험적이며 자연적 권리이기에 본질적으로 침해될 수 없음을 간과

들어가며

핀란드 크로스컨트리 스키선수 에로 안테로 만티란타(Eero Antero Mäntyranta)는 산소가 풍부한 적혈구의 증가를 일으키는 희귀한 유전변이를 갖고 태어났다. 그의 적혈구 수치는 다른 경쟁선수들보다 거의 20%가 높았다. 에로 만티란타가 가진 유전적 변이는 그에게 크로스컨트리 스키선수로서 엄청난 이점을 안겨주었다. 그는 두 번의 세계선수권대회에서 우승하고, 세 번의 동계올림픽에서 7개의 메달을 획득하였다. 모든 선수가 에로 만티란타가 가진 유전적 특성을 갖고 싶어 했지만, 그들에게는 유전자 돌연변이가 주어지지 않았다. 그를 따라잡기 위해 더 혹독한 훈련을 견디며 노력했던 경쟁자들은 억울함을 호소했다. 유전적으로 결정된 개인적 특징이 승리를 결정하는 것은 불공정하다고 주장했다.

프로여자골프투어 기간에 전국이 태풍의 영향권에 들었다. 다행히 1라운드가 열리는 날은 태풍의 직접적인 영향을 받지 않아 무난하게 경기를 마무리하였다. 1라운드에서는 유력한 우승 후보인 P선수가 1위를 차지하였고, 이번 시즌 최고의 기량을 선보이며 돌풍을 일으키고 있는 신인 L선수가 3타차 뒤진 2위로 P선수 뒤를 바짝 쫓고 있다. 이번 대회는 베테랑 P선수와 무서운 신인 L선수의 대결이 최대 관심사이다. 그러나 2라운드 경기가 시작하는 날 갑작스럽게 강풍이 몰아쳤다. 대회 주최 측은 초속 12m의 강한 바람이 불지만 경기하는데 지장은 없다고 판단했다. 이에 따라 경기를 강행하였으나 2라운드 경기 도중 강풍으로 인해 골프장 나무가 쓰러지고 선수들이 몸을 가눌 수 없게 되면서 뒤늦게 오후 3시쯤 경기를 중단했다. P선수는 경기를 중단하기 전, 이미 2라운드 경기를 마쳤다. 그러나 L선수를 포함한 20명의 선수가 경기를 끝내지 못한 채 황급히 코스를 빠져나왔다. 다음날 오전에 2라운드 잔여 경기를 치르고 곧바로 최종 3라운드 경기를 속행할 것으로 예상했지만, 대회 주최 측은 대책회의를 통해 3라운드를 취소하고 2라운드

합계로 우승자를 가리는 것으로 결정하였다. 그러나 같은 2라운드지만 태풍 속에서 치른 전날과 태풍이 지나간 다음날은 경기 조건이 상당히 다르기 때문에 남은 홀이 많은 선수일수록 유리할 수밖에 없는 상황이다. 남은 홀이 많이 남았던 신인 L선수는 2라운드 최종 6언더파 66타를 쳐 P선수를 1타차로 역전하며 이번 대회 우승을 차지하여 우승 상금 3억 원을 받았다. 과연 베테랑 P선수와 신인 L선수의 경쟁은 공정한 것일까?

흔히 스포츠경기를 'competition'이라고 하는데, 이는 경쟁을 뜻하는 영어 단어로 스포츠 참여자간 기량을 겨루는 것을 의미한다. 스포츠에서 기량을 겨룸에 있어 전제조건은 바로 공정성이다. 공정성은 편파적이지 않은 공평성과 합리성을 뜻하며 옳다는 의미로서 정당성이 전제되어 있는 정의의 기준을 표현하는 개념이다.1) 따라서 공정성은 스포츠 속 정의가 실현되기 위한 핵심 요소이다. 그렇다면 과연 스포츠에서 정의는 실현 가능한 것일까? 앞서 언급한 유전적으로 적혈구 수치가 높은 에로 만티란타 선수와 그의 경쟁자들은 산소 섭취량이 절대적인 영향을 미치는 크로스컨트리 경기에서 정말 공정한 경쟁을 하는 것일까? 더 혹독한 훈련과 노력에도 불구하고 선천적으로 이점을 가진 에로 만티란타를 이길 수 없는 경쟁은 정의로운 것일까? 또한 베테랑 P골프선수를 이긴 신인 L선수의 행운(luck)은 둘의 골프 기량을 겨룸에 있어 전제되어야 하는 공정성에 어떠한 영향도 주지 않은 것일까? 스포츠에서는 운도 실력으로 봐야 하는 것일까?

이번 주제에서는 스포츠선수의 능력은 자신의 선택이나 노력의 결과가 아닌 '타고난 운'의 결과라고 본 Rachel McKinnon의 주장을 비판적으로 검토함으로써 스포츠 속 경쟁의 출발선을 결정하는 운(luck)의 문제를 공정성과 관련하여 살펴보고자 한다. 누가 그 종목에 유리한 유전자를 가지고 태어났는가는 전적으로 운의 문제이고, 일부 운이 좋은 선수들만이 보상과 칭송을 독식하는 것은 부당하고 정의롭지 않기에 제도적 조정이 필요하다는 McKinnon의 '운 평등' 주장에 대한 의의와 한계를 살펴볼 것이다.

1. 스포츠 속 '기술 원칙'과 '타고난 운'

일반적으로 스포츠는 정해진 규칙을 엄격히 지키면서 누가 더 뛰어난 기술을 가졌는지를 겨루는 것으로 설명된다. 이것을 스포츠의 '기술 원칙'이라고 부른다.[2] 이 기술 원칙이 유지되기 위해서는 외부의 도움을 전혀 받지 않고 오로지 자신의 신체적 능력을 통해 기술을 겨룰 수 있는 환경이 조성되어야 한다. 하지만 스포츠를 자세히 살펴보면 기술 원칙에 어긋나는, 즉 신체적 기술 외의 외부적 요소들이 이미 많이 존재한다. 달리 말해, 여러 가지 외부 요인이 개입하여 경쟁자들 간 동일한 조건을 처음부터 보장하지 않는 불공정한 점들이 많이 있다. 공정성이라는 것은 어느 한쪽으로 치우치지 않는 공평성을 의미하는데, 스포츠에서 모든 선수의 출발선을 똑같이 맞추는 것은 사실 거의 불가능하다. 달리 말해, 대부분의 선수들이 에로 만티란타가 가지고 태어난 유전적 이점을 자연적으로 소유하지 못하며, 신인 L선수가 얻은 행운을 똑같이 누리지 못하듯이, 모든 운동선수가 온전히 공평하게 출발할 수 있는 스포츠 종목은 없다.

이러한 측면에서, 스포츠의 본질은 누가 더 뛰어난 기술을 가졌는지 겨루는 것이라는 Robert Simon의 '기술 원칙' 주장은 현실적으로 맞지 않아 보인다. 스포츠의 기술 원칙에 따르면, 선수들은 피나는 노력, 연습의 결과로서 획득한 전문 기술을 발휘할 때 그들의 성취와 업적은 칭송받을 자격이 있다.[3] 하지만 에로 만티란타가 다른 경쟁자들에 비해 유전적으로 높은 적혈구 수치 때문에 크로스컨트리 경기에서 최고가 될 수 있었다면, 그리고 L선수가 날씨 조건이라는 행운에 의해서 우승을 할 수 있었다면, 그들의 성공은 오롯이 기술에 기반한 것이 아니기에 스포츠의 기술 원칙에 어긋난다. 이와 같은 특정 선수들만이 지닌 유전적 이점과 운은 경쟁자들 간 불공정을 초래함에도 불구하고 스포츠에서 규범적으로 용인된다.

유독 스포츠 영역에서 선천적인 차이에 의한 차별은 너무나 당연한 것으로 받아들여지고 있어 이에 대해 문제를 제기하는 것이 오히려 이상하게 여겨질 정도이다.4) 유전적 이점에 의한 불공평뿐만 아니라, 선수들 사이의 경제적 불평등 또한 오직 부유한 선수에게만 우수한 코치진, 심리상담사나 영양사와 같은 유능한 조력자, 최첨단 훈련 시설을 이용할 수 있는 혜택을 주지만, 이것이 공평하지 않다는 이유로 선수들의 경제력을 발휘할 수 있는 범위를 제한하려고 하지는 않는다.5) 더욱이 오늘날 스포츠에서 승자는 엄청난 금전적 보상과 명예를 독차지함에도 불구하고 불공평한 선천적 재능에 따른 혜택에 대해서는 전혀 문제를 제기하지 않는다. 사람들은 스포츠는 공정한 것이고, 우리사회 다른 어떤 분야보다 능력주의가 실현되는 곳이라 여기면서도 스포츠에서 발생하는 모든 종류의 불공평을 제거하려고 하지는 않는 듯하다.

최근 Bianchi, Gleaves와 Lehrbach, McKinnon과 같은 학자들은 스포츠에서 전반적인 결과는 우리가 생각하는 것보다 궁극적으로는 '타고난 운(natural lottery)'에 의한 것이라고 주장하며 스포츠의 불평등한 구조적 문제점을 지적한다.6) 왜냐하면 스포츠에서 실력은 타고난 신체조건과 운동재능, 부모의 경제적 배경, 태어난 국가나 사회적 조건에 의해서 크게 좌우될 뿐 아니라, 노력이라는 부분도 유전적인 영향을 받기 때문이다.7) 따라서 이들은 이러한 운(luck)을 고려하지 않고 경기력이라는 결과만을 기준으로 삼는 것은 정의롭지 않다고 주장한다. 그렇다면 이러한 '타고난 운'은 스포츠에서 통제될 수 있는 것일까?

McKinnon은 그녀의 논문, 『Getting Luck Properly Under Control』에서 선수들이 받아야 할 합당한 칭송의 양은 그들의 운의 결과에 따라 바뀌어야 한다고 주장한다. 즉, 결과가 행운에 의한 것이었으면 행운에 비례해 얻은 칭송을 깎아야 하고, 마찬가지로 불운에 의한 결과는 그 불운에 맞춰 칭송을 부여해야만 한다는 것이다. 그녀는 이러한 원리에 의해서만 성공한 선수가 자신이 얻어야 할 마땅한 칭송을 받을 수 있고, 스포츠의 기술 원칙도 온전히 유지될 수 있다고 주장한다. McKinnon의 설명은 선수들이 받아 마땅한 칭송을 계산하는 데 있어 유전적 자질과 같은 부당한 이점, 즉 운과 기술을 분리함으로써 이러한 이점을 감소시킬 수 있는 출발점을 제공한다. McKinnon의 이론을 토대로 Bianchi는 스포츠의 기술 원칙을 유지하기 위해 이미 몇몇 스포츠에서 활용되고 있는 핸디캡 제도를 제안하였다. 핸디캡 제도는 선수들이 동일한 조건에서 경기하게끔 도움으로써 경기 결과가 선수들의 기술을 정확히 반영토록 한다는 것이다.

2. 스포츠는 공정한 것일까?

일반적으로 '스포츠'하면 가장 먼저 떠오르는 단어 중에 하나는 공정성일 것이다. 스포츠계에 사건, 사고가 터질 때마다, '스포츠계의 공정성 제고', '공정한 스포츠 환경 조성'과 같은 문구들을 언론기사 제목이나 정부의 정책 방안으로 자주 볼 수 있다. 아마도 공정성이 스포츠의 핵심적 가치이기 때문일 것이다. 스포츠에서 공정성은 정의(justice)와 유사한 개념으로 페어플레이 정신으로 불리기도 하며 스포츠맨십의 중심 개념이다.

그렇다면 '공정한 스포츠'가 의미하는 바는 무엇일까? 공정한 스포츠에 대한 일반적인 생각은, 스포츠 참가는 모든 사람에게 기회가 열려 있고, 참가자들은 모두 똑같은 조건에서 출발하거나 경기해야 하며, 경기 중에 반칙을 범한 참가자에게는 그에 마땅한 벌칙을 주는 것이다. 따라서 스포츠에서 불공정하다는 것은 스포츠 참가가 특정 사람들에게만 열려 있거나, 특정 참가자들만이 유리한 조건에서 출발하거나 경기하는 특권을 갖는 것이며, 경쟁 중에 규칙을 어겨도 그에 걸맞은 벌칙을 받지 않는 경우를 의미할 것이다. 하지만 대부분의 사람들은 스포츠에서 공정성의 의미를 경쟁 과정에서의 공정으로만 한정하고 출발선의 불공평에 대해서는 크게 문제 삼지 않는 듯하다.

모두 선수가 공평한 조건에서 경쟁한다면 그 결과는 정당하다. 따라서 모든 선수들이 같은 출발선에서 경주를 시작하느냐는 정당한 경기가 되기 위한 중요한 기준이다. 그리고 공평한 조건하에 치러진 경쟁에서의 승자는 그에 걸맞은 대가를 받는 것이 정의의 실현이다. 즉, 공정한 조건의 경쟁이었다면 한 선수가 다른 선수들보다 빨리 달렸다는 것이 부정의하다고 볼 수 없는 것이다. 국내 프로농구 KCC의 J선수가 한 언론 인터뷰에서 이런 말을 한 적이 있다. "나도 키만 더 컸으면 NBA(미국프로농구)에도 도전해볼 수 있었을 텐데…" 국내 최고의 농구선수 중에 한 명인 J선수의 키는 180cm이다. KBL(한국프로농구) 주전 선수들의 평균 신장은 190cm고, NBA선수 평균은 약 2m이다. 농구는 바닥부터 농구 골대까지의 높이가 약 305cm이기 때문에, 신장이 큰 선수에게 유리한 종목이다. 그렇다면 엄밀한 의미에서, 신장이 180cm인 선수와 2m인 선수의 농구경기는 공정한 조건의 경쟁일까? 또한 경제적으로 부유한 국가의 선수들과 상대적으로 가난한 국가의 선수들은 정말 공정한 조건에서 경기를 치르는 것일까? 훈련시설, 영양공급, 전문 코치진과 보조인력, 동기부여 등의 수준을 고려할 때, 선수들은 정말 똑같은 출발선에서 경주를 시작하는 것일까? 이런 불공정은 불가피하기에 불평해서는 안 되는 것일까? 그렇다면 이러한 불평등은 어떻게 정당화될 수 있는 것일까?

Carr는 스포츠에서 승자가 지닌 조건으로 뛰어난 재능과 노력, 기술, 그리고 '행운'을 언급한다.[8] Dixon 또한 스포츠경기에서 승리하거나 상대선수 보다 뛰어나기 위해서는 선수의 운동능력뿐만 아니라 행운까지 반드시 필요하다고 주장한다.[9] 실제로 스포츠에서 운(luck)은 경기 결과와 선수의 평가에 적지 않은 영향을 미치는 요소이다. A와 B팀이 프로야구 한국시리즈 최종 결승전을 치르고 있다고 가정하자. 9회말 투아웃까지 1:0으로 앞서고 있던 리그 1위 A팀은 이제 한 명의 타자만 아웃시키면 엄청난 상금과 명예가 걸린 리그 최고의 승자가 된다. 마지막 B팀의 타자가 친 평범한 내야 땅볼이 리그에서 가장 뛰어난 2루수 중 한 명인 A팀 P선수 앞으로 굴러간다. 모두가 경기가 이렇게 끝날 것으로 예상했으나, 평범하게 굴러가던 공이 그라운드 사정 때문에 갑자기 불규칙하게 튀어 오르며 P선수는 이 공을 놓치고 말았다. 이로 인해 1루와 2루에 있던 주자가 모두 홈으로 들어와 경기는 B팀의 역전 승리로 끝나며 우승 상금과 최고 승자의 명예는 리그 4위였던 B팀이 차지했다. P선수는 패배의 원인으로 지목되며 팬들로부터 엄청난 비난을 받아야 했다. 이 경기의 결과는 공정한 것이고, B팀이 A팀 보다 실력이 우수하다는 것을 명확히 보여준 것일까? B팀에게 주어진 승리의 보상은 정당한 것이고, P선수의 비난은 마땅한 것일까? Dixon은 "불운한 패자는 패배한 경기의 또 다른 범주를 제공한다"고 언급하며, 운에 의해 승패가 결정된 경기는 스포츠의 본질인 '기술 원칙'에 의해 정당하게 승자를 결정하지 못한 경기라고 주장한다.

과연 스포츠 속 경쟁은 공정하고, 그 결과는 언제나 정의로운 것일까? 일반적으로 스포츠는 누구나 자신의 타고난 재능과 노력을 통해 성공할 수 있는 능력주의가 가장 잘 실현되는 곳으로 간주된다. 피나는 노력과 고된 훈련을 통해 성공한 선수는 그 성공의 보상을 누릴 자격이 마땅하다고 여긴다. 스포츠에서 성공하기 위해 노력은 중요하다. 아무리 우수한 유전적 재능을 타고났을지라도 그 재능을 갈고 닦지 않고서는 운동선수로서 성공하기는 어렵다. 그렇지만 노력이 성공의 중요한 요소라고 하더라도 스포츠에서는 노력만 가지고 성공하기란 드문 일이다. 누구나 스포츠를 즐길 수 있을지는 몰라도, 누구나 스포츠를 잘 할 수는 없다. 누구나 스포츠선수가 될 수 없으며, 더욱이 직업으로 엘리트 선수가 된다는 것은 특별한 재능을 부여받은 사람에게만 가능한 일이다. 가령 최고의 수영선수가 된다는 것은 끊임없는 노력과 고된 훈련만으로는 불충분하다. 보통의 사람이 하루 12시간씩 수영 훈련을 한다고 하더라도, 194cm의 신장에 상대적으로 긴 팔과 짧은 다리, 발목과 팔꿈치의 이중관절, 350mm에 달하는 큰 발을 가진 마이클 펠프스(Michael Phelps)보다 수영을 잘 할 수는 없을 것이다. 한국 최고의 스프린터 김국영 선수는 우사인 볼트(Usain Bolt)보다 더 많은 시간을, 더 열심히 훈련하지만 그보다 더 빨리 달릴 수는 없을 것이다.

물론 대부분의 사람들이 이러한 사실을 알고 있고, 스포츠선수들 또한 이를 알고 있다. 2019년 국민대학교 스포츠윤리연구소의 조사결과에 따르면, 국내 프로스포츠선수 320명에게 자신의 종목에서 성공하기 위해 '노력'과 '재능' 중 무엇이 더 중요하다고 생각하느냐의 질문에 91%의 선수들이 '타고난 재능'이라고 답했다. 달리 말해, 아무리 열심히 훈련해도 시속 160km를 던질 수 있는 어깨 근력을 타고난 투수를 이길 수는 없다고 생각한다는 것이다. 이처럼 선수들은 가장 많이 훈련하고 가장 열심히 노력한 선수가 올림픽에서 금메달을 차지하는 것이 마땅하다고 생각하지는 않는다. 이는 다른 사회분야에서도 마찬가지 일 것이다. 가장 열심히 연구하는 교수가 당연히 노벨상을 받아야 한다고 생각하지는 않을 것이다. 다만, 유독 스포츠에서 성공한 선수는 자신의 성공이 온전히 스스로의 힘으로 얻은 것이라 믿으며, 그의 성공이 물려받은 천부적 재능과 유리한 배경 덕분이라고는 생각하고 싶어 하지 않는다.10) 스포츠는 노력의 도덕적 중요성을 강조한다.11) 왜냐하면 스포츠에서 성공은 노력의 산물이고, 그렇기에 승자는 그에 걸맞은 정당한 대가를 받는다는 능력주의(meritocracy) 신념에 의심을 받는 것을 원하지 않기 때문이다. 그래서 성공한 스포츠선수가 이룬 성과나 기록보다는 그 선수가 겪었던 어려운 유년기, 장애와 악조건을 극복한 감동적인 스토리를 더욱 강조하며 언론매체에서 한껏 늘어놓는다.12) 즉, 스포츠에서 성공은 타고난 재능과 운이 아니라 노력과 수고 덕분임을 강조하며 스포츠 속 성공에 도덕적 지위를 부여하고자 한다.

스포츠에서는 자신의 운동능력을 향상시키기 위해 경기력 향상 약물(Performance Enhancing Drugs, PEDs)을 사용하는 것, 즉 흔히 도핑(doping)이라 불리는 행위를 엄격히 금지한다. 왜냐하면 PEDs의 사용은, 스포츠선수가 노력 없이, 혹은 제대로 된 노력 없이 자신의 운동능력을 높이려 한다는 점에서 스포츠가 강조하는 공정성이란 신념에 위협을 가하기 때문이다. 즉, 끊임없이 자신의 신체적 우수성을 입증해야 하는 스포츠세계에서 노력 없이 자신의 우수성을 향상하려는 도핑은 스포츠의 공정성을 심각하게 훼손하는 부정행위이고, 일종의 사기라는 것이다. 그렇다면, 노력 없이 갖게 된, 다른 사람은 노력해도 갖지 못하는 엄청난 유전적 운동재능은 스포츠의 공정성을 훼손하지 않는 것일까? 오히려 PEDs의 사용이 타고난 운동재능의 불평등과 그 한계를 완화시켜 줄 여지는 없는 것일까?

사람들은 스포츠선수는 오로지 노력을 통해 자신의 능력을 향상시켜야 하고, 경기를 통해 향상된 능력을 평가받아야 하며, 그 결과에 따라 차별적으로 보상을 받는 것이 마땅하다고 생각한다. 이것이 스포츠 속 공정 시스템이라고 믿는다. 하지만 이러한 스포츠 속 공정에 관한 맹목적 믿음을 객관적으로 검토해 볼 필요가 있다. 달리 말해, '더 빨리, 더 높이, 더 강하게'라는 올림픽 모토가 말해주듯, 끊임없이 개인의 능력 강화를 요구하는 스포츠의 구조와 그 속에서 발생하는 자연적 불평등, 그리고 결과의 양극화에 대한 반성적 고찰이 필요한 시점이다.

3. McKinnon의 '운 평등' 이론

(1) 등장 배경

스포츠의 공정성을 유지하기 위해 중요한 것은 어떤 선수든 승리할 수 있는 기회를 가져야 한다는 것이다. 모든 선수가 공평한 기회를 가지고, 똑같은 규칙의 적용을 받으며, 자신들의 실력을 힘껏 펼쳐 경쟁에서 승리한다면, 그에 따른 보상도 마땅히 받을 자격이 있다는 것이 스포츠 속 공정성 시스템이다. 많은 스포츠학자들이 이러한 공정성 시스템이 작동하기 위한 기본 원리 중 하나로 '기술 원칙(skill thesis)'을 언급한다.[13] 즉, 스포츠에서 경쟁이란 누가 더 뛰어난 '기술'을 가졌는지를 시험하는 것이기 때문에, 신체적 기술 외의 다른 외부 요소들이 개입되는 것을 차단해야 스포츠의 공정성을 유지할 수 있다는 것이다. 가령, 스테로이드와 같은 경기력 향상 약물(Performance

Enhancing Drugs: PEDs)을 스포츠에서 금지하는 근본적인 이유는, PEDs의 사용이 스포츠의 기술 원칙을 훼손하기 때문이다. 달리 말해, 스포츠는 어떤 선수가 더 뛰어난 기술을 가졌느냐를 테스트해야 하는데, PEDs는 누가 더 효과적인 PEDs를 복용하느냐를 테스트하게 만듦으로써 스포츠의 공정성 시스템을 방해하는 외적 요인으로 작동하기에 금지해야 한다는 것이다. 요컨대, 기술 원칙이란 스포츠 속 경쟁은 오직 기술에 바탕을 두어야 한다는 것이다.

그러나 스포츠에서는 어떤 부모의 유전자를 받고 태어났는지, 어떤 나라, 어떤 환경에서 훈련하며 성장했는지가 성공한 선수가 되기 위해 너무나 결정적인 요소이다. 가령, 키가 큰 부모의 자식으로 태어나지 못했다면, 그 사람의 삶에는 배구선수, 농구선수로 성공할 수 있는 확률은 거의 없다. 성공한 스포츠 선수 출신의 부모를 둔 자식들이 대를 이어 스포츠 분야에서 성공하는 사례는 어렵지 않게 볼 수 있다. 성공이 대물림 되는 셈이다. 이처럼 스스로가 통제할 수도 변경할 수도 없는, 이미 태어날 때부터 결정되고 확정되어 버린 불가항력적인 '외적' 요소들이 스포츠에는 작용하고 있다.14)

또한 스포츠가 공정하다는 신념은 오히려 결과의 불평등을 심화하는 데 기여하고, 그러한 불평등을 비판 없이 마땅한 것으로 받아들이게 함으로써 불평등을 정당화하는 부작용을 낳고 있다.15) 왜냐하면 스포츠 속 공정성은 능력주의 실현에 강조점을 두고 있지, 평등의 실현에는 이상(理想)을 두고 있지 않기 때문이다. 따라서 승자와 패자의 격차가 벌어진다고 해서 문제가 있다고 여기지 않는다. 성공에 대한 선수 개인의 노력은 온전히 자신의 것이겠지만, 그런 노력은 승자뿐만 아니라 패자도 하는 것이다. 2020년 한국에서 가장 많은 연봉을 받는 프로스포츠선수는 프로야구의 이대호 선수로 무려 25억 원을 받는다. 반면 이대호 선수보다 더 많은 시간을 훈련하는 프로야구 P선수의 연봉은 고작 2500만 원이다. 이들의 노력에 대한 대가의 격차는 무려 100배이다. 국내에서 최고 연봉을 받은 이대호 선수이지만, 미국프로야구(MLB)에서 최고 연봉, 약 450억 원을 받는 마이크 트라웃(Mike Trout) 선수에 비하면 이대호 선수의 능력과 노력의 대가는 1/18에 불과하다. 노력이 스포츠에서 전부는 아닌 것이다.

(2) McKinnon의 주장

물론 이러한 불편한 사실 자체가 스포츠 속 정의(正義)의 허점이 되지는 않을 수 있지만, 이에 대한 비판은 제기해 볼 수 있다. 더욱이 스포츠에서 불평등을 만들어 내는 것이 개인의 노력과 실력이 아닌 타고난 운에 의한 것이라면, 그러한 요소들의 영향력을 최소화하려는 시도는 필요할 것이다. 이러한 측면에서 McKinnon은 '기술 원칙'이 결코 스포츠에서 공정성이 작동하는 원리를 대변하지 않는다며, 스포츠 속 공정의 구조적 문제점을 제기한다. 그녀는 순전한 기술 원칙과 반대로 고유한 유전적 특징을 가진 성공적인 선수들의 예가 이미 무수하게 많음을 언급하며, 최초에 뽑은 운 좋은 유전자와 자질들 때문에 스포츠에서 결과는 궁극적으로 운이라고 주장한다. 이에 McKinnon은 유전적 이점을 고려하면서 스포츠의 기술 원칙을 고수하기 위해 운과 신용(credit)에 관한 하나의 방안을 제안한다. McKinnon은 선수들이 받아야 할 합당한 보상과 칭송의 양은 그들의 운의 결과에 따라 바뀌어야 된다고 주장한다. 즉, 승리한 선수는 운이 아니라 훈련을 통해 얻어진 기술에 의해서만 인정과 보상을 받아야 그 승리가 공정하다는 것이다.

승리한 선수가 얼마만큼의 인정(credit)을 받아 마땅한지를 결정하기 위해 McKinnon은 확률의 예를 사용하며 Bill의 경우를 예로 든다. 프로농구 경기를 관람하기 위해 경기장에 온 Bill은 휴식 시간 하프타임 행사에 참가자로 선정된다. 이 행사는 농구 코트 중앙에서 농구공을 던져 골을 성공시키면 1억 원을 주는 이벤트이다. Bill은 정식적으로 농구를 한 번도 해본 적 없지만 골을 성공해 1억 원의 상금을 따낸다. 이러한 예를 제시한 후, McKinnon은 이 행운의 슛에 대해 Bill이 얼마만큼의 인정(신용)을 얻을 자격이 있는지 고찰한다. 농구경험이 전혀 없이 골을 넣은 것으로 봤을 때 McKinnon은 Bill의 골 성공 확률을 1퍼센트로 책정한다. 그럼 Bill이 골을 넣은 것에 얼마만큼의 인정(신용)을 부여해야 하는가? 만약 Bill이 여러 번 시도했다고 쳤을 때 평균 1퍼센트로 골을 성공시킨다면 McKinnon은 Bill에 대한 인정은 1퍼센트만이 기술 탓이고 나머지는 운의 덕이라고 주장한다.

McKinnon은 선수들이 받아 마땅한 칭송을 계산하는 데 있어 불공평한 운인 유전적 이점과 노력에 의해 터득한 기술을 분리함으로써 스포츠의 기술 원칙을 유지하고, 불공평한 유전적 이점을 감소시킬 수 있다고 역설한다. 이를 위해 McKinnon은 과학적이고 체계적인 일종의 '운 저울'을 개발해 스포츠에 도입함으로써 경쟁을 펼치는 선수들이 지닌 유전적 이점들을 달아볼 것을 제안한다. 만약 이러한 저울이 도입된다면 최종 승리한 선수는 불공평한 운이라 할 수 있는 유전적 이점이 아닌 기술에 의해서만 자신의 승리에 대한 인정과 보상을 얻을 수 있게 될 것이며, 따라서 스포츠의 기술 원칙 또한 지켜질 것이다. 즉, 한 선수의 성공의 원인이 불공평한 유전적 이점이 아닌 피나는 노력으로 터득한 기술에 의한 것인지를 분간할 수 있다는 것이다.

그렇다면 다음의 예를 통해 McKinnon의 이론을 적용해 볼 수 있다. P와 L은 여성 엘리트 단거리 육상선수다. P는 유전적으로 테스토스테론 수치가 일반 여성보다 5배나 높게 태어났다. 그녀의 이러한 유전적 이점은 다른 여성 육상선수들 보다 훨씬 더 많은 근력을 효율적으로 형성시킴으로써 육상선수로서 성공에 큰 도움을 주었다. 반면 L선수는 흔히 말하는 노력파 선수다. P선수보다 하루에 2시간씩 더 많은 시간을 훈련한다. P와 L은 100m 허들 경주에서 함께 경쟁했다. P는 L을 아주 큰 격차로 쉽게 이겼다. 일반적인 기준에 따르면, 마땅히 P를 승자라고 하겠지만 McKinnon의 이론을 적용해보면, P가 승리에 대해 얼마만큼의 인정을 얻을 수 있는지 결정하기 위해 P와 L의 테스토스테론 수치를 각각 P의 승리와 L의 패배와 관련해 평가해보아야 할 것이다. 만약

P가 L에 비해 더 높은 테스토스테론 수치를 가졌다면 P의 실력은 유전적 이점에 영향을 받은 것이므로, P는 승자로서의 인정과 칭송을 덜 받아 마땅하다. 그러나 만약 L선수 역시 높은 수치의 테스토스테론을 가졌다면 P의 유전적 이점이 전혀 유리했던 것이 아니므로 P는 승자에 걸맞은 인정과 칭송을 온전히 받아 마땅하다. 그제야 비로소 P선수의 성공이 유전적 이점이 아닌 피나는 노력에 의해 터득한 기술인지를 구별할 수 있으며 스포츠의 본질인 기술 원칙도 유지할 수 있다.

(3) McKinnon의 주장에 대한 비판

그러나 McKinnon이 주장한 '운 저울'이 스포츠 속 정의실현을 위한 충분한 장치가 될 수 있을지는 의문이다. McKinnon의 운 저울은 선수들의 위대한 성취들을 덜 위대하게 보이도록 부추기는 것 말고 스포츠를 별로 변화시키지 못할 것이다. 성공한 선수들이 자신들의 엄청난 성취에 대해 큰 금전적 보상과 명성을 받아 마땅하다는 점을 생각해볼 때, 올림픽과 같은 세계적인 대회에서 이겨도 별로 인정과 칭송을 못 얻을 수도 있다는 생각은 다소 터무니없어 보인다. 관중들로 하여금 어떤 경기결과에 대해 덜 감명 받으라고 부추긴다는 것도 이상할 뿐 아니라 올림픽에서 금메달을 획득하고도 팬이나 국민들로부터 제대로 인정받지 못하는 것도 말이 안 되는 일이다.

이에 Bianchi는 McKinnon의 '운 저울' 주장을 수정하여 보다 현실성을 감안한 핸디캡 제도의 도입을 제안한다. 핸디캡 제도는 선수들이 동일한 조건에서 경기하게끔 도움으로써 경기 결과가 선수들의 기술을 정확히 반영토록 한다. 볼링이나 당구에서도 사용하기는 하지만 핸디캡 제도를 공식적으로 이용하는 종목으로 아마추어 골프가 있다. 골프에서 핸디캡이란 평균 난이도 코스에서 선수의 잠재적 득점 능력을 수치로 측정한 것이다. 예를 들어, 평균적으로 18홀을 경기하면서 갑 선수는 80타, 을 선수는 88타, 병 선수는 90타,

정 선수는 100타를 친다고 하면, 이들 각각의 평균 타수에서 72타를 뺀 것이 핸디캡이 된다. 따라서 갑은 8, 을은 16, 병은 18, 정은 28이 핸디캡이고, 스트로크 플레이에서 자기 총 타수에서 이 핸디캡을 뺀 네트(net)로 순위를 정하는 방식이다. 만약 실력이 월등한 선수라면 핸디캡이 낮을 것이며 따라서 다른 선수들보다 적은 수의 스윙으로 코스를 마쳐야 한다. 반면 잘하지 못하는 선수는 높은 핸디캡을 가져 코스를 끝내는데 더 많은 수의 스윙을 가진다. 각 선수의 핸디캡이 그들의 기술에 의해 결정되기에 선수들은 자신의 경기력과 발전 정도를 측정할 수 있고, 능력이 서로 다른 선수들끼리도 공평하게 겨룰 수 있다.16) 이 핸디캡 제도는 오직 기술을 통해 인정받고 칭송을 얻어야 한다는 McKinnon의 주장을 반영한다. 차이라면 이 제도는 인정과 칭송을 덜 주려는 것이 아니라 아예 시작부터 불공평한 이점을 적극적으로 감소시킨다는 것이다.

Bianchi는 기술 원칙을 유지하기 위해 올림픽 수준의 국제적인 스포츠경기에 핸디캡 제도를 적용할 것을 제안한다. 그렇다면 Bianchi가 주장하는 이 핸디캡 제도가 실제로 어떻게 시행될 수 있을지 살펴보기 위해 앞서 언급한 육상선수 P와 L의 사례를 다시 보자. 선천적으로 높은 테스토스테론 수치를 가진 P와 보통 여성 수준의 수치를 가진 L의 100m 허들 경주에 핸디캡 제도를 적용하기 위해서는 높은 수치의 테스토스테론이 가져올 이점이 얼마인지를 우선 계산해봐야 한다. 즉, P선수가 가진 유전적 이점을 계산해봐야 하는 것이다. 아마도 경기 당일 계산을 해보는 것이 적절할 것이다. 그 다음에는 이 수치화된 유전적 이점을 적용해 P선수의 출발선이나 최종 결승선을 조정하든지, 최종 기록을 조정해야 한다. 또는 L선수에게 유리한 조건을 제공해 주어야 한다. P선수의 타고난 테스토스테론 수치는 경쟁자인 L의 테스토스테론 수치와 비교 하에 계산되고 적용되어야 한다. 이렇게 되면 P와 L선수는 그들의 테스토스테론 수치에 따라 결정된 핸디캡을 갖고 겨뤘기에 최종 결과가 순수 실력에 의한 승자로 나타난다. 이러한 핸디캡 제도는 누가 행운으로 유전적 이점을 갖고 태어났는지에 의해 승패가 판가름 나는 것이 아닌 누가 더 빨리 달리는 기술을 가졌는지에 의해 승패를 겨룰 수 있는 스포츠의 기술 원칙을 유지시킨다.

Bianchi는 기술 원칙을 유지하면서 모든 경쟁자들이 공정하게 겨룰 수 있는 기회를 주기 위해서 이 같은 핸디캡 방식은 스포츠에 필수가 되어야 한다고 주장한다. 그렇지 않으면 스포츠에서는 선수들이 가진 불공평한 유전 적 이점 때문에 기술 원칙을 지킬 수 없게 된다는 것이다. 가장 기술적이고 칭송받아 마땅한 선수를 결정하는데 있어 스포츠의 기술 원칙이 고수되어야 할 충분한 이유가 있기에 Bianchi의 제안은 다소 급진적이긴 하지만 개혁적이 다. 하지만 Bianchi의 제안이 과연 현실적으로 실현 가능할지는 의문이다. 더욱이 핸디캡 방식을 적용하려면 모든 선수들이 대회에 출전하기 위해 그들 의 자세한 신상정보를 스포츠단체나 대회 주최 측에 제공해야 하는데, 이것은 인권침해의 문제를 야기할 소지가 있다. 무엇보다 스포츠의 공정성을 위한 방안이 결과의 평등을 추구해야 하는 것인지는 의문이다. 뛰어난 재능의 선수 가 유리하지 못하게끔 핸디캡을 부과함으로써 억지로 공평성을 추구하는 것은 더욱 공정하지 않게 보인다. 남들보다 월등한 체격과 체력, 운동재능 혹은 천재적인 지능과 아름다운 용모 등을 우연하게도 갖고 태어난 사람들은 그들 의 타고난 유리함을 감추도록 강요받는 것이 과연 정당한 것일까?

물론 McKinnon은 유능한 선수들의 재능 자체를 빼앗거나 평준화시키려는 주장은 아니라고 대답할 것이다. McKinnon이 제시한 주장의 이론적 토대는 철학자 John Rawls의 고전적 저작 『정의론(A Theory of Justice)』에서 찾을 수 있다.[17] Rawls는 타고난 재능의 차이는 계층의 차이만큼 도덕적으로 정당화될 수 없는 '우연적 요소'라고 말하는데, 따라서 자신의 타고난 재능이 뛰어나다고 어떤 자격을 그저 부여받을 수 없으며 경쟁에서 더 나은 출발점을 차지해서는 안 된다고 주장한다. 즉, 우연적 재능에 따른 결과의 불평등은 계층 차이에 따른 불평등보다 더 정의롭지 않기에 각자의 타고난 능력차에 따라 초래된 불평등은 조정되어야 한다고 역설한다. Rawls의 이러한 주장을 '차등의 원칙(the difference principle)'이라 부르는데, 우연적 요소인 타고난 재능으로 우리사회에서 거둔 성과를 재능이나 자격을 내세워 승자독식하지 못하게 하자는 것이다. McKinnon은 이러한 Rawls의 이론에 영향을 받아 스포츠에서도 자신의 타고난 유전적 자질이 월등하다고 승자의 자격을 내세우며 그에 따른 보상과 칭송을 마땅히 자신의 능력의 대가로 여기는 것은 정의롭지 못하다고 주장한다. McKinnon이 강조하고자 하는 것은, 스포츠에서 승자의 성공이 전적으로 노력에 의해 터득한 기술에만 기반한 것이 아니기에 그의 승리가 전적으로 그에게 속한 것이 아니라는 것이다. 따라서 불운하게도 그보다 유전적 이점을 덜 갖고 태어난 선수들과 승리의 보상과 칭송을 나누는 방법을 제시한 것이다.

하지만 McKinnon의 '운 저울' 주장에는 보다 직관적이고 강력한 반론이 제기될 수 있다. 반론의 핵심은 운에 대한 완전한 접근이 사실상 불가능하다는 점이다. 즉, 본질적으로 한 사람의 인격과 타고난 재능이 분리될 수 없다는 것이다. 따라서 누군가 혹은 사회가 유전적 이점과 같은 자연적 운에 개입해서 그것을 제거하려는 것은 개인의 행복권을 근본적으로 침해하는 것이 된다. Nozick과 같은 자유지상주의 정의론자들은 인간이 자신의 신체에 대한 소유권을 갖는다면, 자신의 천부적 능력과 자질에 대해서도 소유권을 갖기에 인격과 타고난 재능은 분리될 수 없다고 주장한다. 재능은 인격을 구성하는 본질적 요소이다.[18] 따라서 성공한 스포츠선수의 타고난 유전적 이점은 선험적이며 자연적 권리로서 그 선수 자신의 일부라는 것이다.[19] 그렇기에 스포츠선수와 유전적 이점은 분리될 수 없으며, 그 이점으로 성취한 보상과 칭송도 마땅히 그의 권리이다. 필자의 생각에도 스포츠에서 선수들 간 유전적 재능의 차이에서 생겨난 결과의 불평등은 정의의 문제가 아니기에 스포츠공동체가 의도적으로 교정할 사안이 아니다.

나가며

　최근 우리사회는 '공정'이란 단어를 아주 자주 사용한다. 어떤 사회 분야에서
든 공정에 민감하고, 그것을 열망하고, 때론 집착하는 현상도 일어난다. 우리사
회가 공정성을 그토록 요구하는 이유는 역설적으로 그만큼 공정성이 결핍되어
있다는 의미일 수도 있다. 우리는 보통 '인생은 원래 공평한 것이 아냐!'라고
말하며 개개인이 처한 상황에서 비롯된 불평등은 피할 수 없음을 받아들인다.
우리사회에서 유행한 '수저론'이 이를 대변하는 하나의 현상이라 할 수 있다.
실제로 재능, 외모, 부모의 경제력, 교육기회, 가족배경 등과 같은 우리가
자유롭게 선택하거나 노력한 결과가 아닌 '자연적 운(natural lottery)'이 오늘
날 신자유주의적 경쟁사회에 살아가는 우리들에게 훨씬 더 중요하게 작용하기
도 한다. 따라서 정의(正義)의 목표는 각각의 사람들이 이러한 자연적 운의
차이로 인해 억울함과 부당함을 느끼지 않도록 하는 것이다. 그렇다면 어떤
방법으로 이러한 정의의 목표를 달성할 수 있을까?

　이 물음에 대하여, 자신의 노력을 통해 얻은 결과물에 대해서는 그것을
소유할 마땅한 자격이 있지만, 노력이 아닌 자연적 운에 의한 결과물에 대해서
는 그럴 자격이 없다고 답변하는 이론을 이른바 '운평등주의(luck
egalitarianism)'라고 부른다. 운평등주의는 대체적으로 그 기원을 법철학자인
Ronald Dworkin의 저술에서 찾아볼 수 있는데, 이 이론은 노력과 선택의
차이에 따른 결과의 불평등은 도덕적으로 정당하지만, 재능, 인종, 주변 환경과
같은 자연적 운에 따른 결과의 불평등은 최소화되어야 정의가 실현될 수
있음을 강조한다.[20] Rawls도 우연히 타고난 운이나 사회적 여건의 우연성이
작용하여 발생한 불평등은 정당화될 수 없으며 정의를 합의하는 걸림돌이
된다고 주장한다. 최근 이러한 운평등주의 이론에 영향을 받은 몇몇 학자들이
스포츠에서 나타나는 불평등한 구조에 대한 문제점을 제기하였다.[21]

　고대 그리스의 운동경기를 의미하는 '아곤(agon)'의 개념은 어떠한 외부의

도움 없이 자신의 실력만으로, 평등하게 적용되는 규칙에 따라 최선을 다해 승리하고자 하는 노력을 포함하고 있다. 이처럼 '아곤'은 공정한 조건에서 치러진 경기였기에, 선수들은 그 결과에 승복하였고 승리한 선수의 성취와 업적에 큰 가치가 부여되었다. 이와 달리, 스포츠가 순전히 운이 지배하는 경쟁이 된다면 정의감과 자존감에 손상이 발생할 것이다. 즉, 단지 운이 선수들의 승패를 좌우한다면 그 스포츠는 공정하지도 정의롭지도 않다고 느끼게 될 것이다.

 "피지컬 괴물", "괴물 투수", "17세 수영 괴물", 등 엄청난 능력의 선수들 앞에 '괴물'이라는 수식어를 붙이곤 한다. 한자인 괴물을 직역하면 괴이한 사물을 뜻하지만, 일반적으로 어떤 사람의 초월적인 능력에 대한 감탄을 비유적으로 표현할 때 사용된다. 스포츠에서 괴물의 의미는 주로 어떤 선수의 능력이 도저히 인간이라고 할 수 없는 영역에 이르렀다는 뜻이다. 이러한 표현이 말해주듯, 스포츠에서 성공은 일반적인 인간의 능력을 넘어서는 엄청난 유전적 재능을 타고난 사람에게만 가능한 일이다. 물론 스포츠에서 선수들 각자의 타고난 재능이 다르다는 사실이 불평등으로 이어지기는 하지만, 이것 자체가 문제가 된다고 할 수는 없을 것이다. 하지만 문제가 될 수 있는 것은, 스포츠에서는 특정한 재능과 자질만이 우월하며 가치 있는 것으로 평가되고, 이를 바탕으로 모든 보상과 칭송이 배분됨으로써 불평등한 지위 구조가 재생산될 수밖에 없다는 데 있다.

 McKinnon은 오늘날 스포츠는 순수한 능력주의가 실현되는 '평평한 운동장'이라는 환상을 유포하며 승리가 곧 미덕이고, 그렇기에 승자에게 부여되는 모든 보상과 칭송은 당연히 자기 몫이라고 여기는 오만을 만들어낸다고 역설한다. 즉, 스포츠가 공정하다는 착각이 승자와 패자에 대한 그릇된 인식을 야기하며 여러 윤리적 부작용을 낳고 있음을 지적한다. 그녀는 스포츠에서 어떤 선수가 다른 선수들에 비해 유리한 유전적 이점을 가지고 태어난 것 자체로는 부정의하다고 할 수 없지만, 부정의한 것은 스포츠 시스템이 이 불평등한 자연적 운을 처리하는 방식이라고 지적한다.22) 그러면서 선수들이 고된 훈련과 피나는 노력을 통해 획득한 기술에 따른 결과와 보상에 대해서는 마땅히 소유할 자격이 있지만, 노력이 아닌 그저 행운으로 주어진 유전적 이점에 대해서는 그럴 자격이 없다는 점을 강조하며 '운 저울'의 도입을 제안한다.23)

운 역시 인간이 감당해야 할 몫이긴 하지만 개인의 노력보다 오히려 운이 사람들의 실제 삶을 좌지우지 한다면, 우리사회는 이러한 운의 요소를 교정해 주거나 축소시키는 방향으로 발전해왔다.24) 이런 측면에서 스포츠계의 진일보를 위한 하나의 제안으로서 McKinnon의 '운 평등' 이론은 의의가 있다. 하지만 McKinnon의 주장은 스포츠의 목적에 대한 깊은 이해가 결여되어 있다. 스포츠의 목적은 가장 많은 노력을 한 사람을 뽑는 것이 아니라 최고의 능력을 가진 사람을 뽑는다는 점이다. 사회적 합의에 의해 누가 가장 뛰어난 선수인지를 뽑기로 결정한 것이라면, 노력을 기준으로 하는 것과 순위를 매기는 것은 별개의 문제이며 목적에 맞는 경쟁 방식을 정의롭지 않다고 말할 수는 없다. 또한 스포츠에서 공정(fairness)은 평등(equality)과 분명히 구별되어야 한다. McKinnon의 이론은 모든 선수들의 출발선이 같아야 된다는 의미에서 기회의 평등을 주장하지만, '운 저울'이라는 절차의 형식적 규칙만을 강조할 뿐 결과의 정의에 대해서는 적절한 대안을 제시하지 못해 다소 추상적인 이론에 그친다. 끝으로 스포츠는 '기술 원칙'에 대한 압박에서 벗어나는 것이 필요하다. 물론 외부의 원조를 구하지 않고 자신의 신체적 역량과 터득한 기술만으로 경쟁하는 것이 스포츠 본연의 이념이라 할 수 있다. 하지만 오늘날 스포츠의 구조적 조건 때문에 기술을 제외한 모든 외부적 요소를 완벽하게 배제하는 것은 사실상 거의 불가능하다. 어떤 기준과 상황에서도 특정 선수는 다른 선수들보다 재능, 체격, 재산, 환경 등의 외적 요소를 더 많이 가질 것이라는 점은 자명하다. 모든 선수들의 출발선을 똑같이 맞춘다는 것은 이상적이나 현실 불가능할 뿐만 아니라 무엇보다 선수 개인의 고유한 자유와 권리를 침해하는 문제를 야기한다. 유전적으로 타고난 재능이 모든 선수들에게 동등하게 주어지지 않더라도 그것이 주어진 선수에게는 선험적이며 자연적 권리이기에 본래적으로 침해될 수 없다.

과연 스포츠는 공정한 것일까? 간단한 질문처럼 보이지만 이 질문에 답하기는 그렇게 간단하지 않다. 우리 사회가 점점 더 다양해지고 복잡해짐에 따라 우리사회 속 공정과 정의에 대한 의미와 기준도 다양하고 복잡해졌다. 다양해지는 사회 속에서 행해지는 스포츠의 공정성도 그 의미와 기준에 대해 답하기가 더 어려워졌는지도 모른다. 하지만 답하기가 더 어려워졌기 때문에 오히려 스포츠 속 공정과 정의에 대한 더 다양하고 활발한 논의가 필요하다. 스포츠 속 공정성의 의미를 절대화하는 것은 정의로운 스포츠를 만드는 데 도움이 되지 않을 것이다. 그렇기에 스포츠 공정성에 대한 활발한 논의와 열띤 토론이 필요하다.

트랜스젠더 선수의 스포츠참여는 불공정한가?

쟁점

미국 고등학교 여자 육상 선수 P와 그의 부모가 교육당국을 상대로 트랜스젠더 선수의 육상 경기 출전을 금지시켜달라며 소송을 제기했다. P선수와 학부모는 생물학적으로 남자의 신체조건을 가진 트랜스젠더 선수들이 여자 경기에 출전해 우승을 독차지함으로써 다른 선천적인 여자 선수들이 대회에서 입상하고 대학에 진학할 수 있는 기회를 박탈하고 있다고 주장했다. P는 "우리의 꿈은 2등, 3등으로 결승선을 통과하는 것이 아니라 공정하게 경쟁하여 승리하는 것"이라면서 "우리가 바라는 것은 공정한 기회"라고 말했다. 반면 해당

* 한국체육학회지 제59권 제6호에 게재된 저자의 논문, 『트랜스젠더의 스포츠 접근권에 관한 윤리적 고찰』을 수정·보완하여 작성함

트랜스젠더 선수인 L은 트랜스젠더 여성도 법적으로 인정받은 여성이기 때문에 여자 경기에 참가할 수 있는 권리가 있으며, 경기 출전을 제한하는 것은 엄연한 차별이라고 반박했다.

만약 당신이 이 소송사건을 맡은 판사라면, 당신은 어떤 판결을 내리겠는가? P선수와 학부모의 요구대로 트랜스젠더 여성의 육상 경기 대회 출전을 금지할 것인가, 아니면 트랜스젠더 여성이 자신의 성 정체성에 따라 육상 경기에 출전하도록 허용할 것인가?

핵심개념

1. 트랜스젠더(transgender), 시스젠더(cisgender), 인터섹스(intersex)

사전적 의미에서 **트랜스젠더**는 생물학적으로 타고난 자신의 육체적인 성과 정신적인 성이 일치하지 않는 사람을 의미하는데, 즉 유전학적으로 남성 또는 여성의 몸으로 태어났지만 본인은 타고난 자신의 성과 반대되는 성을 가진 사람이라고 인식하는 사람을 통칭한다. **시스젠더**는 타고난 생물학적 성과 자신이 느끼는 젠더 정체성이 일치하는 사람을 말한다. **인터섹스(간성)**는 생식기, 성호르몬, 염색체 구조 등이 남성과 여성의 이분법적 구분에 들어맞지 않는 사람들을 가리키는 생물학적 용어이다.

2. 트랜스젠더 선수의 경쟁스포츠 참여 반대의 핵심 주장

트랜스젠더 여성선수들은 일반 여성선수들보다 평균적으로 더 많은 남성호르몬(테스토스테론)을 가지고 있어 경쟁스포츠에 훨씬 더 유리하며, 따라서 그것이 불공정한 이점(unfair advantage)이 된다면, 트랜스젠더 여성들이 여성스포츠 부문에 출전하는 것을 금지시켜야 한다.

3. 성별에 따른 스포츠 분리에 대한 찬/반 주장

- 찬성: 여성은 스포츠에 참여할 수 있는 혜택과 권리를 평등하게 누릴 자격이 있기에 스포츠를 남녀 성별에 따라 분리함으로써 남성과 여성의 직접적 경쟁에 따른 여성의 배제를 피하면서 여성의 스포츠 참여를 보장하고 확대시킬 수 있다.
- 반대: 스포츠를 남녀로 구분하는 것 자체가 성 차별이며, 스포츠를 남녀로 분리하는 것이 오히려 스포츠 속 남성 헤게모니를 더욱 강화시키고 남성의 우월함과 권위에 대한 문화적 전제를 공고히 하는 역할을 할 것이다.

4. 비교 테스트 원칙과 남녀 스포츠 분리

- 스포츠에서 경쟁의 목적은 운동수행능력에 따라 선수들을 측정하고, 비교하고, 순위 매기는 것이라는 주장을 스포츠의 "비교 테스트" 전제라고 부른다.
- 스포츠의 남녀 분리가 비교 테스트를 위한 여성의 스포츠 접근권을 보호하는 것인지, 아니면 여성스포츠를 남성스포츠보다 열등하다고 인식되는 다른 범주의 스포츠로 좌천시킴으로써 오히려 여성을 차별하는 것인지가 핵심 쟁점
- 성별에 따른 스포츠 분리를 반대하는 입장은, 스포츠는 완전히 통합되어 최고의 선수를 가려낸다는 스포츠의 궁극적인 목적, 즉 비교 테스트를 보장해야 한다고 주장하고, 성별에 따른 스포츠 분리를 찬성하는 입장은, 남녀의 생물학적 차이로 인해 불공평하게 여성이 스포츠에서 배제될 수 있기에 여성의 스포츠 접근권을 확보하기 위해서는 분리된 스포츠에서 비교 테스트가 이루어져야 한다고 주장

들어가며

앞선 사례에서, P선수의 소송은 정당한 것일까, 아니면 성소수자에 대한 차별일까? 트랜스젠더인 L선수는 정말 경쟁스포츠에서 부당한 이득을 얻는 것일까? 사전적 의미에서 트랜스젠더(transgender)는 생물학적으로 타고난 자신의 육체적인 성과 정신적인 성이 일치하지 않는 사람을 의미한다. 즉, 유전학적으로 남성 또는 여성의 몸으로 태어났지만 본인은 타고난 자신의 성과 반대되는 성을 가진 사람이라고 인식하는 사람을 통칭한다.1) 트랜스젠더 는 유전적으로 결정된 성별이 남성이면서 자신의 성정체성을 여성으로 인식하 는 트랜스젠더 여성(male to female transsexual: MTF)과 유전적으로 결정된 성별이 여성이면서 자신의 성정체성을 남성으로 인식하는 트랜스젠더 남성 (female to male transsexual: FTM)으로 구분된다.2) 트랜스젠더는 생물학적 성별과 자신의 성별 정체성이 일치하지 않는다는 점에서 전통적인 젠더이분법 에 배치되는 집단이다.

오늘날 우리사회에 스스로를 트랜스젠더(transgender)라고 여기는 사람들 의 수가 증가하고 있고, 이에 따라 트랜스젠더의 특정한 관습들을 도덕적으로 허용할 수 있는지에 관한 윤리적 논쟁이 발생하고 있다. 최근 이슈가 되고 있는 주제 중 하나는 트랜스젠더들의 경쟁스포츠 참여이다. 트랜스젠더가 그들의 젠더 정체성에 맞춰 경쟁해도 되는지의 문제는 스포츠가 현재 엄격한 남녀이분법을 따르고 있다는 점에서 남녀 모든 트랜스젠더들에게 해당되는 문제다. 그러나 트랜스젠더 여성(MTF)들이 여성스포츠 부문에서 겨루는 것 에 대해 훨씬 더 많은 논란이 되고 있는데 트랜스젠더 여성들이 부당한 이점 (unfair advantage)을 가진 것으로 여겨지기 때문이다. 이 부당한 이점은 그들 이 생리학적으로 남성적 특질을 갖고 있다고 여겨져서다. 즉, 트랜스젠더 선수의 경쟁스포츠 참여를 반대하는 사람들의 핵심 주장은, 트랜스젠더 여성 선수들은 평균적으로 더 많은 남성호르몬(테스토스테론)을 가지고 있어 생물학적으로 여성으로 태어난 경쟁자보다 훨씬 더 유리하다는 것이다. 그것이 부당한 이점인 한 트랜스젠더 여성들이 여성스포츠 부문에 출전하는 것을 금지시켜야 한다는 주장이다.

한 때 남자였던 선수들이 남성호르몬 수치를 낮추고 성전환 수술을 받았다고 여자경기에 아무런 제약 없이 참가해도 되는 것일까? 최근 국제올림픽위원회(IOC)가 성전환 수술을 받지 않은 트랜스젠더 선수도 올림픽 등 국제적인 스포츠 대회에 출전을 허용해야 한다는 내용의 새 지침을 마련했다.3) IOC는 트랜스젠더 선수들의 대회 참가자격과 관련한 새 가이드라인을 홈페이지를 통해 공개하면서 "트랜스젠더 선수들이 스포츠경기에 참가하는 데 배제되지 않도록 할 필요가 있다"면서 지침 개정의 배경을 설명했다.4) 또한 IOC는 트랜스젠더 선수들이 대회에 출전하는 데 성전환 수술을 전제조건으로 삼는 것은 "공정한 경쟁의 원칙을 지키는 데 불필요할 뿐 아니라 관련 법률의 제정 추세나 인권 개념과도 맞지 않는다"고 설명했다.5) 이에 따라 트랜스젠더 선수들은 반드시 성전환 수술을 받지 않더라도 일정 요건만 충족하면 올림픽 등 국제 대회에 참가할 수 있게 되었다.

일각에서는 트랜스젠더 선수를 배려하다가 시스젠더(cisgender: 타고난 생물학적 성과 자신이 느끼는 젠더 정체성이 일치하는 사람) 선수가 오히려 역차별을 받는다는 주장을 제기한다. 트랜스젠더 여성(MTF)들이 여성스포츠 부문에서 경쟁하는 것을 반대하는 사람들은 트랜스젠더 여성선수의 테스토스테론 수치는 일반 여성선수보다 높으며, 이는 경기력뿐만 아니라 다른 선수들의 훈련에 대한 욕구나 동기 부여에도 영향을 끼칠 수 있다고 주장한다.6) 이렇듯 논쟁의 핵심은 경쟁의 공정성과 참가자의 인권으로 귀결된다. 달리 말해, 트랜스젠더 선수의 스포츠 참가 권리와 공정한 경쟁이란 스포츠정신이 양립할 수 있느냐의 문제이다.

이번 주제에서는 트랜스젠더 여성선수들이 여성스포츠 부문에서 경쟁하는 것에 관한 윤리적 쟁점들을 살펴보고자 한다. 필자는 트랜스젠더 여성들이 그들의 젠더 정체성에 따라 경쟁스포츠에 참여하도록 포용해야 한다고 주장할 것이다. 이러한 주장을 펼치기 위해, 먼저 트랜스젠더 선수에 관한 논쟁은 성별에 의한 스포츠 분리 논쟁과 맞물려 있기에 남녀 스포츠 분리를 주장하는 입장과 통합을 주장하는 입장을 각각 살펴보고, 이 두 입장의 바탕이 되는 가치이론이 무엇인지에 대해 알아볼 것이다. 다음으로, 트랜스젠더 선수와 관련된 이슈가 무엇이고, 그것이 논쟁을 불러일으키는 이유와 쟁점을 설명하고자 한다. 끝으로, 트랜스젠더 여성선수가 여성스포츠 부문에서 경쟁하는 것을 반대하는 입장에서 제시하는 스포츠 본질에 대한 개념, 즉 스포츠의 기술원칙과 공정성이론을 비판적으로 분석함으로써 그것이 트랜스젠더 여성선수들을 배제시키는 이유로서 타당성과 일관성을 결여하고 있음을 밝혀볼 것이다.

1. 성별에 따른 스포츠 분리

트랜스젠더 여성의 스포츠 참여에 관한 딜레마는 스포츠가 성별에 의해 분리되어 있기에 발생한다. 오늘날 스포츠는 남성스포츠와 여성스포츠로 분리되어 있다. 어떤 종목이 성별과 관계없이 모든 사람에게 열려 있다면 트랜스젠더 선수를 제외할 이유가 없다. 이런 이유로, 성별에 따른 남녀 스포츠 분리의 쟁점은 결국 트랜스젠더 선수를 포함 혹은 배제하기 위한 근거와 긴밀히 연관되어 있다. 따라서 먼저 성별에 따른 남녀 스포츠 분리 주장에 대한 찬반 논리를 간략히 살펴보고자 한다.

여성은 스포츠에 참여할 수 있는 혜택과 권리를 평등하게 누릴 자격이 있다. 스포츠를 남녀로 분리해야 한다는 주장은, 그것이 남녀 직접적 경쟁에 따른 여성 배제를 피하면서 여성의 스포츠 참여를 보장하고 확대시키는 최선의 방법이라는 근거에서이다.[7] 이와 반대로 Tamburrini와 Tännsjö 같은 학자들은 남녀 분리된 스포츠 그 자체가 성 차별이며, 이는 논리적으로도 옹호될 수 없다고 주장한다.8) 요컨대, 남녀 스포츠 분리가 여성들의 자유로운 참여와 평등한 접근권을 위해 중요하다고 보는 이들과, 스포츠를 남녀로 분리하는 것이 오히려 스포츠 속 남성 헤게모니를 더욱 강화시키고 남성 지배와 남성의 권위에 대한 문화적 전제를 공고히 하는 것이라고 주장하는 사람들 사이에 큰 간극이 있다.

일반적으로 스포츠, 특히 엘리트스포츠에서 남녀 분리를 옹호하는 입장의 전제는 다음과 같다. 여성선수들은 남성선수들보다 생리학적으로 열등하고, 이 생리학적 열등성 때문에 대다수의 여성선수들은 별도의 스포츠가 필요하며, 그렇지 않으면 여성은 엘리트스포츠에 아예 접근할 수도 없게 된다.9) Jane English가 주장하듯, 생물학적, 문화적 요소의 혼합이 여성을 '불리한 계층'으로 분류하기에 스포츠에서 여성을 위한 보호 공간을 확보하지 않으면 사회 전반에서 여성 지위에 심각한 해를 끼칠 수 있다.10) 그러나 '불리한 계층' 주장이 정말 English가 바라는 '평등'으로 나아가게 해줄 것인지에 관해서는 의구심이 제기된다. 여성을 불리한 계층으로 간주하는 것이 여성 지위에 득보다는 오히려 해를 끼친다고 주장하는 이들도 있는데, 왜냐하면 여성을 열등하다고 보고, 그 열등함에 근거해 여성의 스포츠 접근권을 보호하는 것은 의도대로 평등을 장려하기보다 오히려 여성을 2류 선수로 보는 태도를 재확인할 위험을 지니기 때문이다.11)

스포츠철학자 Sigmund Loland는 스포츠에서 경쟁의 구조적 목적은 운동 수행능력에 따라 선수들을 측정하고, 비교하고, 순위 매기는 것이라고 주장한다.12) Gleaves와 Lehrbach는 이것을 스포츠의 '비교 테스트' 전제라고 부른다.13) 스포츠가 의미 있는 비교 테스트가 되려면 공정해야 하고, 선수들이 동등한 조건에서 경쟁할 수 있어야 한다. 또한 경쟁의 수준이 높아질수록 재능, 장점, 노력의 조합을 통해 선수들이 경쟁할 수 있는 권한을 가져야 하며, 충분한 재능이 없는 선수에게는 그 권한이 주어지지 않아야 한다.14)

이러한 관점에서 볼 때, 엘리트스포츠는 최고와 최고를 비교함으로써 기록, 순위, 탁월함이 결정되고, 관중들은 선수들을 더욱 명확하게 비교하게 된다.

이처럼 스포츠의 본질을 최고의 선수들이 만들어내는 탁월함을 비교 테스트 하는 것으로 보는 견해는, 여성스포츠를 별개의 범주로 분리해야 한다는 주장 과 상충된다. 성별에 따른 스포츠 분리를 반대하며 혼성 경쟁을 주장하는 이들은 남녀 분리를 성 차별로, 따라서 도덕적으로 나쁜 것으로 본다.15) 그들 의 핵심 주장은, 스포츠는 완전히 통합되어 최고의 경쟁자를 가려낸다는 스포 츠의 궁극적인 목적을 추구해야만 한다는 것이다. Tännsjö가 주장하듯, "스포 츠에서 최고의 선수가 승리하는 것은 매우 중요하다. 그렇다면 성별 차이는 순전히 무관한 것이다."16) Tännsjö는 어떤 여성선수가 남성선수보다 더 운동 능력이 뛰어나다면, 그 여성선수는 남성선수와 경쟁하고 이길 수 있도록 허용 되어야 한다고 주장한다. 만약 그 여성선수가 특정 남성선수를 이길 수 없다면 그것은 어쩔 수 없는 것이고, 경쟁이 공정했다면 그 여성선수는 그 남성선수가 더 뛰어난 재능이 있다는 사실을 받아들여야 한다는 것이다.17)

혼성 비교 테스트를 주장하는 입장은, 실력으로 다른 남성선수와 경쟁할 기회를 얻은 여성은 '보호'받는 계층 안에서 경쟁하는 여성선수들이 받을 수 없는 방식으로 그 재능을 존중받을 것이라고 주장한다.18) 재능이 부족한 여성은 역시 재능이 부족한 남성과 동등한 입장에서, 함께 열외에서 경기를 즐길 수 있을 것이다.19) McDonagh와 Pappano는 여성이 자력으로는 남자와 경쟁할 자격을 못 갖출 것이고, 그로인해 여성이 스포츠에서 배제되는 것이 불공평하다는 근거로 여성의 스포츠 접근권을 주장하는 것은 여성의 운동능력 을 영원히 이류 상태로 강등시키는 것이라 주장한다. 즉, '불리한 계층' 주장에 근거한 남녀 스포츠 분리는 그런 분리가 피하고자 했던 바로 그 불평등과 열등의 인식을 오히려 강화한다는 것이다. 여성을 위한 '보호' 공간을 주장하는 것은 불행히도 '스포츠'와 '여성스포츠'가 따로 존재함을 암시하며, 실제로 사람들은 종종 이 둘을 다른 것으로 취급하며 한 범주가 다른 범주보다 열등하다고 추론한다.

뿐만 아니라 '불리한 계층' 주장은 여성의 포용을 전제로 만들어진 범주(여성스포츠)가 트랜스젠더 여성선수의 배제를 낳는 아이러니를 드러낸다. Gleaves와 Lehrbach의 주장처럼, '잘못된' 생물학적 신체를 갖고 태어나 남성과 경쟁할 수 없다는 것을 근거로, 여성이 스포츠에서 배제되어서 안 된다면 여성스포츠의 독립적 존재를 주장하면서, 똑같은 근거, 즉 '잘못된' 몸을 갖고 태어나 자신의 젠더 정체성과 다른 성별과 경쟁할 수 없다는 것을 근거로, 여성스포츠에 참여하고자 하는 트랜스젠더 여성선수를 배제하는 셈이다. 그렇기에 Tamburrini와 Tännsjö는 다소 급진적이지만 스포츠의 남녀 분리를 끝내는 것이 남녀 성별에 근거한 트랜스젠더와 인터섹스 선수의 배제를 끝내는 것이라 주장한다.

이제껏 살펴본 것처럼, 스포츠의 남녀 분리를 지지하거나 반대하는 주장은 '비교 테스트' 전제를 스포츠의 본질로 여긴다. 대부분 학자들에게 논쟁의 요점은 남녀 분리가 비교 테스트에 대한 여성의 접근권을 보호하는 것인지, 아니면 여성스포츠를 남성스포츠보다 열등하다고 인식되는 다른 범주의 스포츠로 좌천시킴으로써 여성을 차별하는 것인지다. 그러나 비교 테스트 전제가 없다면, 그러한 전제가 일으키는 젠더 차별에 대한 걱정도 생기지 않는다. 대신, 스포츠의 남녀 분리에 관해 제기되는 의문은 '불리한 계층' 주장이 제시하는 이유 말고 스포츠를 남녀로 분리할 이유가 있는지, 그리고 그러한 이유가 정당한지 여부가 된다.

2. 스포츠에서 트랜스젠더 이슈와 쟁점

최근 육상 중거리 선수 Caster Symenya, MMA 선수 Fallon Fox, 해머던지기 선수 Keelin Godsey 등, 트랜스젠더와 인터섹스(intersex, 간성: 생식기,

성호르몬, 염색체 구조 등이 남성과 여성의 이분법적 구분에 들어맞지 않는 사람들을 가리키는 생물학적 용어) 선수들의 스토리가 미디어에 등장해 이들이 직면한 어려움과 관련 스포츠정책들의 적절성에 관한 논쟁이 이슈가 되고 있다.20) 스포츠계의 가장 영향력 있는 국제 관리기구라 할 수 있는 국제올림픽위원회(IOC)가 2015년 발표한 IOC 합의 성명서에 따르면, 남성으로 전환하는 트랜스젠더 선수들은 즉시 경쟁에 참여할 수 있는 자격을 갖추게 되는 반면, 여성으로 전환하는 트랜스젠더 선수들은 대회 전 12개월 이상 테스토스테론 수치가 10nmol/L(리터당 나노몰) 이하임을 증명해야 출전이 가능하다.21) 즉, 대회 참가에 관한 제약과 배제는 트랜스젠더 여성선수들에게 한정되어 제기되는 문제이다. 따라서 트랜스젠더 여성선수들에게 논의의 초점을 맞추겠다.

인터섹스 선수와 관련해서, IOC는 2012년 런던올림픽 개최 전 안드로젠과 잉중(hyperandrogenism)과 관련된 정책성명서를 발표하고 성별 확인 검사를 실시하고 있다.22) 여성 혹은 남성 스포츠 부문에서 겨룰 수 있는지 결정하기 위해 성별검사가 종종 실시된다. 스포츠에서 성별검사는 성 염색체에 의해 결정되는 성별에 따라 선수들이 적절한 부문에서 경쟁하도록 하는데 활용된다. 인간은 대개 쌍으로 나눠지는 46개의 염색체를 가진다. 23번째 쌍의 염색체가 성 염색체다. XX 성 염색체를 가진 이는 여자, XY 염색체를 가진 이는 남자로 구별된다. 스포츠는 바로 이 염색체 구분에 기반을 둔다. 다양한 성별 검사가 과거에 이용되었으나 가장 최근 방식은 1990년대 도입되었으며 폴리메라아제 연쇄 반응(PCR: polymerase chain reaction)이라 불리는 유전자 확장 기술을 사용한다.23) 이 기술이 현재까지 쓰이고 있으며, 이 기술의 목적은 Y 염색체를 찾는 것이다. 어떤 선수에게 Y 염색체가 발견되면 그 장소를 찾기 위해 다음 검사를 실시한다. Y 염색체가 성 염색체 장소에 위치해 있으면 그 선수는 여성 부문에서 겨루는 것이 금지된다.

성 염색체 검사의 결과는 과거에도 그랬고 현재에도 인터섹스와 트랜스젠더 선수에게 매우 중요하다. 1985년 유니버시아드 경기대회에서 여자 장애물 육상선수인 Maria José Martínez-Patiño는 성별 검사를 받아야만 했다. 검사 결과 XY 염색체를 가진 것으로 나왔다. 이에 체형, 외부 성기, 성 정체성, 사회성, 출생증명서 등을 통해 모두 여자임을 증명했음에도 불구하고 그녀는 대회에서 추방당했다.[24] 2009년, 육상 800미터 우승자인 Caster Symenya 역시 여성의 조건을 충족하지 못했다는 이유 때문에 성별 확인 검사를 받아야 했다. 국제선수연맹(International Association of Athletics Federation)은 Symenya가 정확히 어떤 부분에서 여성의 조건을 충족하지 못한 것인지를 구체적으로 밝히지 못했음에도 불구하고 Symenya의 '애매모호한 외모'와 '높은 남성호르몬 수치'는 대규모 성별검사를 촉발시켰다.[25] 2014년, 단거리 선수 Dutee Chand는 안드로겐과잉증 때문에 여성 부문에서 경쟁을 금지 당했다.[26] 안드로겐과잉증은 몸에서 높은 수치의 남성호르몬을 만들어내는 증상이며 이것이 Chand에게 부당한 이점을 준다고 여겨졌다.

인터섹스 선수들이 여성스포츠 부문 경쟁에서 배제되어야 한다는 입장의 논리는 트랜스젠더 여성 선수들에게도 그대로 적용된다. 1976년, 프로테니스 선수이자 트랜스젠더인 Renee Richards는 성별 검사를 요구받았다. 그녀는 검사를 거부했으며 미국 테니스연맹으로부터 출전금지 처분을 당했다. 그녀는 성별 검사를 강요하는 것이 부당하고 차별적이고 불공평한 처사라며 대법원에 소송을 냈다. 그러나 Richards가 승소 후 합법적으로 여성 부문에서 경쟁할 수 있게 되자 25명의 여성 선수들이 토너먼트의 참가를 철회했으며, 그들은 Richards가 성전환 수술과 여성적인 외모에도 불구하고 여전히 근육 면에서 남자로서의 이점을 가졌으며 유전적으로는 남자라고 주장하였다.[27] 비슷한 경우가 최근 미국 MMA 선수인 Fallon Fox에게도 일어났다. Fox가 트랜스젠더(MTF)라고 커밍아웃 하자 MMA 단체는 성명을 내어 Fox는 높은 남성호르몬 수치 때문에 다른 경쟁자들보다 유리하며, 따라서 여성 경기에 출전하는 것을 금지당해야 한다고 제안했다.[28]

최근 들어 트랜스젠더 선수들의 수가 지속적으로 증가함에 따라 이들이 자신의 젠더 정체성에 따라 경쟁할 것을 허용할지의 문제가 스포츠계의 이슈로 떠오르고 있다. 성별에 따라 분리되어 있고, 아주 작은 신체적 이점에 따라 승자와 패자가 판가름 나는 스포츠분야에서, 트랜스젠더의 스포츠 참여에 관한 문제는 다른 분야에서와 다르게 판단될 수밖에 없다. 트랜스젠더들이 어떤 식으로든 다양한 사회분야에서 수용되는 것에 관한 감수성이 점점 높아지고 있는 반면, 스포츠분야는 트랜스젠더 여성들이 어떤 측면에서는 부당한 이점을 가질 수 있다는 점에서 독특한 경우다.

트랜스젠더 여성선수가 여성스포츠 부문에서 경쟁하는 것에 대한 반대주장의 핵심은 그것이 부당하다는 것이다. 트랜스젠더 여성선수들이 부당한 이점을 가졌다는 주장은, 트랜스젠더 여성선수들이 특출하게 많은 양의 남성호르몬을 가졌기에 경쟁스포츠에서 훨씬 더 유리할 수 있다는 뜻이다. 평균적으로 볼 때 남성이 생리학적으로 여성보다 더 강하고 빠르기에, 트랜스젠더 여성선수들이 여성 부문에서 경쟁하도록 허용된다면 그들이 부당한 이점을 가질 것이란 주장이다. 요컨대, 트랜스젠더 여성선수들이 여성스포츠 분야에서 경쟁하면 안 되는 주된 이유는 그들의 높은 남성호르몬 수치에 따른 부당한 이점을 가졌기 때문이다. 편의상 이 같은 주장을 '공정성 이론'이라고 부르겠다. 그렇다면 이 '공정성 이론'은 타당한 것일까? 높은 수치의 남성호르몬을 가졌거나, 가졌었다는 사실은 트랜스젠더 여성선수들에게 정말 부당한 이점을 주는 것일까? 만약 그렇다고 해도, 이것이 스포츠 접근권을 아예 제한할 정도로 중요한 것인가?

3. 스포츠 본질에 관한 비판적 고찰

국제육상경기연맹(IAAF)과 국제올림픽위원회(IOC)를 포함한 일부 스포츠단체는 트랜스젠더 여성선수들이 시스젠더 여성선수들보다 불공평한 생리학적 이득을 갖고 있기에 여성스포츠에서 경쟁하는 것을 꺼리거나 반대해왔다.29) 시스젠더 여성선수들 또한 여성스포츠에 부문에 참여하는 트랜스젠더 선수에게 노골적인 적개심을 보여 왔다.30) 이들은 트랜스젠더 여성선수들이 높은 수치의 남성호르몬 때문에 불공평한 이점을 가지므로 여성스포츠 부문에서 자신들과 겨뤄서는 안 된다고 주장한다. 이러한 이유 때문에 트랜스젠더 여성선수들은 스포츠경기에 참가불허라는 법적 장벽에도 직면한다. 가령 2005년 영국은 트랜스젠더 권리 보호를 위해 만들어진 '젠더인식법(Gender Recognition Act)'을 개정하여, 스포츠연맹들이 "스포츠에서 한 성별(젠더)의 평균적인 신체적 힘, 체력, 체격이 다른 성별의 사람들을 불리하게 할 경우" 트랜스젠더 선수를 배제할 수 있도록 했다.31)

트랜스젠더 여성선수의 스포츠 참여를 반대하는 주장에 바탕이 되는 이론은, 스포츠란 누가 더 뛰어난 '신체적 기술'을 가졌는지 겨루는 것, 즉 '기술 원칙(skill thesis)'을 스포츠의 본질로 보는 이론이다.32) 이 이론의 요지는 스포츠에서 경쟁자들의 신체적 기술을 시험하기 위해서는 기술 이외의 부당한 외부 영향력은 감소되어야만 한다는 것이다. 기술 원칙을 유지하는 한 가지 방법은 스포츠장비처럼 선수의 외부에 존재하는 영향력을 감소시키는 것이다. 모든 선수들이 같은 장비를 사용하면 뒤따르는 운동수행들은 선수들의 기술에만 기반한 것이기에 기술 원칙을 유지할 수 있다.

스포츠의 기술 원칙을 유지하는 또 다른 방식은 유전적 '호르몬'으로 얻는 이점을 그 이점이 어떤 결과를 가져오든 상관없이 감소시키는 것이다.33) 호르몬의 수치에 따른 이점이 존재하는 여러 이유들이 있을 수 있으나 모든 종류의 호르몬 이점을 감소시키는 것이 공정한 경쟁, 특히 기술 원칙을 장려하는 것이다. 스포츠의 본질에 따르면, 선수들은 '자기계발이나 노력, 연습의 결과로서만 전문성을 발휘할 때' 그들의 기술과 성취에 대해 칭찬 받을 자격이 있다.34) 따라서 부당한 이점을 가졌거나 상대가 이러한 이점의 범위 내에서 경쟁할 방도가 없을 때 이것은 불공정한 상황으로 여겨진다.

그렇다면 남성호르몬 수치를 일정 수준까지 낮춘 트랜스젠더 여성선수의 경우는 여성스포츠 부문에 참가하는 것이 왜 문제가 되는 것일까? 이 물음에 관해, John Devine은 트랜스젠더 여성선수는 이미 남성 수준의 테스토스테론을 가지고 훈련하며 얻게 된 혜택 덕분에 시스젠더 경쟁자들이 가질 수 없는 지속적인 생리적 이익을 수년 간 누릴 수 있다고 주장한다.[35] Devine의 주장은 아직 과학적으로 증명되지 않았지만, 만약 트랜스젠더 여성선수들이 그러한 혜택을 누릴 수 있는 것이 사실이라면, 경쟁하는 시스젠더 여성들이 노력이나 연습을 통해 남성호르몬에 의한 이득을 가질 수 없기 때문에 이것은 감소되어야 할 부당한 요소가 맞을 것이다.

그렇다면 트랜스젠더 여성선수들이 지닌 생리적 조건이 정말 그들에게 부당한 이점을 주는 것일까? 따라서 경쟁하는 선수들 간의 평등조건을 무너뜨리는 것일까? 현재의 과학적 증거는 타고난 테스토스테론 호르몬이 그 어떤 직접적이거나 예측 가능한 방식으로 운동수행능력에 혜택을 준다고 증명하지 못하고 있다.[36] 테스토스테론 수치가 어떤 방식으로 이득을 준다고 하더라도 그것이 과연 불공정한 것인지에 대해서도 의문이다. 왜냐하면 모든 선수들은 절대적으로 공평한 조건에서 경쟁할 수 없기 때문이다.

가령, 올림픽에서 획득한 금메달 수만 23개에 달하는 마이클 펠프스는 위대한 수영선수이지만 그의 수영선수로서의 성공 비결은 적어도 부분적으로는 그의 유전적 특징의 영향으로 볼 수 있다. 펠프스는 손목, 발목, 팔꿈치에 이중관절을 지니고 있어 다른 경쟁 선수들에 비해 훨씬 더 유연하게 관절을 움직일 수 있고, 그의 유연한 발목은 플러터킥(물장구질)을 구사할 때 더 강한 추진력을 낼 수 있도록 도와준다.[37] 뿐만 아니라 194cm의 신장에 특출나게 긴 팔과 긴 상체, 짧은 다리 길이, 350mm에 달하는 큰 발과 남다른 젖산 해소능력은 수영선수로서의 성공에 절대적으로 유리한 조건들이다.[38] 이러한 타고난 조건들은 그의 경쟁자들 대부분이 갖지 못한 유전적 특징이다. 이러한 측면에서, 스포츠의 본질은 누가 더 뛰어난 '기술'을 가졌는지 겨루는 것이라는 Simon의 '기술 원칙' 주장은 현실적으로 맞지 않아 보인다.

트랜스젠더 여성선수들이 여성스포츠에 참여하는 것을 반대하는 주된 이유는 대부분의 시스젠더 여성선수들은 트랜스젠더 여성선수들이 가진 유전적 이점을 자연적으로 소유할 수 없어서다. 그러나 대부분의 수영선수들이 펠프스가 가지고 태어난 이중관절, 긴 팔, 큰 발을 자연적으로 소유하지 못하듯이, 모든 운동선수가 완전히 공평한 조건에서 출발할 수 있는 스포츠 종목은 없다. 그럼에도 불구하고 '생리학적으로 동등하지 않다'는 것을 근거로 트랜스젠더 여성선수를 배제하려는 것은 성별에 따라 이분화된 경쟁스포츠에 대한 편견 때문일 수 있다.39) 펠프스의 예가 보여주는 바는, 트랜스젠더 여성선수들이 부당하게 높은 수치의 남성호르몬을 가졌다는 주장과 비슷하게 이미 스포츠에서는 부당하고 불공평하게 여겨지는 특징들이 존재한다는 것이다. 즉, 트랜스젠더 여성선수들이 부당하게 유전적 이점을 가진 듯 보이겠지만 훈련에 의해 획득한 기술과 반대로 타고난 유전적 특징을 가진 성공적인 선수들의 예가 이미 무수하게 많다. 유전적 이점은 이미 스포츠에서 성공에 많이 기여하므로 기술 원칙을 주장하는 것은 비현실적이다. 타고난 유전적 자질은 이미 스포츠의 일부이므로 트랜스젠더 여성선수들이 여성스포츠 부문에서 겨루는 것이 유전적 이점에 따른 불공정을 야기한다는 이유로 그들이 배제되어서는 안 된다.

물론 시스젠더 여성선수들의 타고난 유전적 자질로 얻는 이득과 트랜스젠더 여성선수들의 유전적 자질로 얻는 이득이 다르다고 주장할 수도 있다. 하지만 중요한 것은 선수들이 지닌 어떤 유전적 이점들은 이미 스포츠에서 규범적으로 용인되고 있다는 것이다. 일반적으로 신체적 우수함을 타고난 사람들이 주로 운동선수가 되길 권유받고, 그 중 더 뛰어난 유전적 이점을 가진 이들이 운동선수로서 성공하는 것은 실증된 사실이다. Bostwick과 Joyner, Caplan, Dworkin과 Cooky, Ha와 공저자들 같은 학자들도 과학적 증거를 통해 트랜스젠더와 인터섹스 선수들이 결코 유리하지 않거나 혹은 이점이 있더라도 규범적으로 허용되는 범위 내에 있음을 주장한다.[40] Camporesi와 Maugeri, Schultz 또한 스포츠가 원래부터 절대적으로 공정하다는 가정에 의문을 제기하며, 트랜스젠더 선수가 포함되더라도 스포츠가 더 공정하거나 덜 공정하게 되지 않는다고 주장한다.[41] 트랜스젠더 선수가 자신의 젠더 범주의 생물학적 규범에 충분히 부합하거나 부합할 것이기 때문에 스포츠의 공정함을 해치지도 않으며, 따라서 배제될 이유가 없다는 것이다.

사람들은 스포츠에서 발생하는 모든 종류의 불공평을 제거하려고 하지는 않는다. 예를 들어, 선수들 사이의 경제적 불평등은 부유한 선수에게만 우수한 코치진, 심리상담사나 영양사와 같은 유능한 조력자, 최첨단 훈련 시설을 이용할 수 있는 혜택을 주지만, 이러한 혜택이 모든 선수에게 공평하지 않다는 이유로 선수 개인의 경제력을 발휘할 수 있는 범위를 제한하려고 하지는 않는다. 마찬가지로 트랜스젠더 여성선수의 유전적 이점이 불공평을 야기한다고 하더라도, 이것은 스포츠에서 용인할만한 불공평일 수 있다. 그리고 반드시 제거해야 할 만큼 도덕적으로 문제가 되지도 않는다.

현재로서는 트랜스젠더 여성선수들이 다른 시스젠더 여성선수들에 비해 갖는 부당한 이점이 정확히 무엇이고, 만약 그 실체가 있다면 그것이 어느 정도 경기력에 영향을 미치며, 얼마만큼의 불공정성을 초래하는지에 대한 과학적 증거가 없다.[42] 트랜스젠더 여성선수들만이 갖는 부당한 이득이라고 주장되는 것이 무엇인지를 밝혀내기 위해 더 많은 과학적 연구가 수행되어야 하며, 그러한 과학적 증거를 토대로 트랜스젠더 여선선수가 그런 부당한 이득을 가진 채 경쟁스포츠에 참여해도 되는지 여부를 결정하기 위한 윤리적 작업이 수행되어야 할 것이다.

일부에서는 트랜스젠더 선수의 스포츠참여를 전면적으로 허용하게 되면 이러한 포용 정책을 악용해 의도적으로 남성에서 여성으로 전환하는 트랜스젠더 선수가 많이 등장할 것이라고 우려한다. 하지만 이러한 우려는 남성은 여성보다 너무나 우월해 그저 '성(젠더)을 바꾸는 것'만으로 남성이 거의 확실히 여성스포츠를 지배 가능하다는 것을 전제한다. 또한 이러한 우려는 시스젠더 남성이 너무나 부정직해 (여성)스포츠에 참여하려는 목적만으로 자신의 타고난 성(젠더)에 대해 속이려 할 것임을 암시한다. 그러나 스포츠에서 성공 확률을 높이려고 의도적으로 자신의 성을 바꾸는 '가짜' 트랜스젠더가 여성경기에 참여해 이겼다고 하더라도 그의 성취에 대한 진정한 가치와 존경을 얻지는 못할 것이다. 사람들이 그런 '사기'를 금방 알아보고 인정하지 않을 것이기 때문이다. 여성스포츠에서 거둔 그의 성취는 그저 '짝퉁'으로 여겨져야 하며 또 분명히 그렇게 여겨질 것이다.

Dworkin과 Cooky는 트랜스젠더 선수들을 남성스포츠, 여성스포츠가 아닌 제3의 '트랜스젠더 스포츠 영역'에서 경쟁하도록 허용함으로써 그들의 스포츠 접근권을 존중할 수 있다고 주장한다.[43] 즉, 트랜스젠더 여성선수들이 트랜스젠더 여성선수들끼리 겨룰 수 있는 스포츠 범주를 만들면 다른 선수들과 마찬가지로 똑같은 경쟁의 기회를 누릴 수 있다는 것이다. 그러나 트랜스젠더 선수들은 동일한 기회를 누릴지언정, 자신의 젠더 정체성에 부합하는 범주에서 경쟁할 기회를 가진 시스젠더 선수들과 똑같은 가치의 기회를 누리지는 못하는 것이다. 트랜스젠더 선수들을 '트랜스젠더 스포츠'에서만 경쟁하도록 한다면, 그들의 스포츠 참여권을 공식적으로 빼앗는 것은 아닐지 몰라도 그들에게 수치스럽고 굴욕적인 선택권만을 남기는 셈이다. 무엇보다 트랜스젠더 선수들은 그들의 젠더 정체성에 부합하지 않는 범주의 스포츠에 참여해야 하는 것이다. 이것은 그들을 자신의 젠더에 근거한 스포츠로부터 교묘하게 배제하는 것이다. 트랜스젠더 여성선수를 트랜스젠더 스포츠 범주로 분리해버리는 것은 그들이 이미 사회에서 겪고 있는 소외를 재생산하고 악화시킬 위험이 있다.

나가며

  아직은 국내에서 트랜스젠더들의 이야기는 다소 생소하다. 하지만 최근 모 여대의 트랜스젠더 입학 거부 사건, 트랜스젠더 부사관의 전역 조치 논란이 사회적으로 큰 이슈가 되었다. 국내 스포츠계에서 트랜스젠더 이슈는 더 와 닿지 않을 수 있지만, 증가하는 트랜스젠더 수에 비춰볼 때, 앞으로 스포츠 계에서도 더 많은 논란이 대두될 것이다. 전통적인 남녀이분법이 엄격히 적용 되고, 신체성이 강조되는 스포츠분야에서 트랜스젠더 이슈는 다른 사회분야와 는 다른 방식으로 논의될 가능성이 높다. 이에 트랜스젠더의 스포츠 참여와 경쟁의 공정성에 관한 고민과 논의가 필요한 시점이다.

  트랜스젠더 여성선수가 여성스포츠 부문에 참가하는 것을 반대하는 주된 이유는 트랜스젠더 여성선수들이 시스젠더 여성선수들과 생리학적으로 동등 하지 않은 부당한 이점을 가졌다는 것이다. 즉, 트랜스젠더 여성선수가 불공평 한 이득을 가져 스포츠의 본질인 비교 테스트를 교란한다는 것이다. 그러나 이러한 '생리학적 동등성' 주장은 스포츠 본질에 대한 그릇된 생각, 즉 경쟁자 들 사이의 생리학적 평등이 스포츠의 필수적 특성이며, 이 특성 없이는 그 어떤 스포츠의 내재적 선도 실현될 수 없다는 생각에 의존하고 있다. 이러한 생각은, 트랜스젠더 여성선수들이 경쟁에 허락되면 경쟁자들 간에 불평등이 발생하여 스포츠의 공정성 가치가 훼손된다는 이유로 트랜스젠더 여성선수들 을 배제하는 데 정당성을 부여한다. 하지만 경쟁자들 간의 생리적 동등성에 대한 집착은 스포츠의 다른 소중한 가치를 잃게 하고, 또한 배제될 만한 행동을 하지 않은 이들을(트랜스젠더 선수들) 불필요하게, 그리고 부당하게 배제하는 결과를 초래한다. 스포츠의 다른 의미 있는 가치에 초점을 맞춰보면 트랜스젠 더 선수를 포함해야 하는 보다 강력한 근거가 드러난다.

  트랜스젠더 여성선수의 스포츠 참여를 반대하는 입장에서는 트랜스젠더 여성선수의 포용은 불공정한 시합을 허용해 궁극적으로 스포츠정신과 가치에 해를 끼칠 것이라고 주장한다. 물론 스포츠에서 공정성을 지향하는 것은 무척 중요하다. 경쟁자들 사이에 공정한 조건들이 갖추어질수록 스포츠경기의 즐거움이 커지고 탁월함을 위한 상호 도전이 증진될 것이다. 그러나 공정성이 스포츠의 핵심적 고양 가치이지만, 유일하거나 최우선시 되는 가치는 아니다. 트랜스젠더 여성선수들의 스포츠를 할 수 있는 권리에 관한 근거는 공정성 개념을 넘어서야 한다. 달리 말해, 트랜스젠더 여성선수의 스포츠 접근권에 관한 논의에서 공정성만 과도하게 집착하면 보다 고귀하고 영구적이며 불변하는 인간의 가치들이 희생된다. 스포츠의 공정성은 스포츠와 관련된 다른 가치, 특히 포용성과 균형을 이루어야 한다. 스포츠의 공정성을 확보하는 것과 동시에 스포츠가 모든 젠더 정체성을 포용하기를 바랄 수도 있다. 하지만 충돌이 불가피하다면, 인간의 고귀한 가치를 희생하면서까지 현대 스포츠의 한 요소, 즉 '비교 테스트를 통해 인간의 신체적 탁월성을 결정하는 것'에만 의존할 필요는 없다. 특히 그 요소가 어떤 이들의 배제를 낳는 경우는 더욱 그렇다. 여성스포츠에서 경쟁하는 트랜스젠더 여성선수가 부당한 이익을 누리더라도, 이런 부당함은 스포츠가 모든 이들을 포용하고 모든 이들에게 개방되는 것을 확보하기 위해 용인될 수 있다.

트랜스젠더 선수의 스포츠 접근권에 관한 이슈는 시스젠더 선수의 특권이 스포츠를 덜 포용적인 공간으로 만들어온 방식을 환기시킨다. 오늘날 우리사회의 양성평등을 향한 진보에도 불구하고 여전히 전통적인 젠더이분법이 지배하는 스포츠는 젠더 불일치 선수를 소외시키고, 그리고 전통적 젠더 규범에 일치하지 않는 개인은 스포츠에서 결코 환대받지 못한다. 스포츠를 다양성과 포용성이 존재하는 공간으로 만든다면 주변화된 사람들이 힘과 용기를 얻게 되고, 스포츠 역시 상대를 측정하고 순위 매기는 비교 테스트 전제의 과도한 영향에서 풀려나 생물학적 성별이 전통적 젠더이분법에 맞지 않는 사람들에게도 자신의 의미 있는 이야기와 정체성을 표출할 수 있는 유용한 장소가 될 수 있을 것이다. 사람들은 그들이 하는 스포츠를 통해서 뿐 아니라 어떻게 스포츠를 하는지를 통해서도 자신들의 정체성을 형성한다. 트랜스젠더 여성선수들이 자신의 정체성과 일치하는 젠더의 스포츠에 참여하는 것은 그들 자신에 대한 이해를 심화시킬 수 있고, 사회 전반에 퍼진 그들에 대한 낙인을 감소시킬 수 있을 것이다. 스포츠에 참여하고자 하는 모든 이들이 모든 제한에서 자유롭게 그들 스스로 정체화한 성별로서 참여할 수 있도록 보장되어야 한다. 이것이 보다 진보된 사회이고 보다 진보된 스포츠일 것이다.

　스포츠와 같은 사회적 관습은 그 관습에 영향을 끼치는 사회적 가치, 전통, 전제들 없이는 이해할 수 없다. 사회적인 것과 자연적인 것이 상호작용해서 인간을 인간으로, 그리고 남녀로 형성하듯, 스포츠 역시 인간 상호작용의 산물이다. 상호작용이 변하면 스포츠란 관습도 변한다. 이 점을 파악해야만 스포츠는 원래 이렇다, 혹은 이래서 남성들이 선천적으로 스포츠를 잘 할 수밖에 없다는 생각들에 저항할 수 있다. 스포츠는 인간의 가능성에 대해 융통성 없는 선입견을 강요할 필요가 없으며, 오히려 인간의 자아와 정체성 표현에 관해 이전에 탐구되지 않은 새 지평선을 열 수 있다. 스포츠는 고정된 것이 아니다. 스포츠규범은 유동적이며, 스포츠규범을 실현하는 인간들의 정체성 역시 유동적이다.

<table>
<tr><td>주제
10</td><td>'인간 심판'은 사라질 것인가?</td></tr>
</table>

쟁점

"오심도 경기의 일부이다"라는 표현처럼 스포츠경기에서 심판이 내린 판정이 때론 논란이 되더라도 경기 전체를 놓고 볼 때, 양측에게는 어느 정도의 형평성을 갖기 때문에 선수나 지도자, 경기 관계자, 그리고 이를 지켜보는 관중들도 심판의 최종 판정을 대체로 받아들이는 것이 일종의 스포츠계의 관습이었다. 하지만, 오늘날 고도로 상업화된 스포츠에서 심판의 잘못된 판정은 팀이나 선수에게 단순히 경기의 패배만을 가져다주는 것이 아니라 대부분 심각한 경제적인 타격으로까지 연결되고 있는 현실을 고려할 때,

* 한국체육철학회지 제26권 제2호에 게재된 저자의 논문, 『심판판정과 비디오판독 도입에 관한 윤리적 쟁점 연구』를 수정·보완하여 작성함

심판판정은 논란의 여지가 없어야 하며 명백히 잘못된 판정에 대해서는 취소가 허용되어야 한다는 주장이 제기되었다. 이로 인해 오늘날 대부분의 프로스포츠에서 비디오판독 제도가 도입되었고, 이는 실제로 심판의 잘못된 판정을 잡아내며 보다 공정한 경기를 만드는 성과를 냈다. 하지만 스포츠경기의 흐름이 끊기거나 지연되며, 무엇보다 심판의 권위를 무너뜨릴 수가 있다는 비판도 제기되고 있다. 판정을 기계에 의존하게 되면 심판은 영상을 보고 확인하는 사람에 그치게 될지도 모른다. 오늘날 과학기술의 발전 속도에 비추어 볼 때, 심판이 없어도 스포츠경기가 가능한 인공지능 판정 시스템 도입에 대한 우려가 머지않아 현실이 될지도 모를 것이다. 인간의 탁월함을 경쟁하는 스포츠에서 경기집행자인 심판의 영역이 인간이 아닌 기계에 의존하게 되면 스포츠의 본질은 변화가 불가피할 것이다. 만약 야구 경기장 안의 각 베이스에 인간 심판이 아닌 기계 심판이 설치되어 있다면, 지금 우리가 보고 즐기는 야구는 그때도 그대로일까? 스포츠에서 심판이란 직업은 머지않아 사라질 것인가? 당신은 어떻게 생각하십니까?

핵심개념

1. 비디오판독 시스템 도입 반대 입장

• 모든 심판의 판정을 추후에 심사하거나 취소할 수 있게 된다면 심판의 권위가 추락될 수 있다.

• 스포츠의 특수성을 고려하는 차원에서, 특히 경기의 흐름을 유지하기 위해서라도 심판이 내린 판정을 수용해야 한다. 가령 비디오판독으로 인해 경기의 흐름이 끊겨 경기의 묘미가 반감되는 것뿐만 아니라 애매한 판정의 경우 시간이 많이 소요돼 정해진 경기시간을 넘기는 경우가 나올 수 있다.

2. 비디오판독 시스템 도입 찬성 입장

• 심판의 명백한 착오로 인하여 오심을 내린 경우에도 이를 번복할 수 없게 되는 것은 스포츠가 강조하는 페어플레이 추구와 상충된다.

• 비디오판독과 같은 기술적 보조수단은 심판의 권위를 떨어트리기 보다는 오히려 심판판정에 대한 신뢰성과 객관성을 높여준다.

3. 심판의 특권과 기술의 발전

• 존재론적 권위(ontological authority)
  심판은 경기집행자로서 최종 결정을 내릴 수 있는 권한이 부여되기에 가장 마땅한 사람

• 인식론적 특권(epistemological privilege)
  ① 우월한 전망: 경기장에서 일어나는 일이 가장 잘 보이는 위치를 선점하고 있음
  ② 전문가적 기술: 대부분 선수출신으로 경기에 대한 이해도가 높고, 전문적인 심판훈련과 지속적 평가를 받음

⇨ 비디오기술의 발전은 관중 또는 경기장 밖의 사람들로 하여금 경기장에서 일어나는 일을 심판보다 더 잘 파악할 수 있게 만들었다.

⇨ 비디오기술의 발달 이전 시대에는 심판의 인식론적 특권이 심판의 존재론적 권위에 당위성을 부여했지만, 기술의 발전으로 인해 인식론적 특권이 관중이나 TV 시청자들에게로 옮겨감으로써 심판의 존재론적 권위와 인식론적 특권 사이에 불협화음이 생겨났다.

들어가며

2016년 3월, 세계 최강 바둑기사 중에 한 명인 한국의 이세돌과 구글 딥마인드(Google DeepMind)가 개발한 인공지능 바둑 프로그램 알파고(AlphaGo)의 인간과 기계의 역사적인 바둑 대결이 TV 생중계로 이루어졌다. 알파고는 대국장에 설치된 모니터를 통해 본인의 행마를 표시하고 알파고의 대리인인 딥마인드 직원이 모니터를 보고 실제 바둑판에 돌을 두는 방식이다. 총 5번의 대국 중 알파고가 4승 1패로 이세돌 9단에게 승리하였다. 이 결과는 바둑에서 인공지능이 인간에 승리하는 것은 빨라도 10년 후라고 예상했던 수많은 바둑 관계자에게 큰 충격을 주었다. 알파고가 인간을 상대로 승리함으로써 과학기술의 발전이 금융, 법률, 의료뿐만 아니라 스포츠에서도 많은 변화를 일으킬 것이라는 전망이 나왔다. 머지않아 많은 분야에서 기계에 의해 직업 고유의 역할을 뺏기는 현상이 일어날 것이다. 그런 분야 중에 하나로 지목되는 것이 바로 스포츠 심판이다.

오늘날 스포츠경기는 TV 중계를 통하여 심판의 오판여부를 확인하는 것이 그다지 어렵지 않게 되었다. 최첨단 카메라기술의 발달로 인하여 심판판정에 이의가 있는 경우 관련 장면에 대한 녹화영상을 분석하여 정확한 판정을 내리는 영상판독 혹은 비디오판독 판정이 스포츠에 도입되고 있다. 미국은 2006년 US오픈 테니스경기에서 메이저대회로는 처음으로 "호크아이(Hawk-Eye)"라는 비디오판독 시스템을 도입하였으며, 미국 프로야구 메이저리그(MLB)는 홈런성 타구를 둘러싼 각 구단의 시비가 잇따르자 2009년 8월부터 홈런 타구에 한해 비디오 판독제도를 도입하였다.[1] 국제축구연맹(FIFA) 또한 골라인판독기를 2012클럽월드컵에서 시험운영 후 2014브라질월드컵에 도입하였다.

국내 스포츠에서는 2007년 프로배구가 한국프로스포츠 최초이자 세계배구 최초로 영상판독 시스템을 도입하였고, 뒤이어 프로농구에서도 시행되었으며 한국야구위원회(KBO)도 2014년 후반기부터 비디오판독을 통한 심판 합의판정 제도를 도입하였다. 나아가 KBO는 2017시즌부터는 미국 메이저리그식 비디오판독 시스템을 도입하였다. 별도의 비디오판독센터에서 영상판독관과 심판위원들이 판독을 하고 현장에 있는 주심에게 헤드셋을 통해 판독결과를 통보하는 형태로 운영되는 시스템이다. 그동안 경기의 흐름이 끊긴다는 이유로 도입을 미뤄왔던 프로축구 K리그에서도 배구, 농구, 야구 등에 이어 2017년부터 비디오 판독제도가 도입되었다.

"오심도 경기의 일부이다"라는 표현처럼 스포츠경기에서 심판이 내린 판정이 때론 논란이 되더라도 경기 전체를 놓고 볼 때, 양측에게는 어느 정도의 형평성을 갖기 때문에 관련 선수나 지도자, 경기 관계자, 그리고 이를 지켜보는 관중들도 심판의 최종 판정을 대체로 받아들이는 것이 일종의 스포츠계의 관습이었다.[2] 하지만, 오늘날 고도로 상업화된 스포츠에서 심판의 잘못된 판정은 팀이나 선수에게 단순히 경기의 패배만을 가져다주는 것이 아니라 대부분 심각한 경제적인 타격으로까지 연결되고 있는 현실을 고려할 할 때, 심판판정은 논란의 여지가 없어야 하며 명백히 잘못된 판정에 대해서는 취소가 허용되어야 한다는 주장이 제기되었다.[3] 이로 인해 오늘날 대부분의 프로 스포츠에서 비디오 판독제도가 도입되었고, 이는 실제로 심판의 잘못된 판정을 잡아내며 보다 공정한 경기를 만드는 성과를 냈다. 하지만 스포츠경기의 흐름이 끊기거나 지연되며, 무엇보다 심판의 권위를 무너뜨릴 수가 있다는 비판도 제기되고 있다. 판정을 기계에 의존하게 되면 심판은 단지 영상을 보고 확인하는 사람에 그치게 될지도 모른다. 만약 프로야구에서 볼 혹은 스트라이크 판정까지 비디오판독의 대상이 되면 언젠가 프로야구 경기에서 심판이 사라질 수도 있다는 우려도 나오고 있다.

이번 주제에서는 심판판정과 비디오판독기술에 관한 다양한 쟁점들을 알아보고 새로운 테크놀로지의 도입이 스포츠의 본질에 어떤 문제를 야기할 수 있는지 살펴보고자 한다.

1. 비디오판독기술 도입에 대한 학술적 논쟁

기술의 발전으로 등장하게 된 비디오판독 시스템은 스포츠현장 뿐만 아니라 학계에서도 뜨거운 논쟁이 되고 있다. 슬로우 모션 리플레이(slow-motion replays), 클로즈업(close-up shots), 다각도 카메라 디스플레이(multi-angle camera displays) 등과 같은 판정보조기술(decision-aid technology)은 심판의 오판을 정정하는 장치로서의 역할뿐만 아니라 심판판정의 객관성과 공정성을 확보함으로써 스포츠의 신뢰성을 제고할 수 있다는 긍정적 평가가 주를 이룬다. 반면 인간의 탁월함을 경쟁하는 스포츠에서 경기집행자인 심판의 영역이 인간이 아닌 기계에 의존하게 되면 스포츠의 본질에 변화가 불가피하다는 부정적 평가도 존재한다. 오늘날 과학기술의 발전 속도에 비추어 볼 때, 심판이 없어도 스포츠경기가 가능한 인공지능 판정 시스템의 도입에 대한 우려가 머지않아 현실이 될지도 모를 것이다.

현재까지 비디오판독 시스템 도입과 관련된 연구들이 국내 체육학계에서 조금씩 나오고 있으나, 심판의 오심을 줄이고 공정성 확보를 위해 비디오판독 도입의 정당성을 주장하는 연구가 대부분이었다.[4] 스포츠에서 심판판정의 의미에 대한 철학적 고찰과 비디오판독 제도가 야기할 수 있는 윤리적 쟁점에 관한 정보는 아직 많이 부족하고, 이와 관련된 연구 또한 거의 없는 실정이다. 최근 들어 과학기술 발전에 따른 윤리적인 문제에 대하여 사회적인 관심이 높아지고 있음에도 불구하고 과학기술의 사용이 뜨겁게 논란거리가 될 수 있는 스포츠계에서는 정작 논의가 제대로 이루어지지 않고 있다. 문제는 일부에서 비디오판독과 같은 기술의 도입이 스포츠의 본질과 스포츠에서 가치 있는 것들을 훼손시킨다고 주장하고는 있지만, 이러한 새로운 기술이 훼손하는 가치가 정확히 무엇인지에 관해서는 확립되어 있지 않다는 것이다. 즉, 스포츠에 비디오판독 시스템을 도입함으로써 발생하는 결과적 현상과 스포츠 본연의 특징과의 갈등에 대한 담론의 장(場)이 여전히 체육학계에 형성되어 있지 않다.

비디오판독과 같은 새로운 기술이 심판판정의 객관성과 공정성을 담보할 수 있다면, 왜 스포츠에 이러한 기술을 도입하는 것이 문제가 될 수 있을까? 오히려 스포츠의 발전에 도움이 되는 것이 아닐까? 일반인이나 스포츠정책의 성향은 비디오판독 기술의 사용을 찬성하고 옹호하는 데 반해서, 미국 스포츠철학계의 분위기는 판정보조기술의 사용을 상당히 우려하고 이를 규제하려는 쪽으로 기울고 있다. 일부 스포츠철학자들은 모든 판정을 함에 있어서 "상당성의 원칙"에 대한 고려가 요구되기 때문에 스포츠의 특성을 고려하여 기술적 수단 도입의 필요성, 적합성 그리고 상당성에 대한 비판적 검토가 이루어져야 한다고 주장한다.[5]

스포츠에 비디오 판독기술의 도입과 관련해 다음과 같은 몇 가지 핵심적인 쟁점들이 검토되어야 할 것이다. 심판이 가진 "인식론적 특권(epistemological privilege)"에 대한 경쟁자의 발생[6], 그로 인한 심판의 "존재론적 권위 (ontological authority)"에의 위협[7], 카메라가 보여주는 것에 대한 근거 없는 신뢰[8], 과학기술을 사용하는 스포츠와 사용하지 않는 스포츠간의 불균형을 다루는 위험[9], 그리고 스포츠경기가 클로즈업과 슬로우 모션 리플레이라는 기술적 현미경 아래 놓였을 때 판단의 정확성을 해석하는 문제[10] 등이 논쟁이 될 수 있는 주제들이다. 심판판정과 비디오 판독기술의 사용에 대한 이러한 쟁점에 대한 논의가 선행되어야 비디오판독 제도 도입이 스포츠에 야기할 수 있는 문제가 무엇인지, 그리고 이에 대처할 수 있는 방안 또한 합리적으로 모색할 수 있을 것이다.

2. 비디오판독제도에 관한 찬/반 입장

과학기술의 발전과 함께 등장하게 된 비디오판독과 같은 판정보조기술

(decision-aid technology)은 스포츠현장 뿐만 아니라 학계에서도 많은 논쟁이 되고 있다. 먼저 스포츠에 비디오판독제도 도입을 반대하는 입장은, 만약 모든 심판의 판정을 추후에 심사하거나 취소할 수 있게 된다면 심판의 권위가 추락될 수 있음을 우려한다. 대부분의 스포츠경기에서 심판의 결정은 최종적인 것으로 규정하며 심판판정에 대해 구속력을 부여한다. 이것은 심판의 사실판단에 의심이 가거나 오심에 의해서 경기결과에 심각한 영향을 미친다 하더라도 경기결과를 취소할 수 없으며 심판의 실수는 감수되어야 한다는 것을 의미한다.

또한 스포츠의 '특수성'을 반대의 강력한 이유로 내세운다. 이를테면, 축구에서 비디오판독이 실시된다면 경기의 흐름이 끊겨 축구의 묘미가 반감되는 것뿐만 아니라 애매한 판정의 경우 시간이 많이 소요돼 종료 휘슬이 울리기 전까지 50분이 넘는 경기가 나올 수 있다는 것이다. 한 경기에서 많은 골이 터지지 않는 축구의 특성상 득점 후 선수들의 화려한 세리머니를 보는 재미도 반감될 수 있다. 국내 프로야구를 예로 들면, 2014년 후반기부터 시작된 비디오판독은 매년 그 신청 횟수가 증가함에 따라 경기 시간에 안 좋은 영향을 미치기 시작했고, 결국 비디오판독에 시간제한을 두어야 한다는 주장이 대두되었다.11) 요컨대, 스포츠의 특수성을 고려하는 차원에서, 특히 경기의 흐름을 유지하기 위해서라도 심판이 내린 판정을 수용해야 한다는 것이 비디오판독제도 도입을 반대하는 입장의 주된 주장이다.12)

반면 비디오판독제도 도입을 옹호하는 입장은 '스포츠 특수성'에 관한 주장을 반박한다. 사실관계에 대한 심판의 판정이 구속력을 근거로 취소가 불가능하다는 원칙을 고수할 경우, 심판의 명백한 착오로 인하여 오심을 내린 경우에도 이를 번복할 수 없게 되는 것은 스포츠에 있어서 정의(正義)라 할 수 있는 페어플레이 추구와 상충된다는 것이다.13) 비디오판독제도 도입을 찬성하는 이들은 비디오판독이 심판의 '사실관계 판정에 대한 취소불가원칙'을 침해하며 그로 인해 스포츠의 특수성을 해친다는 주장에 동의하지 않는다. 오히려 비디오판독 기술은 심판판정에 대한 신뢰성을 높여주거나 적법한 절차를 통해 정당한 판단을 내릴 수 있도록 하는 데 결정적인 역할을 맡는다는 점을 강조한다.14) 즉, 비디오판독과 같은 기술적 보조수단을 심판판정에 적극 활용하여 오심비율을 줄일 수 있도록 심판을 지원하는 것이 스포츠의 특수성이라 할 수 있는 페어플레이 정신을 높이기 위해서라도 바람직하다는 것이다.

이처럼 비디오판독제도 도입을 둘러싸고 서로 대조되는 입장이 존재한다. 이러한 상반되는 입장의 합의점을 찾기 위해서는 심판판정에 비디오판독기술이 활용되는 것에 관하여 찬성하거나 반대하는 주장의 바탕에 깔린 논점을 살펴보아야 한다. 달리 말하면, 비디오판독 시스템을 도입하는 것에 대한 찬성자와 반대자의 각 입장을 면밀히 살펴보고, 왜 그들이 대조되는 입장을 갖는지, 왜 서로 다른 가치판단을 내리며, 또 그 판단의 바탕이 되는 가치이론이 무엇인지에 대한 분석이 이루어져야 한다. 이러한 분석이 선행되어야 새로운 과학기술의 도입이 스포츠의 본질과 가치들에 어떠한 영향을 미칠 수 있을지, 또한 어떻게 대처할 수 있을지에 대한 방안도 모색할 수 있을 것이다.

3. 심판판정과 비디오판독기술에 관한 쟁점

비디오기술의 발전은 관중 또는 경기장 밖의 사람들로 하여금 경기장에서 일어나는 일을 심판보다 더 잘 파악할 수 있도록 만들었다. 즉, 관중이나 TV 시청자들이 스포츠경기의 장면들을 반복적으로, 때로는 슬로우 모션으로, 그리고 다양한 각도의 카메라로 볼 수 있게 됨으로써 오히려 심판보다 더욱 정확한 판정을 내릴 수 있게 되었다. 이제껏 스포츠에서 규칙이 지켜지도록 시의적절한 판정을 내려야 하는 사람, 그러한 판정을 내릴 권한을 부여받은 사람, 그리고 공정함을 보장할 뿐 아니라 공정함이 이뤄지도록 해야 하는 사람은 심판이라고 믿겨져 왔다.15) 하지만 경기장 밖의 사람들이 경기를 집행하는 심판들보다 경기를 더 잘 파악할 수 있고, 오심이 일어났는지도 확인할 수 있게 된다면 그러한 심판의 역할과 권위는 약화될 가능성이 높다. 비디오판독제도의 도입을 옹호하는 입장에서는 심판이 더욱 정확하고, 더욱 공정한 판단을 내리는 데 새로운 과학기술이 기여할 수 있으며, "존재론적 권위(ontological authority)"라는 것이 반드시 심판의 손에만 놓일 필요는 없다고 주장한다.16) 이처럼 심판의 역할과 비디오판독제도를 바라보는 다른 관점이 존재하는데, 필자는 심판 권위의 문제, 비디오판독 주체의 문제, 그리고 정확함과 정당함의 문제라는 세 가지 쟁점에 초점을 맞추어 심판판정의 의미를 살펴보고, 이를 토대로 비디오판독제도 도입에 대한 비판적 분석을 시도하고자 한다.

(1) 심판의 존재론적 권위에 대한 위협인가?

스포츠에서 심판들(umpires and referees)에게는 엄청난 "존재론적 권위"가 부여되어 있다. 즉, 심판들의 결정이 경기 중에 일어나는 특정 상황을 정의(定義)하며, 이것은 이어지는 경기의 방향이나 경기의 결과, 기록보관소에 그 경기가 기록되는 방식에도 영향을 미친다. 대부분의 스포츠경기에서 심판의 결정이 최종적이다. 이제껏 스포츠 구성원 중 경기집행자인 심판에게 존재론적 권위를 부여하는 것이 가장 적절하다고 여겨져왔는데, 그 이유는 심판들이 다른 구성원들에 비해 "인식론적 특권"을 가지고 있다고 전제되었기 때문이다.17) 달리 말하면, 만약 한 심판이 "내가 본대로 결정하겠다"고 한다면, 그 심판이 "본대로 결정하기에" 가장 당연한 사람이라고 전제되었다는 것이다. 이러한 인식론적 특권에는 두 가지 출처가 있다.

첫 번째 출처는 우월한 전망이다. 심판들은 경기장에서 일어나는 일이 가장 잘 보이는 위치를 차지하고 있다. 이러한 위치는 테니스에서처럼 미리 정해져 있기도 하고, 아니면 축구에서처럼 경기를 따라다녀야 하기도 한다. 하지만 어떤 경우든, 다른 사람들보다 심판이 경기를 지켜볼 수 있는 더 나은 위치를 가졌다고 전제된다. 두 번째 출처는 전문가적 기술을 가졌다는 점이다. 즉, 심판들은 대개 전직 선수 출신들이고 전문적인 심판훈련을 지속적으로 받으며, 그들 판정은 또 다른 전문가들에 의해 면밀하게 평가받는다.[18] 따라서 심판들은 자신들의 심판으로서 역량을 면밀하게 검토받으며 숙련된 경험을 쌓아가는 전문적인 기술인이다.

비디오기술의 발달 이전 시대에는 이러한 출처들이 심판의 존재론적 권위와 인식론적 특권에 당위성을 제공하였고, 그렇기에 심판의 최종 판정을 대체적으로 받아들이는 분위기였다. 그러나 새로운 과학기술들은 심판의 인식론적 특권을 저하시켰다. 어떤 경우에는 인식론적 특권이 관중이나 텔레비전 시청자들에게로 옮겨갔을 정도다. 이것은 존재론적 권위와 인식론적 특권 사이에 불협화음이 생겼다는 뜻이며, 곧 심판판정과 그 종목에 대한 신뢰상실로 이어진다. 달리 말해, 심판들이 경기 상황을 가장 잘 볼 수 있는 사람도 아닌데, 굳이 최종 판정의 특권을 그들에게 줄 필요가 있느냐는 지적이 제기되고, 이는 곧 그 경기 자체에 대한 신뢰를 떨어트리는 문제를 초래한다는 것이다.

방송기술과 IT산업이 발달함에 따라 경기 장면을 '다시 보고', '천천히 보고', '정지해서도 볼 수 있게' 된 시청자들과 관중들은 경기장에서 멀리 떨어져 있기에 가졌던 경기상황에 관한 인식론적 불리함을 더 이상 가지지 않게 되었다. 한 대의 카메라, 혹은 여러 대의 카메라앵글은 오히려 경기장 밖의 사람들에게 심판보다 더 낫거나 심판의 것과 비슷한 유리한 전망을 제공한다. 다시보기, 특히 '슬로우 모션 다시보기'는 집에 있든 경기장에 있든, 시청자들을 심판보다 더 나은 판정의 위치에 놓는다. 이러한 '슬로우 모션 다시보기'는 심판만이 차지했던 전망의 우월한 위치를 파괴시키고, 그들의 전문가적 기술마저 파괴시키는데, 왜냐하면 심판기술의 대부분이 실시간으로 정확한 판단을 내리는 것이기 때문이다. 경기 중에 심판들은 거의 순간적인 연속사건에 대해 판정해야하며, 이것은 의식적일 뿐 아니라 무의식적인 과정도 필요로 한다.[19]

이러한 판단은 개별적인 관찰들로부터 판단을 조립해내는 것이 아닌 그 상황을 전반적으로 이해하는데 필수적으로 요구되는 경험과 숙달에 의해 감각적으로 내려지는 것이다. 경기의 한 장면을 다시 볼 수 있고 정지할 수도 있다면, 심판의 전문적 기술의 한 부분이라 할 수 있는 감각적이고 본능적인 지식은 쓸모없어진다. 이처럼 스포츠에서 비디오기술은 유리한 전망과 전문적 기술에 이뤄졌던 심판판정을 아주 특별하고, 제한된 사람만이 가진 기술이라기보다 어디에나 있는, 그리고 누구나 가질 수 있는 흔하고 평범한 기술로 만들어버렸다.

비록 이러한 과학기술 덕분에 논란의 여지가 있는 심판판정에 대해 많은 사람들이 의견을 피력할 수 있게 되었지만, 그 많은 의견들을 최종결정으로 확정하는 것에는 실질적, 재정적, 윤리적 문제들이 뒤따른다. 즉, 심판의 모든 결정이나 의심스러운 판정의 순간마다 경기가 중단되고, 그리고 경기를 재개하기 위해서는 느린 화면이든, 슬로우 모션 정지 화면이든, 어떤 식으로든 그 장면을 본 모든 사람들의 의견을 조사하고 조율해야만 한다면 일은 엄청 복잡해진다. 많은 사람들이 심판에 비해 인식론적으로 더 우월한 위치에 있다면 심판의 권위는 약화될 수밖에 없다. 스포츠에서는 경기 상황에 대해 누군가 최종적인 결정을 내려야 하고, 그러한 권위를 가진 경기집행자가 없다면 스포츠경기 자체가 성립하기 어렵다. 그러한 권위를 가진 그 누군가가 심판이어야 한다면, 심판에게도 시청자들이 가진 인식론적 특권을 동등하게 제공해주어야 심판판정이 신뢰를 얻고 스포츠의 공정함도 유지할 수 있을 것이다.

그렇다면 심판들도 그들의 분명한 실수와 오판을 피하기 위해 시청자가 보는 것과 마찬가지로 비디오판독과 같은 판정보조기술을 사용하도록 허용해야 하는 것일까? 심판들에게 시청자와 똑같은 인식론적 특권, 즉 카메라를 통해 분명한 실수가 벌어졌음을 확인할 수 있는 권한을 주어야 하는 것일까? 이러한 상황에서 발생하는 문제점은, 심판이 영상판독관과 같은 경기장 밖 관계자들의 지시나 수정을 기다리는 것이 심판의 존재론적 권위를 세워줄지,

오히려 위협할지 하는 것이다. 심판이 실수나 오류를 저질렀음이 공공연히 밝혀지거나, 아니면 심판이 경기장 밖 관계자들의 대변인에 불과하게 돼버릴 때, 심판의 권위는 희생되며 영상을 판독하여 결정하는 경기장 밖 관계자들의 권위만 유지될 수 있다. 즉, 비디오판독 시스템을 통해 심판결정을 시정하는 것은 심판의 오류를 부각시키는 것이며, 심판업무수행에 대한 신뢰를 조금 회복할지언정, 심판이 애초에 잘못했다는 것을 강조함으로써 회복하는 것이다.[20] 비디오판독제도는 심판에게 존재론적 특권을 부여하는 것일까, 심판의 존재론적 특권을 위협하는 것일까?

(2) 스포츠를 더욱 공정하게 만드는가?

경기 중 코치나 선수들에 의해 비디오판독 요청이 언제든 수용된다면 스포츠경기는 더욱 공정하게 운영될 수 있을까? 어떤 경우는 선수나 코치의 판단이 맞을 수도 있다. 하지만 그들의 항의와는 달리 심판의 판단이 맞을 수도 있다. 국내 프로야구 2016시즌에서 비디오판독에 의한 판정 번복 비율은 33.1%이다.[21] 달리 말하면, 약 67%는 심판의 판정이 옳았다는 것이다. 스포츠의 종목별 특성상 비디오판독 요청에 따라 경기를 중단시키고, 멈췄던 지점에서 정확히 다시 경기를 시작하는 것이 언제나 쉬운 것은 아니다. 테니스처럼 비디오판독을 위해 경기를 잠시 중단하고 재개하기 쉬운 포인트 방식의 스포츠도 있지만, 비디오판독 요청의 순간 선수들의 위치나 경기의 흐름, 분위기 등이 승패에 매우 중요하게 작용하는 팀스포츠도 있다.[22] 별도의 비디오판독센터 혹은 리플레이센터를 두어 영상판독관, 비디오분석가 같은 경기장 밖 관계자들과 발생한 상황을 의논하는 것이 오심이 확정되는 것을 예방할 수 있을지 모르나, 이러한 방안은 여러 종목의 진행에 있어 실질적인 어려움에 직면한다. 어떤 종목에서 비디오판독은 원활한 경기흐름을 유지하는데 너무나 많은 어려움에 직면하며, 또한 비디오판독과 같은 판정보조기술의 사용이 스포츠에서 발생할 수 있는 판정의 오류를 근본적으로 피하게 해줄지 역시 분명치 않다. 달리 말해, 나중에 카메라를 통해 심판이 내린 오심을 바꾸는 것은 오류를 "피하는 것"이 아니라 단지 "수정할 뿐"이다.[23]

심판의 명백한 오판이 언제든 일어날 수 있으니 비디오판독과 같은 기술이 스포츠에서 일어나는 모든 결정에 대해 존재론적 권위를 가져야 한다고 가정해보자. 이에 생겨날 수 있는 또 다른 문제는, 기계가 인간 심판 대신 존재론적 권위를 부여받는다면 스포츠에서 발생하는 모든 오판을 막을 있느냐이다. 기계 또한 어쨌든 완벽하지 않다고 믿는다면, 기술 때문에 일어나게 되는 오판은 어떻게 할 것인가? 기계에 의존하면 모든 오판을 피할 수 있을까? 오히려 비디오판독 기술이 사용되는 스포츠경기에서 오심 결정이 내려지는 경우도 있다. 따라서 심판의 오심을 막기 위해 비디오판독 기술에 존재론적 권위를 부여하는 방안은 최선의 해결책이 아닐 수도 있다. 판정의 정확성 문제는 비디오판독 기술의 사용에도 불구하고 논쟁이 될 수 있다. 예를 들면 야구에서 세이프와 아웃의 비디오판독에 있어 글러브에 포구되는 공의 위치, 카메라 각도의 위치, 베이스를 밟는 발의 위치 등에 의해 논쟁의 여지가 있을 수 있는 상황이 여전히 존재한다. 실제로 2017년 6월 21일 프로야구 롯데자이언츠와 KT위즈의 경기에서 비디오판독센터를 거쳤음에도 오심이 발생하였고, 이 사건이 얼마 지나지도 않아 삼성라이온즈와 KIA타이거즈의 경기에서는 심판이 선언한 아웃이 비디오판독센터를 거쳐 세이프로 바뀌며 오히려 오심이 된 사례도 있었다.[24] 무엇보다 카메라 영상을 분석하는 비디오판독의 경우에도 결국 최종적으로는 기계가 아닌 인간의 판단에 의존할 수밖에 없다.

스포츠에서 활용 가능한 과학기술의 도움을 받는 것은 유용하다. 때때로 과학기술은 스포츠경기와 관련하여 정확한 증거를 다양한 방식으로 제공해준다. 그러나 어떤 경우에는, 기술이 어떤 심판결정이 맞고 어떤 심판결정은 오류인지 명백히 말해줄 수 없는데, 왜냐하면 결국 그것은 인간이 최종적으로 판단할 문제이기 때문이다. 이러한 이유 때문에, Collins는 비디오판독 기술은 경기장 안과 밖의 관계자들 사이의 교착상태를 풀어줄 공명정대한 제삼자로 작용하지 않는다고 주장한다.

(3) 정확성이 정의(正義)인가?

스포츠에 비디오판독과 같은 기술의 도입을 반대하는 입장은, 심판의 오심 그 자체로만으로 '정의(正義)'를 문제삼을 수 없으며 스포츠에 비디오판독 기술의 도입은 장기적으로 해로운 결과를 낳을 수 있다고 주장한다.[25] 반대자들은 기계에 대한 맹신을 경계하며 '정확성'과 '정의'는 반드시 똑같은 것이 아니라고 주장하며, 현재 몇몇 스포츠에서 사용되는 비디오판독 기술은 보기보다 덜 정확할 수 있어서 "그릇된 투명함(false transparency)"을 낳는다고 강조한다.[26] 예를 들어, 테니스경기에서 경험 많고 숙련된 최고의 베테랑 심판이 "아웃(out)"이라고 판단을 내렸는데, "호크아이(hawkeye)"라고 불리는 비디오판독 기계가 반대로 "인(in)"이라고 판단을 내리는 경우, 반드시 호크아이 기계가 더 정확한 판단을 내린 것인지는 명확하지 않다는 것이다. 호크아이는 도입 이후 줄곧 그 정확도에 있어 논란이 있었고, 실제로 호크아이와 같은 RTD(reconstructed track device) 기술은 아직까지 통계적 불확실성을 가진다.[27] 따라서 반대자들은 테니스 경기에서 호크아이가 사용되면서 그릇된 투명성을 창조하고 있다고 주장한다. 관중들과 시청자들이 재구성된 테니스 볼의 비행, 재구성된 코트의 라인, 재구성된 볼의 임팩트 자국을 볼 때, 그들은 너무도 쉽사리 그래픽 형태의 "사실"을 보고 있다고 믿게 된다. 볼이 진짜 인(in)인지 아웃(out)인지 의심 없이, 호크아이가 부정확할 수 있음에도 불구하고, 호크아이가 보여주는 것이 100% '진실'이라고 믿는 것이다. 그릇된 투명성은 그 자체로 나쁘다. 즉, 실현되고 있지 않은 정의를 정의라 보도록 믿게끔 수백만의 사람들을 부추기는 행위는 나쁜 것이다.[28]

기계의 도움 없이 인간 심판에 의해 운영되는 경기방식이 모든 선수들에게 공평하다면, 그러한 운영방식이 더 바람직할 수도 있다. 아슬아슬하고, 애매한 상황에 대해 심판들의 판정이 일관성이 없다고 하더라도, "추정적 정의 (presumptive justice)"만으로도 스포츠에서는 충분하다.29) 경기를 집행하는 데 있어 시청자나 관중이 전문적인 심판보다 더 잘 할 수 없는 이상, 인간심판이 항상 그래왔듯 추정적 정의를 수행할 수 있다. 그렇기에 스포츠에서 존재론적 권위는 경기집행자인 심판에게 있어야 한다. 비디오판독과 같은 심판판정 보조기술은 경기집행에 있어 정의의 주춧돌은 정확성이라는 잘못된 인상을 심어주고 있다. 그러나 한 치 오차 없는 정확성은 무의미할 뿐 아니라 스포츠에서는 반드시 바람직한 목표도 아니다.30)

　스포츠철학자 Collins는 "경기를 주재한다는 것은 정확성이 아니라 정의로움에 대한 것이다"라고 주장하였다. 그는 정확성의 문제와 정의의 문제를 분리해야 함을 강조했다. 아주 드문 경우, 비디오판독으로도 아웃인지, 세이프인지, 공의 전부가 라인을 넘어갔는지, 넘지 않았는지 등의 정확한 결정을 내리지 못할 때가 있다. 즉, 첨단기술이 그러한 모호한 상황들 중 얼마를 해결할 수는 있어도 전부는 해결 못한다는 것이다. 물론 이러한 주장이 비디오판독과 같은 과학기술의 대두 속에 어떻게 이해될 수 있을지는 의문이다. 어떤 측면에서는, 비디오판독을 반대하는 입장의 주장은 설득력이 있어 보인다. 왜냐하면 실제로 심판의 핵심역할은 경기 중 어떤 일이 벌어졌는지를 발견하는 것이 아니라 어떻게 해야 할지를 결정하는 것이기 때문이다.31) 하지만 심판들이 어떻게 해야 할지를 결정함에 있어 어떤 일이 벌어졌는지를 발견한 것에 근거하기를 기대한다. 또한 판정을 내릴 때 어떤 일이 벌어졌는지에 근거를 두고 규칙을 해석하고 적용하기를 기대한다. 예를 들어, 축구에서 선수의 손이 축구공에 닿았는가, 또는 야구에서 글러브로 태그가 정확이 이루어졌는가와 같은 정확성의 문제는 결코 심판이 무심하게 볼 수 없는 문제다. Morgan의 지적처럼, 심판판정에 정확성을 근거로 두지 않는다면 심판결정의 정당함은 어디에 근거를 둘 것인가?

이처럼 스포츠에 비디오판독 기술의 도입과 관련하여 정확성과 정당함의 문제 또한 논쟁의 여지가 있다. 스포츠 속 판정에 있어 투명한 부당함은 피해야 하고, 그릇되게 투명한 정의도 막아야 할 것이다. 비디오판독 기술에 의한 판정은 존재론적 권위가 심판에게 남아있는 추정적 정의, 그리고 존재론적 권위가 기계로 옮겨가는 투명한 정의와의 결합 속에 작동해야 할 것이다. 이것을 가르는 선은 애매모호한 결정들과 확연한 실수들 사이이다. 요컨대, 기술은 누구에게나 분명한 실수를 피하는데 쓰여야 한다. 인간의 판단은 분명한 실수가 없을 때 쓰여야 한다. 기술은 새로운 종류의 판단을 만들어내는데 쓰여서는 안 된다. 이것을 달성하기 위해서는 판정하는 책임을 경기장 내 집행자, 경기장 밖 집행자, 그리고 과학기술이 나눠갖는 것이 하나의 방안이 될 수 있을 것이다.

나가며

최근 카메라 기술이 급속하게 발전함에 따라 스포츠에 이러한 기술의 도입을 비판적으로 분석하는 연구물이 해외 여러 학술지에 게재되고 있다. 하지만 아직 국내에서는 비디오판독 기술이 심판의 오심을 줄임으로써 스포츠의 공정성을 확보할 수 있다는 순기능 측면만을 강조하는 연구에만 그치고 있다. 비디오판독 기술 도입이 심판의 개념과 역할뿐만 아니라 스포츠의 본질을 변화시킬 수 있을 만큼 중요한 쟁점들을 지니고 있음에도 불구하고, 아직 이에 대한 정보와 이해가 미흡하고 관련된 연구 또한 부족한 실정이다. 이에 이번 주제에서는 스포츠에서 비디오판독과 같은 판정 보조기술을 사용하는 것에 관하여 왜 찬성자와 반대자가 대조되는 태도를 갖는지를, 심판 권위의 문제, 비디오판독을 행하는 주체의 문제, 정확함과 정당함의 문제라는 세 가지 측면에 초점을 맞추어 살펴보았다.

과학기술의 발전은 스포츠 분야에도 변화와 혁신을 가져올 가능성이 크다. 하지만 그 변화가 반드시 긍정적이지만은 않을 것이다. 스포츠가 이러한 새로운 기술을 어느 곳에, 어떻게, 어떤 목적과 방향으로 사용하는지에 따라 스포츠의 건전한 발전을 불러올 수도 있고 그 반대로 저해요소가 될 수도 있을 것이다. 따라서 비디오판독과 같은 새로운 과학기술이 스포츠 속 판정이 가지는 의미와 개념을 어떻게 변화시킬 것인지, 또 그것이 스포츠에 어떤 긍정적 영향을 끼치는지, 혹은 어떤 부분이 문제가 될 수 있는지에 관해 매우 신중하게 살펴보아야 한다. 이러한 점에서, 비디오판독 시스템이 초래할 수 있는 여러 고민거리들을 간략하게 살펴보았다. 스포츠관람을 보다 많은 열혈 팬들에게 접근 가능하도록 만드는 (영상)기술의 사용, 심판이 가진 인식론적 특권의 경쟁자들, 심판의 존재론적 권위에의 위험, 카메라가 보여주는 것에 대한 근거 없는 신뢰, 과학기술을 사용하는 스포츠와 사용하지 않는 스포츠간의 불균형을 다루는 위험, 그리고 경기가 클로즈업과 슬로우 모션 리플레이라는 기술적 "현미경" 아래 놓였을 때 판단의 정확성을 해석하는 문제 등이 그러한 고민거리들이다.

4차 산업혁명의 시대가 도래했다. 기술은 앞으로 더 빠른 속도로 발전할 것이다. 그리고 더욱 정확한 비디오판독 기술이 등장할 것이다. 그렇다면 머지않아 스포츠에서 심판이란 직업은 사라질 것인가? 지금보다 심판의 권위와 필요성은 줄어들지는 모르겠지만, 아마도 심판의 존재는 사라지지 않을 것이다. 왜냐하면 어떤 스포츠에서든 권위 있는 최종 결정자는 반드시 필요하기 때문이다. 심판의 역할의 두 가지 측면, 즉 경기 중 어떤 상황이 벌어졌는지 발견하는 것과 어떤 판정이 적절한지를 결정하는 것 중, 기술은 기껏해야 첫 번째 측면에만 기여할 수 있을 뿐이다. 기술은 심판이 관찰한 바의 정확성을 형성하는 증거를 제시함으로써, 나아가 심판판정의 정당함에 영향을 끼침으로써 첫 번째 측면에 기여한다. 따라서 판정의 정당함 문제는 인간의 지각력, 정확성, 그리고 결단력의 문제와 뒤얽혀있다. 그 어떤 상황이나 어떤 단계에서도, 심판판정에 있어 최종적으로는 인간이 결정내리는 것 외의 대안은 없으며, 이것은 기술이 도움을 주든 부재하든 마찬가지이다. 스포츠에 어떤 첨단기술이 등장하더라도 인간에 의한 최종 확인이라는 과정은 사라질 수 없을 것이다. 비디오판독과 같은 판정보조기술과 심판의 관계 역시 마찬가지일 것이며, 기술의 발전은 심판을 도울 뿐 사라지게 하지는 않을 것이다.[32]

다만 기술의 발전에 맞추어 심판의 역할이 변화할 가능성은 높다. 이전 의료계에서 진단 기술이 발달하기 전에는 청진기나 체온계 등 한정된 도구로 신체검진을 통해 정확한 진단을 내리는 의사가 명의였다. 그러나 오늘날 의료기술의 발달은 의료기기를 잘 사용하고 해석할 수 있는 의사를 명의로 만들고 있다. 스포츠에서 심판에게 일어날 변화도 유사할 것이다. 카메라 기술이 판정의 많은 부분을 차지하면서 판정에서 심판의 시각, 청각 등이 차지하는 부분은 상당히 줄어들 것이며, 명의의 판단 기준이 바뀌듯 명심판의 기준도 영상 분석 능력이 뛰어나고, 비디오판독을 오차 없이 잘 하는 것으로 바뀔 수 있을 것이다. 스포츠 속 심판의 역할이 변할 뿐 사라지지는 않을 것이다.

스포츠윤리와 교육

스포츠는 도덕교육에 기여할 수 있는가?

쟁점

오늘날 스포츠는 승리와 업적을 최고의 가치로 삼는 냉혹한 승부의 세계가
되어 가고 있다. 그 결과 경기에 임함에 있어 선수들은 종종 심판의 눈을
속이며 반칙을 해서라도 경기를 반드시 승리로 이끌어가고 싶은 유혹을
받는 것이 사실이다. 따라서 스포츠 경기는 선수나 코치 개인의 도덕성을
시험하는 장소가 되고 있다. 그렇다면 스포츠는 도덕교육에 공헌할 수 있을까?
많은 사람들이 스포츠를 통하여 인내심, 준법성, 희생정신, 협동심, 존중,
배려 등의 좋은 가치를 함양할 수 있다고 주장한다. 하지만 일부 학자들은

* 체육과학연구 제22권 제4호에 게재된 저자와 임현주의 논문, 『체육수업은 도덕교육에 공헌할
  수 있는가?』를 수정・보완하여 작성함

스포츠와 도덕성 함양의 관련성에 대해 의문을 제기한다. 이러한 의문은 주로 경험적 연구결과를 토대로 스포츠 현장에서 일어나는 폭력, 승부조작, 속임수, 도핑, 비신사적 행동 등을 문제 삼는다. 즉, 스포츠가 좋은 가치를 증진시키기도 하지만 오히려 잘못된 가치로 여겨지는 승리에 대한 과도한 집착, 그로 인한 비도덕적 행위 또한 가르친다고 반박한다. 실제로 스포츠선수로서 성공(승리)하기 위해서는 공격성, 승부욕, 이기심, 비사회성 등과 같은 비도덕적 성향도 불가피하게 소유해야 한다는 연구결과도 있다.

과연 스포츠를 통해 도덕교육은 가능한 것일까?

핵심개념

1. 스포츠와 도덕성에 관한 부정적 견해

① 도덕과 無관련성

스포츠는 일상에서 벗어나 즐거움을 추구하는 단지 한 형태의 놀이이기 때문에 스포츠에서 일어나는 일을 도덕적 관점에서 우리 일상과 직접적인 연관을 지을 수 없다는 견해

② 전이의 문제

스포츠가 도덕성 발달을 장려할 수는 있지만 스포츠 현장에서 배운 도덕적 품성이 실제 삶의 부분으로 전이되어 나타날 수 있을지는 의문이라고 보는 견해

③ 비도덕적 특성

스포츠는 도덕적으로 바람직하지 못한 특징을 가지고 있기 때문에 스포츠는 참여자들의 도덕성 발달을 오히려 저해한다는 견해

2. 스포츠와 도덕성에 대한 부정적 견해의 반박

① 도덕과 無관련성

오늘날 스포츠는 이미 많은 사람들의 일상이 되어 있으며, 스포츠에서 일어나는 현상은 단순히 허구적인 일이 아니라 우리 삶의 영역과 많이 닮아 있기에 스포츠는 도덕적 관점에서 해석되어지지 않을 수 없다.

② 전이의 문제

스포츠를 통해 도덕적 문제에 대처하는 방법을 경험하고 학습할 수 있다면 스포츠 밖의 현실 삶에서 유사한 도덕적 상황에 직면했을 때 같은 방식의 내적동기로 올바른 판단과 도덕적 행동을 실천할 수 있다.

③ 비도덕적 특성

도덕성은 모든 스포츠의 핵심적 가치이며 스포츠에서 야기되는 비도덕적 현상은 스포츠를 행하는 참여자와 사회가 스포츠를 잘못 사용하고 있는 데에서 비롯되는 것이지 스포츠 자체의 도덕성에 문제가 있어서가 아니다.

3. 도덕교육의 필수 구성요소

① 도덕적 습관(moral habit) + ② 도덕적 추론(moral reasoning)

• 도덕적 행동은 확고하고 변하지 않는 습관에서 나와야 할 뿐만 아니라 그러한 습관적 행동은 자신의 선택과 의지에서 나온 것이어 함

• 도덕적 습관이란 단순히 프로그램화된 로버트처럼 아무런 사고(思考)없이 행동하는 것이 아니라 도덕적 상황에 놓였을 때 그 상황을 분석하고 평가하여 도덕원리에 따라 판단할 수 있는 인지적 능력까지 포함

• 따라서 도덕교육은 매번 다른 상황에 직면하더라도 내재화된 도덕적 추론을 통해서 도덕적 덕이 습관처럼 우리 몸에서 튀어 나올 수 있도록 교육하는 것

4. 체육교육과 도덕교육

① 도덕적 습관(moral habit)

체육수업은 다양한 도덕적 행동을 실제로 경험하고, 실행하고, 반복할 수 있는 효과적인 기회를 제공할 뿐만 아니라 동일시 및 내면화와 보상과 벌의 심리기제를 통하여 바람직한 습관형성의 효과적 장소를 제공함

② 도덕적 추론(moral reasoning)

스포츠를 통해 형성되는 도덕적 습관화는 모방과 연습으로 얻어진 동작의 습관화만을 의미하는 것이 아니며, 그러한 습관화의 형성과정은 상황에 따른 자신의 선택과 인지적 평가를 통한 이성의 작용에 기초를 두고 있음

들어가며

우리사회에서 윤리에 대한 요구는 늘 있어왔다. 하지만 근래에 들어 요구의 정도가 심상치 않다. 우리사회가 발전해온 속도와 수준을 감안할 때, 지금과 같은 윤리의 유행이 자연스러운지 곰곰이 성찰할 필요가 있을 것 같다. 즉, 굉장히 많은 사람들이 그것을 찾는 이유는 어쩌면 우리사회에 윤리가 결핍된 것 아닌가 하는 문제의식 때문일 것이다. 달리 말해서, 윤리가 뜨거운 화두가 되고 담론화가 시작된 것은 역설적으로 그것이 가장 결핍되어 있다는 것의 반영일 것이다.

현재 우리사회의 윤리적 수준은 어느 정도일까? 하루도 빠지지 않고 신문, 방송, 인터넷을 가득 채우는 범죄 뉴스와 사회 곳곳에서 벌어지고 있는 패륜행위들, 그리고 도덕적 해이와 관련된 어이없는 사례들을 보고 들으면 현재의 윤리적 수준을 외면하고 그냥 놔두다가는 사회적으로 커다란 갈등이 어디선가 표출될 것이라는 생각을 하지 않을 수 없다. 적어도 현재의 수준보다는 높은 수준으로 끌어올려야 한다는 당위의 차원에 많은 사람들이 동의할 것이다. 그렇다면 어떻게 끌어올릴 수 있을까? 여러 방안들이 제시될 수 있겠지만 가장 근본적이고 효과적인 대책으로는 역시 도덕교육을 들 수밖에 없다.[1]

일부 윤리학자들은 지금 세계촌은 '도덕의 위기(moral crisis)' 혹은 '도덕적 쇠퇴기(moral decline)'를 맞고 있다고 지적한다. 인간관계가 점점 더 신뢰를 잃고 소모적이 되어 가는 시대에 우리에게 절실히 필요한 것은 바로 정직, 공정, 배려, 신뢰, 겸손과 같은 도덕성의 회복이다. 그렇다면 어떻게 이러한 도덕성을 우리의 아이들에게 교육할 것인가? 도덕교육은 누가 해야만 하는가? 어떤 조건 하에서 도덕교육의 목표는 성취될 수 있을까? 이번 주제에서는 이러한 도덕교육의 원천적인 질문에 체육교육이 설득력 있는 답변을 제공할 수 있음을 논증해 보이려고 한다. 즉, 체육은 학생의 도덕성 함양을 위한 충분한 조건을 제공할 수 있고 학생의 도덕적 자율성을 신장시키는데 공헌할 수 있는 교과임을 주장해 보고자 한다.

1. 스포츠와 도덕의 관련성

게임, 스포츠 혹은 신체적 활동과 도덕성 발달의 관련성에 대한 주장은 새로운 것은 아니다. 이러한 주장에 대한 기원은 아마도 서양철학의 근간으로 거슬러 올라가야 할 것이다. 고대 그리스인에게 체육교육은 언제나 주요한 관심사였고 플라톤은 그의 저서 『국가론(The Republic)』에서 체육교육과 정신의 교육(도덕교육)은 밀접한 관련성이 있다고 보았다. 플라톤은 체육교육이 단지 육체의 단련만이 아닌 정신과 육체의 조화로운 발달을 위한 중요한 교육 수단이 될 수 있다고 보았다.[2] 수세기 후 실존주의 철학자 카뮈는 그가 윤리를 배운 곳은 스포츠라고 언급했으며,[3] 지난 수십 년 동안 많은 스포츠 교육학자들은 체육교육의 도덕교육적 가능성을 끊임없이 주장해왔다.[4] 이들의 주장을 종합해 보면, 스포츠가 고된 훈련을 견뎌내는 인내심, 승부에 필요한 결단력, 경기의 규칙을 지키는 준법성, 팀을 위해 자신을 이익을 포기하는 희생정신, 팀 동료와의 협동심, 상대 경쟁선수에 대한 존중과 관대, 페어플레이 정신 등을 가르칠 수 있다고 강조한다. 학자들마다 접근 방법은 조금씩 틀리지만 그들의 공통된 주장은 체육은 위에서 언급한 미덕(virtue)을 가르칠 수 있는 하나의 효과적인 수단이 될 수 있다는 것이다.

물론 이러한 스포츠의 가치가 간과되어서는 안 된다. 하지만 이러한 주장에 대한 반론 역시 간과해서는 안 될 것이다. 즉, '체육교육과 도덕교육 사이에 밀접한 연관성이 있다'라는 주장은 항상 그 반대되는 주장에 부딪혀 왔다. 현대 스포츠비평가들과 일부 스포츠철학자들은 스포츠와 도덕성 함양의 관련성에 대해 의문을 제시해 왔다. 그들은 체육교육이 좋은 가치를 증진시키기도 하지만 오히려 잘못된 가치로 여겨지는 승리에 대한 과도한 집착, 그로 인한 비도덕적 행위 또한 가르친다고 반박한다.5) 교육철학자인 데이비드 카(David Carr)는 "스포츠와 게임이 비도덕적인 성향, 믿음, 태도에 이바지하는 방식으로 가르쳐질 수 있는 것을 쉽게 발견할 수 있다"라고 언급했다.6)

실제적으로 현대스포츠에서 많은 윤리적 문제점들이 야기되고 있는 것은 사실이다. 경기장 폭력, 승부조작, 도핑, 불법도박, 음주운전 등 운동선수의 경기장 안팎의 비도덕적 행동들을 대중매체에서 흔히 접할 수 있다. Leonard 는 다음과 같이 체육과 도덕교육의 관련성에 관한 주장을 비꼬았다. "만약 스포츠가 인성을 형성하게 해준다면, 그것은 범죄에 적합한 인성이다."7) Ogilvie와 Tutko 또한『스포츠: 당신이 만약 품성을 형성하기 원한다면, 그 밖의 다른 것을 해라』라는 논문에서 스포츠의 비도덕적 성향을 지적했다.8)

그럼 먼저 체육과 도덕성 발달의 관계에 대한 부정적 견해들을 알아보고 각각의 견해에 대한 반론을 통해서 체육교육이 가진 도덕교육으로서의 가능성을 주장해 보고자 한다.

2. 체육교육과 도덕성 발달의 부정적 견해

(1) 무관련성 입장(neutral view)

스포츠와 도덕성 함양의 관계를 부정적으로 바라보는 연구물을 분석해 보면 크게 세 부류의 관점으로 구분할 수 있다. 첫째, 스포츠와 도덕성은 전혀 관련이 없다는 관점이다. 즉, 스포츠에 참여한다고 해서 도덕성이 발달되는 것도 아니고 그렇다고 비도덕성과 비사회성을 조장하지도 않는다는 관점이다. 도덕적으로 중립적인 관점이다. 이 첫 번째 입장은 스포츠는 일상에서 벗어나 즐거움을 추구하는 단지 한 형태의 놀이(play)에 불과하기 때문에 우리 삶의 현실적 문제와는 아무런 관련성이 없다고 본다. 따라서 스포츠와 도덕성을 연결 지어 논의할 필요 자체가 없다고 주장한다.9) 달리 말하면, 스포츠에서 일어나는 현상은 단지 하나의 게임에서 일어나는 사소하고 허구적인 일이기 때문에 도덕적 관점에서 우리 일상과 직접적인 연관을 지을 수 없다는 주장이다.

스포츠와 도덕성의 상호관계에 관한 중립적 견해는 간과할 수 없는 주장이긴 하지만 스포츠와 도덕성 발달의 관련성을 부정하는 견해 중 가장 설득력 떨어지는 주장처럼 보인다. 과연 현대사회에서 스포츠가 단순히 재미를 추구하는 오락적인 활동에 불과한가? 스포츠가 재미와 즐거움을 추구하는 하나의 놀이 혹은 게임에 불과하기 때문에 스포츠는 도덕의 문제와는 무관하다고 볼 수 있는가? 과연 오늘날 스포츠가 우리의 현실적 삶과 아무런 관련이 없을까? 스포츠는 인류의 역사와 함께 오랫동안 실천되어온 인간 활동이고 인류 문화의 한 부분이다. 그리고 그 속에 다양한 가치가 내재된 사회적으로 구조화된 '실천전통(practice)'이다.[10] Arnold는 스포츠는 경제, 의료, 교육 등 다른 많은 인간의 실천전통과 마찬가지로 자기표현(self-expression)과 자기성취(self-fulfillment)의 매개체라고 주장한다.[11] 따라서 스포츠는 도덕적 관점에서 해석되어지지 않을 수 없다. 더욱이 오늘날 스포츠는 개인의 건강, 여가 활동, 사교 및 소비 활동의 수단으로서 현대인의 일상생활에 깊숙이 자리잡고 있다. 오늘날 스포츠는 일상과 동떨어진 것이 아닌 하나로 연결된 또 다른 일상이 되기도 한다. 뿐만 아니라 사회학적 관점에서 볼 때 스포츠에서 일어나는 현상은 단순히 허구적인 일이 아니라 우리 삶의 영역과 많이 닮아 있다. 따라서 스포츠와 도덕성 발달의 관련성에 대한 중립적 입장은 스포츠를 놀이에 지나치게 국한시켜 정의하고 있으며 오늘날 스포츠의 역할과 입지에 대한 충분한 해석과 이해가 결여되어 있다고 볼 수 있다.

(2) 전이의 문제(problem of moral transfer)

두 번째 부류의 관점은 스포츠가 도덕성 발달을 장려할 수는 있지만 그러한 도덕성이 스포츠의 범위를 초월할 수 있는지에 의문을 가진다. 예를 들어,

P가 야구경기에 참여함으로써 팀 동료와의 협동심을 습득할 수는 있지만 그것으로 인해 P가 학교 동료들과도 협력적으로 생활할 것이라고는 장담할 수 없다는 것이다. 즉, 이 두 번째 관점은 용기, 정직, 인내심, 협동심, 공정성 등의 도덕적 품성을 스포츠를 통해 발달시킬 수도 있지만 그러한 스포츠 현장에서 배운 도덕적 품성이 실제 삶의 부분으로 전이되어 나타날 수 있을지는 의문이라고 주장한다.

그러나 플라톤, 아리스토텔레스, 듀이에 이르기까지 역사상 위대한 철학자들은 도덕은 전이가 될 수 있음을 증언하고 있다. 만약 그것이 불가능하다면 도덕교육을 말하는 것 자체가 아무런 의미가 없을 것이다. 사실 도덕교육은 효과가 장기적으로 나타날 수밖에 없고 그 효과를 측정할 수 있는 방안도 마땅치 않다는 한계를 갖고는 있다. 하지만 그런 이유로 도덕이 교육될 수 없다고 보는 것은 교육 자체를 불가능하다고 보는 것과 마찬가지다. 인류역사가 시작된 이래로 그 형식은 달랐지만 도덕교육은 언제나 있어왔다는 사실은 도덕성은 학습할 수 있고 전이가 가능함을 시사한다. 미국의 심리학자 Lawrence Kohlberg 역시 그의 『도덕성 발달이론』을 통해서 도덕의 학습가능성을 강조했다. Kohlberg의 이론에 따르면, 도덕적 감각을 일반화할 수 있는 인지적 발달 수준에 도달한 학습자라면 스포츠 활동을 통해 습득한 도덕적 지식을 삶의 유사한 상황에서도 충분히 적용할 수 있음을 알 수 있다.12)

스포츠는 단지 특정한 운동 기능만을 요구하는 것은 아니다. 스포츠는 예상할 수 없는 다양한 상황을 제공하고, 그러한 주어진 상황을 인식하고, 그것에 어떻게 반응하고, 어떻게 운동기술을 사용할지를 순간적으로 판단하는 인지적 능력 또한 요구한다. 달리 말해, 스포츠를 통해서 그 스포츠에 필요한 운동기능뿐만 아니라 다양하게 발생하는 상황을 심리적, 인지적으로 판단하는 기술 또한 학습할 수 있다는 것이다. 물론 스포츠상황과 우리의 현실 삶에는 차이점도 존재하지만 많은 유사점과 공통점을 발견할 수 있다. 이러한 점으로 미루어 볼 때, 만약 스포츠와 체육활동을 통해서 도덕적 문제에 대처하는 방법을 경험하고 학습할 수 있다면 스포츠 밖의 현실 삶에서 유사한 도덕적 상황을 직면했을 때 같은 방식의 내적동기로 올바른 판단과 도덕적 행동을 실천할 수 있을 것이다.

(3) 부정적 입장(negative view)

마지막 관점은 스포츠가 도덕성 발달에 기여한다는 주장을 전적으로 부정하며 오히려 스포츠는 비도덕성 발달에 기여한다고 주장한다. 즉, 스포츠는 도덕적으로 바람직하지 못한 특징을 가지고 있기 때문에 도덕교육에 단지 부정적인 영향을 미친다고 보는 입장이다. 이 세 번째 관점은 주로 경험적 연구(empirical studies)를 토대로 스포츠 현장에서 일어나는 폭력, 속임수, 도핑, 승부조작, 비신사적 행동 등을 문제 삼는다.13) 경험적 연구결과로 볼 때, 스포츠에서 성공(승리)하기 위해서 스포츠선수는 공격성, 승부욕, 이기심, 파괴성, 비사회성 등과 같은 비도덕적 인성을 불가피하게 소유해야 한다고 주장한다.14) 요컨대, 이러한 세 번째 관점의 주장자들은 스포츠에서 이루어지는 경쟁 자체가 반사회적 행동을 증진하고15), 승리에 대한 지나친 집착은 많은 도덕적 문제들을 만들어 내고16), 스포츠는 우리 문화에서 나타나는 부정적 가치를 반영하는 역할을 하며17), 스포츠선수에게 주어지는 특별한 신분과 대우는 그들의 도덕성 발달을 오히려 저해한다18)고 주장하였다.

이 세 번째 입장은 주로 승리에 중요한 가치를 부여하는 오늘날 엘리트스포츠와 자본주의 정신에 물든 상업화된 프로스포츠를 대상으로 한 경험적 연구에 근거를 두고 있다. 스포츠와 도덕성 함양의 관련성에 관하여 심리학적 측면에서 오랜 기간 동안 연구를 해온 Shields와 Bredemeier는 엘리트스포츠와 도덕성 발달 사이에는 긍정적인 관련성보다는 부정적인 관련성이 더 많다는 연구결과를 내어 놓기도 했다.19) 오늘날 경쟁적 엘리트스포츠와 프로스포츠에서 발생하는 비도덕적 사건과 현상들을 본다면 이 마지막 부정적 관점의 주장은 어느 정도 설득력을 지닌다. 하지만 경험적 연구방법을 통해 얻어진 결과가 참이라고 생각하고 그 결과가 모든 것에 적용된다고 생각하는 것은 과잉 일반화의 오류를 범할 수 있다. 일부 스포츠선수에게서 나타나는 비도덕적 행동과 몇몇 특정 스포츠와 도덕성 발달에 관한 연구에서 얻어진 부정적 상관관계를 통하여 모든 스포츠선수와 모든 스포츠가 그러한 부정적 속성을 갖고 있는 것처럼 전체를 판단해서는 안 될 것이다. 또한 그러한 결과가 어린 아이들이 스포츠에 참여하는 것을 막아야 하는 납득할 만한 이유는 될 수 없을 것이다.

Russell의 주장처럼, 스포츠가 도덕적 가치를 반영하고 가르칠 수 있는 잠재력을 상실한 경우는 스포츠의 본질이 스포츠를 행하는 사람에 의해 상실된 것은 아닌지, 스포츠가 일부의 참여자 혹은 그것이 행해지는 사회에 의해 오용되거나 변질되어진 것이 아닌지를 살펴보아야 한다.[20] Arnold 또한 도덕성은 모든 스포츠의 핵심적 가치라고 주장하며 스포츠에서 야기되는 비도덕적 현상은 스포츠를 행하는 참여자와 사회가 스포츠를 잘못 사용하고 있는 데에서 비롯되는 것이지 스포츠 자체의 도덕성 문제가 아니라고 주장하였다.[21]

Meakin도 같은 맥락에서 스포츠의 본질과 관습을 제대로 인식해야만 스포츠 참여를 통해서 도덕교육의 기회를 얻을 수 있다고 주장하였다.[22] 그는 스포츠의 도덕적 본질을 인식한다면 스포츠가 부정적 가치를 반영하더라도 그것을 통해서 '무엇이다(what is: 현재 나타나는 부정적 가치)'와 '무엇이어야 한다(what should be: 본래 가져야 되는 바람직한 가치)'를 구분하는 능력을 배울 수 있을 것이라고 주장하였다. 어떤 스포츠에서 비도덕적 속성이 발견된다는 것이 그 스포츠가 그러한 속성을 가져야만 하는 것을 의미하는 것은 아니다. 스포츠참여자는 '현재 상태(what is)'와 '바람직한 상태(what should be)'를 구분하고, 자신이 참여하는 스포츠에서 요구되는 바람직한 행동수준 (what should be)을 따름으로써 무엇이 옳은 행동이고 그른 행동인지를 판단하는 능력과 자신의 행동에 대한 책임감을 함양시킬 수 있을 것이다.[23]

지금껏 스포츠와 도덕성 함양의 관계를 부정하는 세 가지 관점을 살펴보고 각각의 관점에 대한 반론을 제시해 보았다. 위에서 언급한 스포츠와 도덕성의 연관성을 부정하는 주장들이 간과되어서는 안 될 것이다. 하지만 주목해야 할 점은 이러한 주장들 또한 스포츠가 어떤 식이든(긍정적이든, 부정적이든) 도덕(morality)과는 관련성이 있음을 전제하고 있다는 것이다. 달리 말해, 스포츠는 어떻게 실행되고 가르쳐지는가에 따라 긍정적인 영향도, 그리고 부정적인 영향도 만들어낼 수 있다는 것을 의미한다.

스포츠와 도덕성 발달에 관한 논의는 전혀 새로운 이슈가 아니다. 아마도 체육학 내에서 가장 오랫동안 논의가 되어 왔지만 긍정적으로 보는 입장과 부정적으로 보는 입장으로 대립되어 어느 한쪽도 명확한 결론에 이르지 못하고 있는 이슈 중에 하나일 것이다. 현재까지도 체육의 도덕적 가치와 도덕교육으로써의 역할에 대해서는 많은 스포츠철학자와 교육학자들에 의해 경험적 검증과 개념적 논의가 지속적으로 진행되고 있다. 이 주제에 관한 대부분의 선행연구들을 살펴보면 체육의 도덕적 가치에 관한 연구를 중심으로 체육과 도덕교육의 관련성을 논의하고 있다. 이에 필자는 기존 선행연구와는 달리 도덕교육에 대한 해석을 중심으로 체육이 얼마나 도덕교육적 가능성을 가지고 있는지를 밝혀보고자 한다.

3. 도덕교육이란 무엇인가?

체육은 도덕교육에 기여할 수 있을까? 만약 할 수 있다면, 과연 어떻게 할 수 있을까? 이 질문은 먼저 도덕교육이 무엇인지 규명하기 전에는 답변할 수 없을 것이다. 즉, 도덕교육이란 무엇인지, 무엇을 가르치는 것인지, 도덕교육의 구성요소는 무엇인지, 그리고 도덕성을 기른다는 것이 무엇을 의미하는 것인지를 알아보는 것이 선결과제일 것이다. 도덕교육, 즉 '도덕(morality)을 교육한다는 것'은 오랫동안 철학자들과 교육학자들에게 관심을 받아 온 주제이고 도덕교육의 실현 가능성 여부 또한 여전히 논쟁이 되고 있다. 우리가 흔히 도덕적인 덕(virtue)이라 일컫는 정의, 용기, 관대, 예의, 정직 등은 실제로 가르칠 수 있는 것들인가, 그렇다면 누가 가르쳐야 하는가, 어떻게 성취될 수 있는가? 이러한 질문은 도덕철학 분야의 핵심 주제이고 수세기 동안 많은 학자들에 의해 논의되어져 왔다. 아리스토텔레스(Aristotle)는 "인간은 도덕성을 가지고 태어나지 않았다. 하지만, 도덕적으로 될 수 있는 능력(dynamis)을 가지고 태어났다. 즉, 인간은 정의, 용기, 인내, 현명함을 가지고 태어나지 않았지만, 정의롭고, 용기있고, 인내하고, 현명하게 될 수 있는 능력을 가지고 태어났다"고 주장했다.24)

이러한 아리스토텔레스의 이론은 동양의 유교사상인 순자의 교육론과 관련지어 생각해 볼 수 있다. 성악설(性惡設)을 주창한 순자는 사람이 태어나면서부터 가지고 있는 감성적인 욕망에 주목하고, '인간의 성품은 악하다. 선(善)한 것은 인위(人爲)다'라고 하였다.25) 달리 말하면, 도덕(선)은 인간이 태어나면서부터 가지는 것이 아니라 배움(수양)에 의한 인위적인 결과라는 것이다. 따라서 순자는 도덕은 인위로서 인간이 노력하면 성취되는 것이라 믿었다. 이러한 순자의 사상은 이사, 한비자 등 법가에 계승되긴 하였지만, 중국의 유교사상은 맹자가 주창한 성선설에 그 바탕을 두고 있다고 볼 수 있다.26) 하지만 서양에서는 성악설이 생기고 난 뒤에 성선설의 관점이 대두되었고 성선설은 소수의 철학자와 교육자 사이에 유행되었을 뿐이다. 기독교의 원죄는 인간의 본성이 근본적으로 악하다는 관점에서 출발한다는 것은 의심할 여지가 없고, 마키아벨리(Marchiavelli), 홉스(Hobbes), 쇼펜하우어(Schopen-hauer)와 같은 서양의 대부분의 철학자들은 인간의 본성이 악하다는 관점에 동의하며 이러한 악함은 후천적인 요소, 즉 교육을 통해 교정될 수 있다고 믿었다.

이러한 아리스토텔레스와 순자의 성악설(性惡設) 관점이 도덕교육의 근간이라고 볼 수 있다. 많은 문헌들을 종합해 볼 때, 도덕교육은 '도덕적 품성을 쌓는 활동(an activity of building moral character)'으로 정의할 수 있다. 이런 도덕적 품성을 쌓는 활동에는 2가지 필수 구성요소가 있어야 한다. '도덕적 습관(moral habit)'의 형성27)과 '도덕적 추론기술(skill in moral reasoning)'의 습득28)이 도덕교육을 구성하는 두 가지 핵심요소이다. 따라서 도덕교육이란 도덕적 습관을 형성시키고 도덕적 추론기술을 습득시키는 교육이라고 말할 수 있다. 예를 들면, 학생에게 용기(courage)라는 미덕을 가르친다는 것은 그 학생으로 하여금 어떤 상황에서도 용기 있는 판단과 행동을 하는 습관을 형성하도록 하는 것이며 그러한 용기 있는 행동이 올바른 도덕적 이유(reason)에서 나오는 행동이 되도록 교육한다는 것을 뜻한다. 이 두 가지 도덕교육의 필수 구성요소에 대해 조금 더 자세히 알아보도록 하자.

(1) 도덕적 습관(Moral habit)

아리스토텔레스는 그의 저서 『니코마코스 윤리학(The Nicomachean Ethics)』에서 도덕적인 덕은 본성적으로 우리에게 생기는 것이 아니라 습관의 결과로 얻어지는 것이라고 주장했다. 그는 "도덕적 덕은 습관의 결과로 생긴다. 이런 까닭에 'ethike'(도덕)란 말은 'ethos'(습관)란 말을 조금 고쳐서 만들어진 것이다"라고 주장하며 도덕을 습관에 의해서 생기는 후천적인 성질로 보았다.29)

습관의 사전적 의미는 '어떤 행위를 오랫동안 되풀이하는 과정에서 저절로 익혀진 행동 방식'이다. 습관은 우리가 살아감에 있어서 중요한 삶의 행위인 동시에 삶의 방식이라고 말할 수 있다.30) 예를 들면, 우리 생활 속에서 일상적으로 요구되는 걷기, 글쓰기, 말하기도 반복된 행동에 의해서 형성된 습관이다. 이러한 것들이 습관적으로 이루어지지 않는다면, 걷고, 글을 쓰고, 말을 할 때마다 매번 처음부터 다시 배우고 익혀야 할 것이다. 따라서 습관은 '특별히 마음을 쓰지 않고도 수행할 수 있는 행동'으로 일종의 능력이라 할 수 있고

'상당한 수준의 일관성, 지속성 그리고 자동성을 가진 행위의 경향성'이라고 정의할 수 있다.31) 아리스토텔레스는 이러한 습관의 본질 때문에 도덕적 덕은 부단한 실천을 통한 습관의 결과로 생긴다고 보았을 것이다. 예를 들어, 아리스토텔레스에 따르면 정직이라는 덕은 경우에 따라 혹은 자신에게 유리한 상황에서만 의도적으로 진실을 말하는 것이 아니라 어떠한 상황(일관성)에서도 의식하지 않고도(자동성) 진실을 말하는 확고하고 불변한(지속성) 행동 양식을 뜻한다. 따라서 그는 도덕교육은 자라는 아이들에게 도덕적 습관을 길러주는 과정이라고 주장한다.

Peters 또한 습관의 중요성을 강조하는데, 그는 도덕을 익히는 과정은 이성적인 판단보다는 반복실천을 통한 습관화가 중요하다고 주장한다. 즉, 습관에 의해 가치와 도덕규범이 내면화된 상태일 때 참다운 자율적인 이성의 개발이 이루어진다는 것이다. Peters는 "이성의 궁전에 들어가기 위해서는 습관의 마당을 거쳐야 한다"는 표현으로 습관은 도덕교육의 필수조건임을 강조하고 있다.32) 이것은 외국어를 가르칠 때 유아들에게는 문법 중심의 외국어 교육보다는 먼저 학습시키고자 하는 언어를 많이 들려주면서 그 언어에 젖어들게 유도함과 같은 이치라고 볼 수 있다. 따라서 도덕교육이란 유아들에게 언제고 어디서고 같은 도덕적 취지와 행동 양식에 자연스럽게 익숙해지도록 습관을 길러주는 과정이라고 할 수 있다.

하지만 이러한 주장에 동의하지 않는 사람들도 있다. 이렇게 반문할 수 있다. 단순한 반복에 의해 습득한 어떤 행동양식을, 이유도 의지도 없이 습관적으로 구사하는 것을 과연 도덕적 행동이라 말할 수 있는가? 습관에 의해서 도덕이 형성된다면 마치 로버트처럼 어떤 상황이 닥칠 때마다 무조건적으로 같은 행동을 행하는 것을 의미하는가? 그것은 도덕교육이 아니라 '도덕적 세뇌(moral indoctrination)'라고 비판한다. 습관의 형성은 이성의 작용과는 무관하다는 생각을 할 수 있지만, 이러한 비판은 아리스토텔레스가 덕을 형성함에 있어서 강조하는 습관을 충분히 이해하지 못한 데서 기인한다. 도덕교육에 또 다른 필수 요소인 도덕적 추론(moral reasoning)에 대한 설명으로 이러한 비판에 대응할 수 있을 것이다.

(2) 도덕적 추론(Moral Reasoning)

도덕적 추론을 간단히 정의하면, 도덕원리와 사실판단을 근거로 도덕적 판단과 행위에 도달하기 위한 숙고의 과정이라 할 수 있다. 아리스토텔레스가 말하는 '습관'은 이러한 도덕적 추론 과정을 포함하고 있다. 아리스토텔레스가 주장하는 습관이란 기계적인 반복을 통하여 습득되는 판에 박힌 행동들을 의미하는 것이 아니다. 그가 말하는 도덕적 행위는 행위자 자신이 그가 무엇을 하는지 알아야 하며, 행위자 자신이 그 행위를 선택해야 하며, 그리고 그의 행위가 확고한 그의 의지로부터 나와야 한다고 설명한다. 즉, 도덕적 행동은 확고하고 변하지 않는 습관에서 나와야 할 뿐만 아니라 그러한 습관은 자신의 선택과 의지에서 나온 것이어야 한다고 주장한다. 남궁달화는 습관을 다음과 같이 설명한다.

> 우리가 특별히 생각하지 않고도 자동적으로 할 수 있는 습관적인 일은, 이른바 습관이 형성되고 난 다음에야 비로소 나타나는 현상이다. 습관이 형성되기 전의 우리의 대부분의 행위는, 우리가 그것을 해야 하는 이유와 그것을 하려는 의도와 그것을 하겠다는 의지가 복합적으로 작용하여 이루어 진다고 보아야 할 것이다.[33]

즉, 도덕적 습관은 이성의 작용에 근거하지 않고는 형성되지 않는다는 것이다. 습관의 형성은 그 상황에 요구되는 판단과 행위에 대한 인지적 평가(cognitive evaluation)와 행위자의 선택(choice)에 근거하고 있다고 할 수 있다. 아리스토텔레스가 의미하는 도덕적 습관이란 단순히 프로그램화된 로버트처럼 아무런 사고(思考)없이 행동하는 것이 아니라 도덕적 상황에 직면했을 때 그 상황을 분석하고 평가하여 도덕원리에 따라 판단할 수 있는 인지적 능력까지 포함하고 있다. 예를 들면, '표절을 해서는 안 된다'를 실천하는 사람은 '남의 것을 훔치지 마라'는 도덕원리와 '표절은 남의 지식을 훔치는 짓이다'라는 사실판단을 통해서, 즉 도덕적 추론의 과정을 통해서 '정직'이라는 도덕적 습관이 형성된 사람이라는 것이다. 우리가 정직이라는 덕을 실천해야 하는 상황은 매번 다를 것이다. 부모에게 거짓말을 하지 말아야 할 상황, 학교에서 커닝을 하지 말아야 할 상황, 남의 물건을 훔치지 말아야 할 상황 등 항상 같은 도덕적 상황이 발생하지는 않을 것이다. 아리스토텔레스는 이러한 매번 다른 상황에 봉착하더라도 내재화된 도덕적 추론을 통해서 '정직'이라는 도덕적 덕이 습관처럼 튀어 나올 수 있도록 지도하는 것이 도덕교육이라고 주장했다.

지금껏 살펴본 바와 같이, 도덕교육은 도덕적 습관의 형성과 도덕적 추론 기술의 습득임을 알 수 있다. 그렇다면 도덕적 습관과 도덕적 추론 기술은 어떻게 습득할 수 있을까? 이 질문에 대한 답변은 실천적 지식(practical knowledge)에서 찾을 수 있다.

(3) 실천적 지식(Practical Knowledge)

아리스토텔레스는 다음과 같이 말했다.

> 도덕적인 덕(virtue)은 먼저 그것을 행함으로써 습득할 수 있다. 기술(skill)
> 이라는 것도 마찬가지이다. 우리는 먼저 실행해 보아야 기술을 배울 수
> 있다. 예를 들면, 우리는 집을 지어 보아야 건축가가 될 수 있고 거문고를
> 탐으로써 거문고 타는 악사가 될 수 있다. 마찬가지로 우리는 정의로운
> 행위를 행함으로써 정의로운 사람이 되고, 절제 있는 행위를 행함으로써
> 절제 있는 사람이 되며, 용감한 행위를 행함으로써 용감한 사람이 되는
> 것이다.34)

아리스토텔레스에 따르면, 도덕적 지식(moral knowledge)은 우리사회가 요구하는 도덕적 가치, 도덕법칙, 도덕이론 또는 도덕의 중요성을 아이들의 머릿속에 집어넣어 그들이 그것을 기억하고, 읽고 씀으로써 습득되는 것이 아니라, '실천(praxis)'에 의해 얻어질 수 있는 실제적 지식(practical knowledge)이다. 즉, 실제적으로 행함으로써 얻을 수 있는 지혜이고 일종의 '기술(skill),' '노하우(know how)'라고 할 수 있다.35) 따라서 도덕적 습관과 도덕적 추론기술은 이론적 지식으로 얻을 수 있는 것이 아니라 실질적으로 실천함으로써 얻을 수 있는 실천적 지식이다.

지금까지 논의를 간략히 요약해 보면, 도덕교육은 세 가지 요소로 설명해 볼 수 있다: ① 도덕적 습관; ② 도덕적 추론; ③ 실천적 지식. 그렇다면 이제 체육이 이 세 가지 요소를 충분히 만족시키는지, 즉 체육의 도덕교육으로서 역할이 가능한지 여부를 논의해 볼 차례이다.

4. 체육과 도덕교육의 논리적 관련성

결론부터 말하면, 체육교육과 도덕교육 사이에 밀접한 논리적 관련성을 발견할 수 있다. 먼저, 실천적 지식을 가르치고 배울 수 있다는 것은 체육 과목이 다른 과목과 차별화 되는 가장 두드러진 특징이라고 말할 수 있다.36) 체육교육은 도덕적 습관의 형성에 이바지할 수 있을까? 학습자에게 습관을 형성시키는 지도방법 중에는 모방 심리기제에 기초하는 동일시 및 내면화가 있다. 모방이란 것은 행동을 관찰하고 반복함으로써 이루어진다. 스포츠에서 대부분의 학습활동은 이러한 모방을 통한 동일시와 내면화가 이루어지는 과정이라 할 수 있다. 예를 들면, 우리가 테니스를 배운다는 것은 기본적인 기술(포핸드 스트로크, 백핸드 스트로크, 발리 등)을 관찰과 반복, 즉 모방을 통해서 우리 몸에 습관처럼 자동화 시키는 과정이라 할 수 있다. 또한 스포츠상황에서 권위를 가진 심판, 코치 또는 체육교사는 학습자에게 동일시 대상으로 작용하고, 또한 그들의 지시, 허락, 금지, 부인 등은 학습자로 하여금 규칙 준수하기, 상대방을 해하지 않기, 공정하게 경기하기, 반칙하지 않기, 상대선수 존중하기 등의 스포츠규범을 내면화하도록 작용한다. 남궁달화는 "일단 모방을 통해 동일시와 내면화가 이루어지면, 그것은 상당한 정도의 지속성과 일관성을 유지하면서 자동성을 띤 행동으로 나타난다"고 주장하며 동일시와 내면화는 그 자체가 습관형성의 과정이라고 보았다.37)

또 다른 습관형성을 위한 지도방법 중에 하나는 보상과 벌이다. 스키너(Skinner)와 같은 사회학습 이론가들은 도덕성을 '나쁜 행동을 억제하고 좋은 행동을 촉진'하는 것으로 본다. 즉, 사회학습이론은 행동을 통제하는 것이 도덕성이고 그것이 내면화된 상태가 도덕성이 함양된 상태라고 보는데, 이때 행동을 통제하기 위해 작동하는 주요한 심리기제는 보상(강화)과 벌이다.38) 이러한 사회학습이론 관점에서 볼 때, 체육교육은 보상과 벌의 심리기제를 통해 비도덕적(해로운) 행동을 억제하고 도덕적(이로운) 행동을 촉진하는 행동통제의 내면화를 실천할 수 있는 효율적인 기회를 제공한다. 참여자의 페어플레이와 스포츠맨십은 칭찬(보상)에 의해 촉진되어지고(정적강화) 반칙과 속임수에 의한 행동은 비난(벌칙)에 의해 억제됨으로써(부적강화) 행동통제의 내면화가 이루어질 수 있다. 규칙 준수하기, 상대방·코치·심판 존중하기, 자기 역할에 최선을 다하기, 공정하고 정직하게 경기하기 등의 도덕성(공정, 정직, 존중, 책임감, 시민성 등)은 스포츠에서 행동통제의 내면화를 통해 형성될 수 있다. 이렇게 스포츠를 통해 내면화된 도덕적 행동은 보상과 벌이 더 이상 제시되지 않더라도 우리 삶의 유사한 상황에서도 발현되는 일관성과 지속성을 지닌 습관으로 형성될 수 있을 것이다.

따라서 도덕적 습관은 체육교육을 통해 충분히 형성 가능하다고 할 수 있다. 듀이는 아이들은 여러 유사한 상황에서 같은 도덕적 행동을 반복해서 실행함으로써 비슷한 상황이 닥쳤을 때 그와 같은 행동을 하려는 습관적 경향이 형성된다고 주장했다.39) 체육은 학생들로 하여금 다양한 도덕적 행동을 실제로 경험하고, 실행하고, 반복할 수 있는 효과적인 기회를 제공할 뿐만 아니라 동일시/내면화와 보상과 벌의 심리기제를 통하여 바람직한 습관형성을 위한 적합한 장소를 제공한다.

　도덕적 추론 기술의 습득 또한 체육에서 가능하다. 앞에서 언급한 바와 같이 습관이란 반복이나 강화를 통하여 획득되는 어떤 판에 박힌 행동을 가리키는 것이 아니다. 습관은 심사숙고와 적응력을 요구하는 이성의 작용에 기초하여 형성된다. 스포츠를 배운다는 것은 신체적인 기술의 습득뿐만이 아니라 사고력·분석력·판단력 등의 인지적 능력을 포함하고 있다. 뛰어난 스포츠선수란 일반적으로 운동기술이 탁월한 선수를 의미하는데, 운동기술이 탁월하다는 것은 그 스포츠에 요구되는 기본적인 기술뿐만 아니라 그런 기술을 경기상황에서 적절히, 효과적으로 활용하는 인지적 능력 또한 탁월하다는 것을 포함한다. 다시 테니스를 예로 들어보자. 뛰어난 테니스 선수란 포핸드, 백핸드, 발리 등의 기본적인 기술이 우수할 뿐만 아니라 그러한 기술을 변하는 상황에 따라 짧은 순간에 판단하여 적절히 활용하는 능력이 뛰어난 선수를 의미한다. 또 다른 예로, 손흥민 선수가 세계적인 축구 선수로 인정받고 있는 이유는 그가 드리블링, 트래핑, 패싱, 슛팅과 같은 기본적인 축구 기술도 뛰어나지만 전술을 이해하고 끊임없이 변하는 경기상황에서 자신이 습득한 기술을 어떻게 활용할 것인지를 짧은 시간에 판단하여 행동하는 인지적 능력 또한 우수하기 때문에 훌륭한 선수로 평가받는 것이다. 그렇기 때문에 스포츠를 통해 형성되는 습관은 모방과 연습으로 얻어진 행동의 자동화를 의미하는 것이 아니다. 그러한 습관의 형성과정은 상황에 따른 자신의 선택과 인지적 평가를 통한 이성의 작용에 기반을 두고 있다.

　지금껏 체육의 도덕교육으로서의 역할 가능성을 도덕교육에 필요한 충분조건을 체육이 얼마만큼 충족시키는지를 검토함으로써 논의하였다. 과연 우리는 누군가를 도덕적인 사람으로 변화시킬 수 있을까? 누군가를 도덕적인 사람으로 만들 수는 없을지 몰라도 누군가에게 도덕적인 사람이 되기 위한 조건은 제공할 수 있을 것이다. 앞서 살펴본 바와 같이, 도덕적 습관과 도덕적 추론, 그리고 실천적 지식이 도덕교육을 위한 필수 조건들이다. 체육이나 스포츠에 참여한다고 해서 자동적으로 도덕적 습관을 형성하고 도덕적 추론 기술을 습득하게 되는 것은 아닐 것이다. 그러나 체육이나 스포츠는 도덕성 함양을 위한 필수 조건들을 다른 어떤 교육활동 혹은 사회활동보다 효과적으로 제공할 수 있을 것이다.

나가며

오늘날 점점 많은 사람들이 스포츠의 교육적 가치, 특히 도덕교육으로서의 가능성에 의문을 제기한다. 과거의 스포츠는 즐거움을 위한 놀이이자 심신을 수양하고 화합을 나누는 교육적 기능이 강조되었다. 반면 자본주의 시장 경제 체제 하에 엘리트스포츠와 프로스포츠로 육성되어온 오늘날의 스포츠는 주로 경쟁을 통한 승리와 업적을 최고의 가치로 삼음으로써 스포츠가 가진 교육적 기능이 점점 가려지고 있다. 더욱이 프로스포츠란 스포츠를 삶의 수단으로 삼는다는 점에서 예전과 같은 교육적 역할과 도덕적 가치를 요구하기도 어렵게 되었다. 달리 말하면, 오늘날의 스포츠는 상업주의와 엔터테인먼트라는 요소가 결합을 하게 되면서 스포츠의 본질이 다소 변질되어 교육적 기능보다는 우리 사회에서 다른 기능들을 주로 하고 있다. 소속감과 연대감 형성, 긴장과 스트레스 해소를 위한 오락, 그리고 정치·경제적 기능이 그러한 예들이다. 일부 스포츠철학자와 비평가들은 스포츠 본질의 변화에 대해 우려하며 비판한다. 하지만 스포츠를 사회적으로 구조화된 하나의 문화로 볼 때, 문화는 그 시대의 흐름이나 가치관, 그 문화가 속한 사회적 관습을 반영할 수밖에 없다. 그렇기에 우리사회에서 다른 기능과 역할을 하고 있는 스포츠를 대상으로 스포츠의 교육적, 도덕적 기능을 평가하고 문제 삼는 것은 일견 억지에 가까운 것일 수도 있다. 따라서 이런 상업주의와 결합된 스포츠를 부정하고 비판만 하기 보다는 프로스포츠와 같은 일부 스포츠는 우리 사회에서 또 다른 기능을 한다는 것을 인정하고, 그런 기능과 역할에 대한 검토와 성찰이 이루어는 것이 바람직할 것이다.

하지만 스포츠가 학교 안으로 들어왔을 때는 이야기가 다르다. 스포츠가 학교 안에서 이루어 질 때는 스포츠 고유의 교육적 기능과 스포츠의 본질이 흐려져서는 안 될 것이다. 즉, 체육수업은 스포츠의 내재적 가치와 스포츠정신이 구현될 수 있는 곳이어야 한다. 스포츠가 학교 안에서 이루어 질 때는 스포츠의 교육적 가치가 강조될 수 있고, 체육수업은 다른 어떤 교육활동보다 학생들이 도덕적 판단과 행동을 경험하고 실천해 볼 수 있는 효과적 장소가 될 수 있다. 우리는 무한경쟁의 사회에 살고 있다. 자본주의 시스템 하에 지금 모든 것은 경쟁이 있어야만 발전할 수 있다고 한다. 하지만 경쟁에서 제일 중요한 것은 페어플레이다. 체육교육은 경쟁이 핵심 구성요소인 스포츠를 통해 정직, 공정, 배려, 존중 등 페어플레이의 덕목을 함양할 수 있는 실천의 장(場)을 제공한다는 점에서 도덕교육으로서 충분한 기능과 효율성을 갖추고 있다.

물론 도덕교육이 체육교육에 의해서만 이루어 질 수 있다는 주장은 결코 아니다. 도덕교육은 여러 형태로 교육되어 질 수 있다. 다만 체육교육은 도덕교육을 구성하는 도덕적 습관의 형성과 도덕적 추론 기술의 습득이라는 두 필수 조건을 갖추고 있으며 다른 어떤 방법보다 효율적으로 도덕교육에 접근할 수 있는 가능성을 지니고 있다.

스포츠윤리교육은 무엇을 가르치는 것인가?

쟁점

윤리교육, 즉 '윤리(ethics)를 교육한다는 것'은 오랫동안 철학자들과 교육학자들에게 관심을 받아 온 주제이고 윤리교육의 실현 가능성 여부 또한 여전히 논쟁이 되고 있다. 스포츠윤리는 선수들에게 가르쳐질 수 있는 것일까? 선수들은 교육을 통해 스포츠윤리를 배우고 그것을 실천할 수 있는 것일까? 그렇다면 어떤 조건 하에서 스포츠윤리교육은 성취될 수 있을까?

* 한국체육학회지 제52권 제5호에 게재된 저자의 논문, 『스포츠윤리 교육의 내용과 방법』을 수정·보완하여 작성함

1. 스포츠윤리지식이란?

스포츠선수로서 직업을 잘 수행하게 하는 기능적인 것이 아니라 훌륭한 선수, '진정한 스포츠인'으로서 올바르게 행동하는 데 필요한 지식

2. 스포츠윤리교육의 목적

- 스포츠人들에게 윤리적이고 책임감 있는 스포츠인(sportsperson)이 되는 데 필요한 지식과 지적인 이해들을 제공

- 오늘날 스포츠와 스포츠선수가 우리 사회와 대중들에게 미치는 영향을 인식시키고, 스포츠人으로서 사회적 책임과 그러한 책임을 실천하기 위한 규범들에 대한 이해를 제공

- 스포츠상황 속에서 부단히 직면하는 윤리문제를 성숙하게 다루는 능력과 스포츠상황에서 발생하는 가치판단의 문제에 있어서 올바른(도덕적) 판단을 내릴 수 있는 능력을 배양

- 스포츠윤리교육은 스포츠선수들로 하여금 '도덕적 자율성'(moral autonomy)을 함양하는 데 최종적인 목적을 두어야 함

3. 스포츠윤리교육이 다루어야 할 내용

① 응용윤리로서의 스포츠윤리에 대한 개념과 역할, 그리고 스포츠 속 윤리문제 분석에 적용되는 주요 윤리이론에 대한 내용

② 스포츠의 사회적 역할과 스포츠人으로서 도덕적 책임과 의무에 관한 내용

③ 개인윤리에 초점을 맞춘 미시윤리(microethics) 차원만 다루어서는 안 되며, 스포츠 속 윤리적 문제들을 제도와 시스템의 변혁을 통해 해결하려는 사회윤리(social ethics) 차원의 내용도 포함

4. 사례기반학습(case-based learning)

일반화할 수 있는 특정 사례(사건과 상황)를 가치와 연관 지어 학습에 활용함으로써 교육의 목표를 효과적으로 도달하고자 하는 교수방법

5. 사례기반 스포츠윤리교육

• 스포츠상황에서 있을 법한 상황 혹은 실제 발생했던 사례를 통해 윤리적 이슈를 발견하고, 이슈에 대한 다양한 해결책을 모색하며, 윤리적 정당성을 확인하는 과정을 거침으로써 스포츠윤리를 학습하는 방식

• 스포츠맨십과 페어플레이 정신을 실천에 옮긴 스포츠人들의 사례를 제시함으로써 실제 스포츠 속 윤리적 문제에 대해 정확히 인지하게 하고, 모방과 동일시를 통해 윤리적 실천을 유도하기 위한 교수방법

• 스포츠에서 좋은 행위와 나쁜 행위에 대한 구체적인 사례들을 분석하고 평가함으로써 스포츠 속 윤리문제들의 구조를 파악하고 인식할 수 있는 도덕적 민감성을 신장시키고 문제해결역량을 향상시키는 데 효과적

• 사례기반 스포츠윤리교육은 적합한 사례를 개발하는 데 시간과 비용이 소요되고, 사례에 대한 주관적 해석을 배제할 수 없기 때문에 편향(bias)이 발생하며, 교육대상이 많은 경우는 실행이 어려운 단점

들어가며

  '스포츠'를 검색하니 왠지 불편한 단어인 '윤리'라는 단어가 나란히 등장한다. 또한 그것을 회복해야 한다는 언론보도가 속출하고 있다. '스포츠윤리'라고 검색하니 (성)폭력, 승부조작, 불법도박 등과 관련된 수십 건의 최근 뉴스들이 검색된다. 언제부턴가 스포츠를 이야기함에 있어 '윤리'라는 단어가 급작스럽게 유행하고 있다. 어떤 것이 뜨거운 화두가 되는 것은 역설적으로 그것이 가장 결핍돼 있다는 표상일 것이다. 실제로 많은 이들을 놀라게 하는 비윤리적인 사건들이 스포츠계에서 끊이지 않고 발생하고 있다. 승부조작, 도핑, 심판매수, (성)폭력, 음주운전, 불법도박 등 도덕적 해이와 관련된 사건들이 신문, 방송, 인터넷을 가득 채우고 있다. 지금 스포츠의 윤리적 수준을 외면하고 그냥 놔두다가는 커다란 갈등이 어디선가 표출될 것이라는 생각을 하지 않을 수 없다. 이제 '스포츠윤리교육이 왜 필요한가?'를 진지하게 물어야만 하는 시점이라는 생각이 든다.

  스포츠계의 비윤리적인 범죄와 사건들이 끊임없이 일어나는 이유는 무엇일까? 다양한 진단이 가능하겠지만, 그 한 가지 방식으로서 현재 스포츠의 윤리적 위기의 원인을 운동선수들이 어렸을 때부터 받았어야 할 교육이 제대로 작용하지 못했다는 것과 관련지어 설명할 수 있다. 여기에서 말하는 교육을 대표하는 것이 바로 스포츠윤리교육일 것이다. 우리나라 대부분의 운동선수들은 인성보단 승부근성을 먼저 배운다. 대부분의 엘리트 운동선수들은 아주 어린 시절부터 '운동특기생'이란 신분을 부여 받고 오직 운동에만 매달려 학창 시절을 보낸다. 이렇게 성장한 운동선수들이 다시 코치, 감독 등 스포츠지도자가 되어 똑같은 선수 양성 교육이 그대로 이루어진다. 바로 이러한 선수 양성 과정이 오늘날 승리지상주의를 형성하게 하는 주요 원인이자 스포츠계에서 빈번히 발생하고 있는 비윤리적 사건, 사고의 원인이 되고 있다. 달리 말해, 스포츠계에서 지속적으로 발생하고 있는 비윤리적 사건들은 스포츠의 지나친 경쟁지향적인 구조와 단순히 운동 능력만 뛰어난 선수를 만들기 위한 선수 훈련시스템의 문제점을 보여주고 있으며 선수, 감독, 구단, 연맹 등 스포츠에 직접 관련된 사람들의 윤리의식 고취의 필요성과 중요성을 시사한다고 할 수 있다.[1]

그렇다면 어떻게 스포츠계의 윤리의식을 확립할 수 있을까? 여러 방안들이 제시될 수 있겠지만 가장 근본적이고 효과적인 대책으로는 역시 스포츠윤리교육을 들 수밖에 없다. 즉, 스포츠人(sportsperson)을 위한 체계적인 스포츠윤리교육 프로그램이 운영되어야 한다. 사건 발생 후 '징벌'과 '규제'에만 힘을 쏟을 것이 아니라, '예방'과 '교육'에 중점을 두어야 한다. 단기적인 대응이 아닌 정부와 스포츠계가 머리를 맞대고 스포츠윤리의식 확립을 위한 제도적인 정비방안을 찾아내 실행해야 한다. 무엇보다 시급한 것은 어린 시절부터 페어플레이 정신과 스포츠맨십을 강조하는 스포츠윤리교육을 포함한 체계적인 선수 양성 프로그램을 마련하는 것이다.

미국에서는 1970년대 중반 이후 스포츠에서 발생하는 다양한 현상에 대한 윤리학적 논의가 스포츠철학계를 중심으로 본격적으로 진행되었다. 또한 스포츠상황에서 발생하는 도덕적 사안과 행위에 대한 윤리적 판단의 중요성이 대두되면서 운동선수들을 위한 윤리교육이 강조되기 시작하였다.[2] 이로 인해 미국대학체육협회(NCAA)에서는 선수들을 위한 윤리규정을 제정하여 선수들의 윤리관을 높은 수준으로 유지하고자 하였으며, 많은 대학에서 학생선수들에게 스포츠윤리 교과목을 필수적으로 이수하게끔 하였다(Schneider, 2009).[3]

반면 국내에서 스포츠윤리교육에 대한 본격적인 논의가 이루어진 것은 비교적 최근의 일이다. 최근 한국체육철학회와 대한체육인협회의 공동주최로 국내 최초의 스포츠윤리 전문가 양성을 위한 스포츠윤리 아카데미를 개설하여 운영한 것은 고무적인 일이다. 국내 스포츠에서 윤리의 중요성이 어느 때보다 절실해지고 있고 무엇보다 스포츠선수들에 대한 스포츠윤리교육의 필요성이 강하게 요구되고 있지만, 스포츠윤리교육이 어떤 목적을 추구하며 어떤 내용과 방법을 통해 전개되어야 하는지에 대한 연구는 그다지 많지 않다. 뿐만 아니라 체계적인 스포츠윤리교육 프로그램을 실행하거나 직접적으로 스포츠윤리를 주제로 한 강좌가 개설되어 있는 체육단체, 체육계열 대학 및 대학원도 거의 없는 실정이다.[4]

이번 주제에서는 스포츠윤리교육은 무엇을, 어떻게 가르쳐야 하는가, 즉 스포츠윤리교육의 목적, 내용, 그리고 교수방법에 대해 살펴보고자 한다.

1. 스포츠윤리교육의 목적

스포츠의 목적은 공정한 경쟁을 통해 명예로운 승리를 쟁취하는 것이다. 동등한 조건 하에서 정정당당한 승부를 겨루고 상대방을 공명정대하고 정중하게 대할 수 있을 때 비로소 진정한 스포츠라 말할 수 있다. 즉, 페어플레이 정신과 스포츠맨십은 스포츠가 존재하기 위한 필요조건이자 스포츠의 근본적인 가치라 할 수 있다. 따라서 스포츠의 궁극적인 목적은 페어플레이 정신과 스포츠맨십을 실현하는 것이다. 이와 같은 스포츠정신을 실현하는 데 기여하는 것이 바로 스포츠윤리교육이다. 하지만 자본주의 시장경제 체제 하에 엘리트스포츠와 프로스포츠로 육성되어온 오늘날의 스포츠는 경기력 향상을 통한 승리와 업적에만 치중한 나머지 '정정당당하고 진정한 스포츠人(true sportsperson)을 길러내는 교육'인 스포츠윤리교육의 실천은 스포츠 담론의 장에서 도외시되고 있다. 최근 스포츠계 비윤리적 사건, 사고들이 지속적으로 발생함에 따라 건전한 스포츠정신을 정립하고, 페어플레이 정신과 올바른 윤리의식을 확립하기 위한 교육의 필요성과 사회적 요구가 그 어느 때보다 높다.

윤리지식(ethical knowledge)이란 사람들이 행동하는 데 요구되는 여러 기능적 능력의 응용이 아니라, 한 인간으로서 행동하는 데 응용되는 지식이다.5) 스포츠를 하는 사람은 스포츠를 잘 수행하는 것이 목적이다. 스포츠윤리는 스포츠선수의 역할이나 직업을 잘 수행하게 하는 기능적인 것이 아니라 훌륭한 선수, 즉 '진정한 스포츠인'으로서 올바르게 행동하는 것을 그 목적으로 삼는다. 따라서 스포츠윤리교육의 주요한 목적은 스포츠선수들에게 윤리적이고 책임감 있는 스포츠人이 되는 데 필요한 지식과 지적인 이해들을 제공하는 것이다. 더 구체적으로 말하면, 스포츠윤리교육은 스포츠선수들에게 오늘날 스포츠와 스포츠선수가 우리 사회와 대중들에게 미치는 영향을 인식시키고, 스포츠人으로서 사회적 책임과 그러한 책임을 실천하기 위한 규범들에 대한 이해를 제공해야 한다. 뿐만 아니라 스포츠 상황 속에서 부단히 직면하는 윤리문제를 성숙하게 다루는 능력과 스포츠 상황에서 발생하는 가치충돌의 문제에 있어서 올바른(도덕적) 판단을 내릴 수 있는 능력을 배양하는 교육이 되어야 한다.

하지만 스포츠윤리교육이 단순히 스포츠선수들에게 기계적 행동이나 특수한 규범들을 주입시키는 것에 그쳐서는 안 된다. 스포츠정신을 이해하고 상대방을 배려할 줄 알며 사려 깊은 윤리적 통찰과 문제해결 능력을 갖춘 스포츠人으로 성장할 수 있도록 돕는 일이 스포츠윤리교육이 지향해야 하는 목적이라 할 수 있다. 윤리학이 '어떻게 살 것인가?'라는 질문에 대한 답을 시도하는 실천적 성격의 학문인 것처럼 스포츠윤리교육도 결국 '스포츠人으로서 어떻게 행동할 것인가?'라는 질문을 스스로에게 던질 수 있고, 그에 관한 실존적 해답을 스스로 모색해갈 수 있는 능력을 길러주는 것을 목표로 삼아야 할 것이다. 즉, 궁극적으로 스포츠윤리교육은 스포츠선수들이 '도덕적 자율성(moral autonomy)'을 함양하는 데 그 최종적인 목적을 두어야 한다.

2. 스포츠윤리교육이 다루어야 할 내용들

스포츠윤리교육은 위에서 언급한 스포츠윤리교육의 목적을 달성할 수 있는 내용들을 포함할 수 있어야 한다. 스포츠윤리교육은 스포츠에 참여함에 있어 요구되는 규범의 제시와 이들 규범의 준수, 그리고 스포츠상황에서 발생하는 가치충돌의 문제에 있어서 도덕적 판단의 원리나 근거에 관련된 내용을 다루도록 해야 한다. 달리 말하면, 스포츠윤리교육은 스포츠선수들로 하여금 스포츠 상황에서 옳은(right) 행위와 관련된 규준에 대한 지식을 증가시킬 수 있어야 하고, 도덕적 인식력과 민감성을 길러주고, 윤리적 판단능력을 배양하며, 윤리적 의지력을 증대시킬 수 있어야 한다.6) 또한 스포츠에 참여함에 있어 기쁨과 성취감을 느끼고 운동기술과 지식을 습득하면서 스포츠에 내재되어 있는 도덕적 가치를 깨닫고 실천할 수 있도록 스포츠윤리교육의 교육내용이 구성되어야 한다. 스포츠윤리교육에서는 최소한 다음과 같은 내용들이 필수적으로 다루어져야 할 것이다.

첫째, 스포츠윤리교육에서 주요 윤리이론들에 관한 학습은 이루어져야 한다. 스포츠윤리는 일반적인 윤리와 다른 어떤 특별한 윤리개념이 아니라 단지 일반적인 윤리규범을 스포츠라는 특수한 상황에 적용했을 뿐이다. 즉, 스포츠윤리는 기본적으로 응용윤리이다. 모든 응용학문은 모(母)학문의 관점과 원리를 이용하여 특정한 분야 혹은 대상을 좀 더 체계적으로 이해하려는 학문이다. 따라서 스포츠윤리는 윤리학의 이론적 토대와 근거를 탐구하는 데 관심을 두어야 한다. 이는 스포츠상황에서 부단히 직면하는 윤리문제의 해결원리나 행위지침을 제시하기 위해서는 윤리학의 이론들을 응용할 수밖에 없음을 의미한다. 스포츠 속 윤리적 상황들은 대부분 딜레마적 구조를 갖고 있기에, 해결방안을 모색하기 위해서는 그 상황에 대한 구조를 파악하고 분석할 수 있는 이론적 틀이 필수적이다.7) 물론 스포츠윤리교육에서 윤리이론들에 대한 학습이 필요하다고 해서 윤리학에서 다루는 모든 이론과 입장들을 다 고려할 수는 없다. 많은 윤리이론들 중에서 스포츠윤리 문제의 분석과 해결을 위한 최소한의 틀로서 의무론적 윤리(deontological ethics), 목적론적 윤리(teleological ethics), 덕 윤리(virtue ethics)는 다루어져야 할 것이다.

둘째, 스포츠의 사회적 역할과 스포츠人으로서 도덕적 책임과 의무에 관한 주제는 스포츠윤리교육에서 반드시 다루어져야 한다. 스포츠선수들 입장에서 볼 때, 그들은 다른 직업군의 사람들처럼 그들이 잘하고 좋아하는 일에 종사하고 있을 뿐이다. 하지만 오늘날 스포츠는 현대인의 단순한 취미를 넘어서 이제는 중요한 생활의 일부분이고 영향력을 가진 하나의 문화가 되었다. 스타 선수들의 일거수일투족이 대중매체에 노출되어지고 그들의 말, 행동, 패션 등은 엄청난 사회적 파장과 영향력을 가지게 되었다. 스포츠선수들은 그들이 하고 있는 것이 '스포츠'라는 사실을 인식해야 하고, 자신의 직업과 사회적 역할에 대한 '자긍심'을 가져야 한다.8) 많은 유소년, 청소년, 대중이 그들을 추종하고, 따라하고, 좋아하고, 존경하며 롤 모델로 삼고 있다. 때론 그들은 국가적 영웅이다. 따라서 스포츠선수들이 자신들에게 부여된 사회적 역할과 책임에 관해 인식하고 그것을 실천할 수 있도록 관련 교육내용이 구성되어야 한다.

끝으로, 스포츠윤리교육의 내용들이 스포츠선수들의 개인윤리에 초점을 맞춘 미시윤리(microethics) 차원에만 머물러 있어서는 안 된다. 즉, 오늘날 스포츠계 비윤리적인 문제들을 단지 선수 개인의 도덕성 문제로만 인식하여 스포츠윤리교육이 개인윤리나 윤리이론에 대한 교육으로만 그쳐서는 안 될 것이다. 스포츠윤리교육은 스포츠에 관한 사회적 맥락들을 포함할 수 있는 보다 넓은 범위로 확대되어야 한다. 즉, 스포츠와 환경문제, 스포츠와 세계화, 스포츠와 젠더, 스포츠와 교육, 그리고 스포츠와 관련 있는 공적인 정책의 문제 등에 대한 윤리적 함의들을 포함할 수 있도록 교육내용을 거시윤리(macroethics) 차원으로 넓혀야 한다. 뿐만 아니라 스포츠 속 윤리문제들을 제도와 시스템의 변혁을 통해 해결하려는 사회윤리(social ethics)도 포괄할 수 있어야 한다. 따라서 스포츠윤리교육은 단지 스포츠윤리학자만의 관심과 과제가 되어서는 안 될 것이다. 현장의 스포츠지도자 뿐만 아니라 체육학자, 스포츠행정가 및 정책입안자 등 스포츠에 직접 관련된 모든 사람들이 유기적 관계를 맺으며 통합적으로 작업이 이루어질 때, 성공적이고 효과적인 스포츠 윤리교육 프로그램이 만들어질 수 있을 것이다.

3. 스포츠윤리교육의 방법

그렇다면 위에서 언급한 스포츠윤리교육의 구성 내용들을 어떻게 가르쳐야 할 것인가의 문제가 자연스럽게 제기될 수 있다. 달리 말해, 어떤 내용을 어떤 방식으로 가르칠 것인가는 스포츠윤리교육의 효과성에 결정적인 영향을 미친다. 필자는 스포츠윤리교육의 교수방법으로 다음과 같은 두 가지를 제안 하고자 한다.

(1) 윤리이론의 교육

윤리적 상황에 직면했을 때 중요한 것은 이성에 의한 합리적인 판단이다.9) 윤리적 판단이란 개인의 감정적인 선택이나 주관적인 의지의 표현이 아니라, 어떤 사태에 대한 합리적이고 객관적인 판단이라 할 수 있다. 그렇기에 옳고 그름을 판단하는 문제에 있어 실천적 규범은 이론적 지식을 무시할 수 없는 것이다.10) 소크라테스가 지행합일(知行合一)을 주장하는 것은 올바른 행위가 올바른 지식으로부터 비롯됨을 잘 말해주고 있다. 따라서 응용윤리로서 스포 츠윤리에 대한 이해를 위해 윤리이론이 어떻게 응용될 수 있는지에 대한 학습이 이루어져야 한다.

일반적으로 윤리이론은 윤리적 상황에 대한 인식과 구조의 파악, 도덕적 충돌소지의 발견 등을 위하여 필수적이다.11) 상황에 대한 이해 부족으로 인한 결정은 비윤리성을 재생산할 수 있는 잠재성을 소지하고 있다. 또한 대부분의 비윤리적 결정과 행위는 바로 상황인식의 부족에서 기인하는 것일 수 있기 때문에 스포츠윤리교육에서 일반 윤리이론에 대한 교육은 필수불가결하다.12) 물론 윤리이론들에 대한 학습만으로 스포츠윤리교육이 의도하는 교육의 효과를 충분히 달성하기에는 매우 어려울 것이다. 스포츠윤리가 응용윤리라는 점을 부정할 수 없다면 실천윤리(practical ethics)로서의 응용윤리는 결국 윤리를 실천하는 데 발생하는 문제들의 탐구와 이에 대한 해결 방법의 제시가 주된 내용이 되어야 할 것이다.13) 대개 윤리이론들이나 개념들은 추상적이기 때문에 특수한 상황에서 스포츠선수들이 어떻게 행동해야 하는지를 지시하는 데는 분명히 한계가 있을 것이다. 그렇다면 윤리이론을 스포츠상황에서 실천으로 연결시키자면 이를 어떻게 스포츠라는 특수한 분야에 적합하도록 해석해야 할 것인가가 관건이다. 이에 관해 하나의 효과적인 방식은 사례기반학습(case-based learning)이 제공해 줄 수 있을 것이다.

(2) 사례기반 스포츠윤리교육

현재 미국에서 이루어지고 있는 스포츠윤리교육의 교수방법은 대부분 윤리이론들에 대한 강조보다는 실제 사례들을 중심으로 한 교육방법이 주로 이루어지고 있다. 사례기반학습이란 일반화할 수 있는 특정 사건과 상황을 가치와 연관 지어 학습에 활용하여 교육의 목표를 효과적으로 도달하고자 하는 하나의 교수방법이다.14) 따라서 사례기반 스포츠윤리교육이란 스포츠상황에서 있을 법한 사례 혹은 실제 발생했던 사례를 분석하여 윤리적 이슈를 발견하고, 이슈에 대한 다양한 해결책을 모색하며 윤리적 정당성을 확인하는 과정을 거침으로써 스포츠윤리를 학습하는 방식을 말한다.15) 또한 사례기반 스포츠윤리교육은 스포츠맨십과 페어플레이 정신을 실천에 옮긴 스포츠선수나 지도자의 사례를 제시함으로써 실제 윤리적 상황에 대해 인식하게 하고, 모방과

동일시를 통해 윤리적 실천을 유도하기 위한 교수방법이다.16)

사례중심 교수방법은 현재 미국의 응용윤리 교육에서 일반적으로 사용되고 있으며 매우 효과적인 교수방법으로 평가를 받고 있다.17) 사례기반 스포츠윤리교육은 기존 전달식 강의와는 차별적 특성을 갖고 있기 때문에 교육대상자의 몰입도를 높일 수 있을 뿐만 아니라 흥미도를 높이고, 스포츠의 특수한 상황을 쉽게 이해시킬 수 있으며, 토론을 통하여 문제해결 및 접근방법에 대한 상호학습을 극대화 할 수 있는 장점을 갖고 있다.18) 학습자 간에 하나의 사례에 대한 다양한 관점의 검토와 토론과정은 학습자에게 비판적인 사고를 가능하게 한다. 즉, 사례기반 스포츠윤리교육은 사례를 통해 학습자들에게 다양한 입장을 취해볼 기회를 주기 때문에 도덕적 민감성을 기를 수 있으며, 다른 관점에서 도덕적 이슈를 조망하는 방법을 배우게 한다.19) 또한 실제 상황에서 발생할 수 있는 위험을 사례를 통해 안전하게 간접적으로 경험할 수 있는 기회를 제공하기에 장차 당면하게 될 윤리문제들에 대한 바람직한 대처 능력을 습득할 수 있도록 돕는다.20)

사례기반 스포츠윤리교육에서 학습자는 스포츠에서 좋은 행위와 나쁜 행위에 대한 구체적인 사례들을 분석하고 평가함으로써 윤리적 상황을 인식하고 파악할 수 있는 도덕적 민감성과 도덕적 성품을 신장시키고, 문제해결역량을 향상시킬 수 있다. 사례기반 스포츠윤리교육의 방식은 도핑, (성)폭력, 심판매수, 승부조작 사건 등과 같은 잘 알려진 사건들에 초점을 맞추고, 사례들에 대한 모범적인 논의, 분석, 평가들을 제시함으로써 올바른 판단을 예시하는 방식이다. 이러한 학습과정을 통해 스포츠정신의 의미를 재인식하고, 자신의 판단으로 인한 부정적 영향을 고려할 수 있으며, 최선의 판단과 행위에 관해 심사숙고하며 비판적 사고력을 기를 수 있다. 학습자는 이러한 통찰력을 앞으로 직면할 수 있는 다양한 상황에 응용할 수 있을 것이다. 또한 발생할 수 있는 가설적인(hypothetical) 윤리적 사례들을 스스로 설정할 수 있고, 예상되는 윤리적 쟁점과 해결책 또한 스스로 모색할 수 있을 것이다. 사례기반 스포츠윤리교육에서 활용할 수 있는 국내외 다양한 스포츠윤리 사례들은 인터넷 기술의 발달로 인해 어렵지 않게 웹상에서 구할 수 있다.

그러나 사례기반 스포츠윤리교육이 교육적 효과를 기대할 수 있는 유용한 교수방법이라 할지라도 강의자가 각 사례의 유형과 활용법을 정확하게 파악하고 교육목적에 비추어 응용하는 것은 쉬운 일이 아니다.21) 또한 사례기반 교육은 교육효과를 극대화할 수 있는 좋은 사례를 개발하는 데 시간과 비용이 소요되고, 사례에 대한 주관적 해석을 배제할 수 없기 때문에 편향성(bias)이 발생하며, 교육대상이 많은 경우 실행이 어려운 단점도 있다.22) 따라서 바람직한 사례기반 교육을 위해서는 Gerwen의 주장처럼, 사례 속 사실들, 발생 가능한 상황들, 그리고 관련 행위자들이 내릴 수 있는 판단과정에 대한 완전한 시나리오가 요구된다.23) 또한 사례의 편향적 해석을 제거하기 위해 다양한 방법으로 사례에 대한 찬·반 의견 조사가 충분히 이루어져야 할 것이다.24) 이러한 부분이 충분히 고려된다면, 사례기반 스포츠윤리교육은 스포츠人으로서의 사회적 역할과 직업적 책임에 관련된 상황들을 가상적으로 직면할 수 있게 해주고, 자신의 비윤리적 행동으로 인해 파생되는 부정적 영향을 인식하게 해주며, 스포츠 속 윤리문제에 대한 중요한 통찰력을 제공할 수 있을 것이다.

스포츠윤리교육은 단지 스포츠윤리학자의 역할만으로는 성공적으로 이루어질 수 없을 것이다. 더욱이 사례기반 스포츠윤리교육에서 다루어지는 사례들이 대부분 스포츠의 윤리적 사례들이라 스포츠 전문가들의 역할이 매우 중요하긴 하나 사례에서 제기될 수 있는 윤리적 쟁점들과 그 해결책들에 관해서는 윤리학 전공자, 교육학 전공자, 정책입안자, 스포츠행정가 등의 역할 또한 배제되어서는 안 될 것이다. 따라서 효과적인 스포츠윤리교육 프로그램이 만들어지기 위해서는 관련 전문가들의 유기적 관계에 의한 학제적 연구가 권장되어야 할 것이다.

나가며

21세기는 소위 '윤리의 시대'로 간주되고 있는 반면, 스포츠계는 '윤리의 위기'를 맞이하고 있는 것으로 보인다. 오늘날 우리 사회에서 중요한 문화의 한 부분을 차지하고 있는 스포츠는 외형적으로는 양적인 팽창을 거듭하였으나, 이면에는 다양한 윤리적 문제점들을 안고 있다. 그로 인해 스포츠윤리에 대한 사회적 관심은 높아졌지만, 과연 스포츠윤리를 어떻게 교육해야 하는지에 대한 스포츠계의 관심은 그리 높지 않다. 달리 말해, 스포츠 현장에서는 상업주의나 승리지상주의로 인한 여러 인권적, 윤리적 문제들이 난무하고 있지만 아직까지 스포츠의 윤리적 가치를 고취시켜 주는 실효성 있는 스포츠 윤리교육이 실시되지 않고 있는 실정이다.

스포츠윤리교육은 스포츠상황에서 직면하게 될 여러 윤리적 쟁점들에 대한 비판적인 판단능력을 길러주고, 나아가 이러한 쟁점들을 합리적으로 해결할 수 있는 '도덕적 자율성(moral autonomy)'을 함양하는 데 그 목적을 두어야 한다. 이러한 목적을 달성하기 위해서는 기본적인 윤리이론에 관한 내용, 스포츠의 사회적 역할과 스포츠人으로서 도덕적 책임 및 의무에 관한 내용, 그리고 스포츠의 구조, 체계, 관련 정책 및 제도 등 사회윤리 차원의 내용들도 스포츠윤리교육에서 반드시 다루어져야 한다. 또한 이러한 교육내용들이 효과적으로 학습되기 위해서는 스포츠 속 윤리문제의 구조와 쟁점을 이해하기 위한 윤리이론에 대한 교육이 선행된 후, 실제적 혹은 가설적인 스포츠윤리 사례들을 중심으로 사례기반 교수-학습이 병행되어야 한다.

사례기반학습은 가장 효과적인 스포츠윤리의 교육방법이 될 수 있다. 사례기반 스포츠윤리교육은 실제 발생했던 혹은 발생할 수 있는 스포츠윤리 사례들을 중심으로 스포츠윤리교육을 실행하는 것이다. 사례기반 스포츠윤리교육은 스포츠선수들이나 지도자들이 '현장'에서 실제 직면할 수 있는 다양한 윤리적 사례들을 '강의실'에서 간접적으로 경험하게 한다. 이를 통해 윤리적 사례들을 다양한 관점으로 분석해보고 해결방안을 모색해봄으로써 문제해결 능력과 비판적 사고력을 향상시키는 데 목표를 둔다. 이미 발생했던 비윤리적 사례들에 대한 분석뿐만 아니라, 발생 가능한 여러 가지 스포츠윤리 문제들에 대한 시나리오를 구성해봄으로써 예방교육으로서의 효과를 극대화할 수 있다. 또한 스포츠선수들과 지도자들은 자신들의 판단과 행동이 야기할 수 있는 윤리적 차원의 여러 가능한 결과들을 예측해 볼 수 있기에 실제 상황에서 보다 합리적이고 윤리적인 판단을 도출할 수 있는 역량을 키울 수 있다.

스포츠계의 부정부패 스캔들이나 비윤리적 행동들이 지금 당장 발생하는 것보다 사실상 더욱 위험한 것은 스포츠윤리교육을 소홀히 하는 것이다. 왜냐하면 부실한 스포츠윤리교육은 결국 스포츠의 가치에 부정적인 영향을 미치고, 나아가 스포츠의 존립 자체를 위협할 수 있기 때문이다. 스포츠윤리교육이 지금처럼 일회적이거나 수동적이고 피상적인 방식으로 이루어져서는 안 될 것이다. 실효성 있는 스포츠윤리교육을 위해서는 교육의 내용과 방식을 더 다양하고 역동적으로 구성할 필요가 있다.

스포츠선수들은 실전에서 최고의 퍼포먼스를 보여주기 위해 평소에 지속적인 체력훈련과 기초훈련을 반복한다. 마찬가지로 스포츠선수들이 '진정한 스포츠인'으로 성장하기 위해서는 어린 시절 학교에서부터 반복적이고 체계적으로 스포츠윤리교육이 실시되어야 할 것이다. 스포츠계 윤리를 확립하기 위해서는 체계적인 스포츠윤리교육뿐만 아니라 잘못된 제도와 구조를 바꾸려는 노력도 병행되어야 한다. 스포츠人들에게 도덕성만 강조하기에 앞서 그들이 스포츠人으로서 자부심과 긍지를 가질 수 있도록 윤리적인 스포츠조직과 건전한 스포츠문화를 조성하기 위한 제도적 여건도 뒷받침되어야 할 것이다.

주

서론 스포츠윤리란 무엇인가?

1) 사물의 이치를 분간하고 구별하는 일을 뜻한다. 세상의 모든 것에는 사(事)와 리(理)가 있다. 전자는 드러나 있는 것이고 후자는 숨겨져 있는 혹은 속에 있는 본질이다. 분별의 분(分)은 형상과 본질을 나눌 수 있는 능력이며 분별의 별(別)은 그 나눈 것의 차이를 인식하는 힘이다. 일반적으로 우리가 이성적이라고 말하는 것 혹은 지혜롭다고 말하는 것을 사리분별력이라 할 수 있다.

2) 대표적인 예로 3가지를 들자면 아마도 피겨스케이팅, 다이빙, 체조가 될 수 있을 것이다.

3) 강성민(2013). 영미 스포츠철학과 스포츠윤리학의 동향. 한국체육철학회지, 21(2), 97-113.

4) 김영수(2004). 양자시대의 응용윤리의 도전. 철학논총, 36(2), 183-209; Stewart, N. (2009). Ethics: An Introduction to Moral Philosophy. Malden, MA: Polity Press.

5) 김영수(2004). 위의 논문. p. 189.

6) 속어로 머리를 뜻하는 '빈(bean)'과 공을 뜻하는 '볼(ball)'에서 유래된 야구 용어로서 투수가 타자를 위협하기 위한 목적으로 고의적으로 타자의 머리 부근을 겨누어 던지는 투구를 의미한다. 상대팀과 상대 타자의 기세를 꺾기 위하여 던지는 공이지만 자칫 치명적인 부상으로 이어질 수도 있고 실제로 미국 메이저리그와 국내 프로야구에서도 빈볼로 인해 사망한 사례가 있다.

7) Pojman, L., & Fieser, J. (2011). 윤리학: 옳고 그름의 발견(6th ed.)[Ethics: Discovering Right and Wrong]. (박찬구, 류지한, 조현아, 김상돈 역). 서울: 도서출판 울력 (원전은 2009에 출판).

8) 양해림, 정진우, 남순예, 정윤승, 임윤정, 이영자, 최정묵(2009). 공학도를 위한 공학윤리. 대전: 충남대학교출판부.

9) 양해림 외 6인(2009). 위의 책.

10) 양해림 외 6인(2009). 위의 책.

11) 변순용(2012). 도덕교육의 서양윤리학적 접근. 도덕윤리과교육, 37, 99-116.

12) Morgan, W. (2007). Ethics, Ethical Inquiry, and Sport: An Introduction. In W. Morgan (Ed.), Ethics in Sport (2nd ed) (pp. xiii-xxxvii). Champaign, IL: Human Kinetics.

13) Rawls, J. (1971). A Theory of Justice. Cambridge, MA: Harvard University Press; Rawls, J. (1993). Political Liberalism. New York: Columbia University Press.

14) Morgan, W. (2007). 위의 책.

15) Sayre-McCord, G. (2000). Contractarianism. In H. LaFollette (Ed.), The Blackwell Guide to Ethical Theory (pp. 247-267). Oxford: Blackwell Publishers, p. 263.

16) Morgan, W. (2007). 위의 책.

17) 변순용(2012). 위의 논문, p. 104.

18) 노영란(2009). 덕윤리의 비판적 조명. 서울: 철학과 현실사

19) 노영란(2009). 위의 책.

20) 김동규, 구강본(2007). 스포츠 윤리의 정초와 실천과제. 한국체육학회지, 46(5), 105-117.

21) 김상득(2003). 서양철학의 눈으로 본 응용윤리학. 범한철학, 29, 5-34.

22) 강성민(2013). 위의 논문.

23) 양해림 외 6인(2009). 위의 책.

24) 변순용(2012). 위의 논문.

주제 01 e스포츠는 '진짜' 스포츠인가?

1) 김현유(2019.01.16.). 세계 e스포츠 시장 규모 1조 육박...한국도 1,000억 규모로 성장. 데일리e스포츠. http://www.dailyesports.com/view.php?ud=20190115181638644383283f60 ce7c_27. 2020.02.06. 인출

2) Forbes (2014.01.27.). Riots's 'League of Legends' Reveals Astonishing 27 million Daily Players, 67 million monthly. Forbes. Retrieved on January 29, 2020 from https://www. forbes.com/sites/insertcoin/2014/01/27/riots-league-of-legends-reveals-astonishing-27-mill ion-daily-players-67-million-monthly/#421211436d39.

3) 백기철(2017). [유레카]프로야구 한국시리즈. 한겨레 http://www.hani.co.kr/arti/opinion/ column/816018.html에서 2020.03.02. 인출; Holden, J., Kaburakis, A., & Tweedie, J. (2019). Virtue(al) Games: Real Drugs. Sport, Ethics and Philosophy, 13(1), 19-32.

4) Wingfield, N. (2014). In eSports, Video Gamers Draw Real Crowds and Big Money. New York Times. Retrieved on January 12, 2020 from https://www.nytimes.com/2014 /08/31/technology/esports-explosion-brings-opportunity-riches-for-video-gamers.html

5) 뉴시스(2018.09.25). '롤드컵 D-7' 4년 만에 韓 개최...'e스포츠 붐' 이어갈까. 뉴시스. http://www.newsis.com/view/?id=NISX20180921_0000426212&cID=13001&pID =13000에서 2020.02.24. 인출.

6) Heaven, D. (2014). Esports: Pro Video Gaming Explodes with Big Prize Pots. New Scientist. Retrievd on January 11, 2020 from https://www.newscientist.com/article /mg22329823-900-esports-pro-video-gaming-explodes-with-big-prize-pots/

7) Jenny, S., Manning, R., Keiper, M., & Olrich, T. (2017). Virtual(ly) Athletes: Where eSports Fit Within the Definition of "Sport" Quest, 69(1), 1-18.

8) Schreier, J. (2015). ESPN Airs Video Games, Twitter Freaks Out. Kotaku. Retrieved

on January 12, 2020 from https://kotaku.com/espn-airs-video-games-twitter-freaks-out-1700333433.

9) Wingfield, N. (2014). In eSports, Video Gamers Draw Real Crowds and Big Money. New York Times. Retrieved on January 12, 2020 from https://www.nytimes.com/2014/08/31/technology/esports-explosion-brings-opportunity-riches-for-video-gamers.html

10) Jenny, S., Manning, R., Keiper, M., & Olrich, T. (2017). 위의 논문, p. 8.

11) Jenny, S., Manning, R., Keiper, M., & Olrich, T. (2017). 위의 논문, p. 8.

12) 이상호, 황옥철(2019). e스포츠의 학문적 이해. 서울: 부크크.

13) Jonasson, K., & Thiborg, J. (2010). Electronic Sport and Its Impact on Future Sport. Sport in Society, 13(2), 287-299.

14) Llorens, M. R. (2017). eSport Gaming: The Rise of a New Sports Practice. Sport, Ethics and Philosophy, 11(4), 464-476; Suits, B. (2018). The Elements of Sport. In W. Morgan (Ed.), Ethics in Sport (3rd Ed.) (pp. 33-44). Champaign, IL: Human Kinetics.

15) Abanazir, C. (2019). Institutionalisation in E-Sports. Sport, Ethics and Philosophy, 13(2), 117-131; Jenny, S., Manning, R., Keiper, M., & Olrich, T. (2017). 위의 논문; Guttmann, A. (1978). From Ritual to Record: The Nature of Modern Sports. New York, NY: Columbia University Press.

16) Hemphill, D. (2005). Cybersport. Journal of the Philosophy of Sport, 32, 195-207; Suits, B. (2018). 위의 책.

17) Jonasson, K., & Thiborg, J. (2010). 위의 논문; Guttmann, A. (1978). 위의 책.

18) Parry, J. (2006). Sport and Olympism: Universals and Multiculturalism. Journal of the Philosophy of Sport, 33(2), 188-204.

19) Parry, J. (2006). 위의 논문, p. 192.

20) Suits, B. (1978). The Grasshopper: Games, Life and Utopia. Toronto: University of Toronto Press; Suits, B. (1988). Tricky Triad: Games, Play, and Sport. Journal of the Philosophy of Sport, 15(1), 1-9; Suits, B. (2018). 위의 책.

21) Guttmann, A. (1978). 위의 책.

22) Parry, J. (2006). 위의 논문; Parry, J. (2019). E-sports are Not Sports. Sport, Ethics and Philosophy, 13(1), 3-18.

23) Suits, B. (2018). 위의 책, p, 34.

24) Suits, B. (2018). 위의 책, p, 39.

25) Meier, K. (1988). Triad Trickery: Playing with Sport and Games. Journal of the Philosophy of Sport, 15(1), 11-30.

26) Meier, K. (1988). 위의 논문, p. 21.

27) Guttmann, A. (1978). 위의 책.

28) Parry, J. (2019). 위의 논문.

29) Abanazir, C. (2019). 위의 논문.

30) Pfister, G. (2007). Sportification, Power, and Control: Ski-jumping as a Case Study. Junctures, 8, 51-67.

31) Parry, J. (2019). 위의 논문, p. 15.

32) Jenny, S., Manning, R., Keiper, M., & Olrich, T. (2017). 위의 논문; Holden, J., Kaburakis, A., & Tweedie, J. (2019). 위의 논문; Holt, J. (2016). Virtual Domains for Sports and Games. Sport, Ethics and Philosophy, 10(1), 5-13; Llorens, M. R. (2017). 위의 논문.

33) Wagner, M. G. (2006). On the Scientific relevance of esports. Symposium conducted at 2006 international conference on Internet Computing & conference on computer games development, Las Vegas, NV.

34) Wagner, M. G. (2006). 위의 발표자료.

35) 남기연, 김대희(2018). e스포츠의 법적 지위에 관한 연구. IT와 법 연구, 16, 179-206; 정두식, 정호일(2010). e-스포츠 육성방안에 관한 실증적 연구. 산업경제연구, 23(6), 3313-3332.

36) Jenny, S., Manning, R., Keiper, M., & Olrich, T. (2017). 위의 논문; Llorens, M. R. (2017). 위의 논문.

37) Jenny, S., Manning, R., Keiper, M., & Olrich, T. (2017). 위의 논문, p. 16.

38) Jenny, S., Manning, R., Keiper, M., & Olrich, T. (2017). 위의 논문, P. 17.

39) Holt, J. (2016). 위의 논문; Jenny, S., Manning, R., Keiper, M., & Olrich, T. (2017). 위의 논문; Llorens, M. R. (2017). 위의 논문.

40) Jeu, B. (1972). What Is Sport? Diogenes, 20(80), 150-163.

41) Jeu, B. (1972). 위의 논문, p. 152.

42) Guttmann, A. (1978). 위의 책; Feezell, R. (2013). Sport, Philosophy and Good Lives. Lincoln, NE: University of Nebraska Press; Tamburrini, C. (2000). Essays in the Philosophy of Sports. Goteborg, Sweden: Acta Universitatis Gothoburgensis.

43) Drewe, S. (2003). 위의 책.

44) Hemphill, D. (2005). 위의 논문.

45) Jenny, S., Manning, R., Keiper, M., & Olrich, T. (2017). 위의 논문.

46) Hemphill, D. (2005). 위의 논문, p. 202.

47) Kates, A. (2015, February). The Debate: For & Against e-sports. Engineering & Technology, 10(1), 28.

48) Llorens, M. R. (2017). 위의 논문.

49) Ekdahl, D., & Ravn, S. (2019). Embodied Involvement in Virtual Worlds: the Case of eSports Practitioners. Sport, Ethics and Philosophy, 13(2), 132-144.

50) Hemphill, D. (2005). 위의 논문.

51) Heaven, D. (2014). 위의 기사.

52) Kretchmar, R. (2005). Practical Philosophy of Sport and Physical Activity (2nd Ed.). Champaign, IL: Human Kinetics.

53) Wagner, M. G. (2006). 위의 발표자료.

54) Ekdahl, D., & Ravn, S. (2019). 위의 논문, p. 141; Hemphill, D. (2005). 위의 논문; Holt, J. (2016). 위의 논문; Jenny, S., Manning, R., Keiper, M., & Olrich, T. (2017). 위의 논문; Llorens, M. R. (2017). 위의 논문.

55) Stafford, T., & Dewar, M. (2014). Tracing the Trajectory of Skill Learning with a very large Sample of Online Game Players. Psychological Science, 25(2), 511-518.

56) Jenny, S., Manning, R., Keiper, M., & Olrich, T. (2017). 위의 논문, p, 14.

57) Gentile, D. (2009). Pathological Video-Game Use Among Youth Ages 8 to 18. Psychological Science, 20, 594-602.

58) Rideout, V., Roberts, D., & Foehr, U. (2005). Generation M: Media in the Lives of 8-18 Year Olds. Kaiser Family Foundation Study. KFF. Retrieved on March 2, 2020 from https://www.kff.org/other/event/generation-m-media-in-the-lives-of/

59) Jenny, S., Manning, R., Keiper, M., & Olrich, T. (2017). 위의 논문.

60) Holden, J., Kaburakis, A., & Tweedie, J. (2019). 위의 논문.

61) Heaven, D. (2014). 위의 기사.

62) 조진호(2020.02.18). '페이커' 이상혁, T1과 3년 재계약...은퇴 후 경영 참여. 스포츠경향. http://sports.khan.co.kr/bizlife/sk_index.html?art_id=202002181714013&sec_id=560201&pt=nv. 2020.02.24. 인출

63) 김정민(2019.08.17). 이대호 선수보다 많이번다...연봉 30억 '페이커' 되고 싶다면. 중앙일보. https://news.joins.com/article/23554357. 2020.02.26. 인출

64) Heaven, D. (2014). 위의 기사.

65) 이정민(2018.10.11). CJ ENM, LA e스포츠 전요요 경기장 건립...북미 시장 본격 진출. 조선비즈. https://biz.chosun.com/site/data/html_dir/2018/10/11/2018101101211.html. 2020.02.27. 인출; Heaven, D. (2014). 위의 기사.

66) 김정희(2019.07.02). 안산, 용인, 성남, 부천 4개시군, 경기 e스포츠 전용 경기장 유치 도전. 전자신문. https://www.etnews.com/20190702000038. 2020.02.27. 인출

67) Llorens, M. R. (2017). 위의 논문.

주제 02 '반칙작전'은 전략인가, 반칙인가?

1) Leaman, O. (2018). Cheating and Fair Play in Sport. In W. Morgan (Ed.), Ethics in Sport (3rd Ed.) (pp. 153-159). Champaign, IL: Human Kinetics; Russell, J. S. (2017). Strategic Fouling and Sport as Play. Sport, Ethics, and Philosophy, 11(1), 26-39.

2) Simon, R. (2005). The Ethics of Strategic Fouling: A Reply to Fraleigh. Journal of the Philosophy of Sport, 32(1), 87-95; Torres, C. (2000). What Counts as Part of a Game? A Look at Skills. Journal of the Philosophy of Sport, 27(1), 81-92.

3) Flynn, E. (2017). Strategic Fouls: a new defense. Journal of the Philosophy of Sport, 44(3), 342-358; Kretchmar, S. (2015). Pluralistic Internalism. Journal of the Philosophy of Sport, 42(1), 83-100.

4) Torres, C. (2000). 위의 논문, pp. 82-83.

5) Torres, C. (2000). 위의 논문, p. 83.

6) Suits, B. (2018). The Elements of Sport. In W. Morgan (Ed.), Ethics in Sport (3rd Ed.) (pp. 33-44). Champaign, IL: Human Kinetics.

7) Fraleigh, W. (1982). Why the Good Fouls is Not Good. Journal of Physical Education, Recreation & Dance, 53(1), 41-42; Fraleigh, W. (2003). Intentional Rules Violations-One more time. Journal of the Philosophy of Sport, 30(2), 166-176; Morgan, W. (1995). The Logical Incompatibility Thesis and Rules: A Reconsideration of Formalism as an Account of Games. In W. Morgan, & K. Meier (Eds.), Philosophic Inquiry in Sport (2nd Ed.) (pp. 50-63). Champaign, IL: Human Kinetics; Pearson, K. M. (1995). Deception, Sportsmanship, and Ethics. In W. Morgan and K. Meier (eds.), Philosophic Inquiry in Sport (2nd ed.) (pp. 183-184). Champaign, IL: Human Kinetics.

8) Meier, K. V. (1985). Restless Sport. Journal of the Philosophy of Sport, 12, 64-77.

9) Meier, K. V. (1985). 위의 논문, p. 68.

10) Searle, J. R. (1969). Speech Acts. Cambridge: Cambridge University Press.

11) Fraleigh, W. (1982). 위의 논문, p. 41; Searle, J. R. (1969). 위의 책; Suits, B. (1978). The Grasshopper: Games, Life and Utopia. Toronto: University of Toronto Press; Suits, B. (2018). 위의 책.

12) Pearson, K. M. (1995). 위의 책, p. 183.

13) Tamburrini. C. M. (2000). The 'Hand of God?': Essays in the Philosophy of Sports. Goteborg, Sweden: Acta Universitatis Gothoburgensis; Fraleigh, W. (2003). 위의 논문.

14) Simon, R. (2010). Fair Play: The Ethics of Sport (3rd ed.). Boulder, CO: Westview Press.

15) Fraleigh, W. (2003). 위의 논문.

16) Boxill, J. (2003). Introduction: The Moral Significance of Sport. In J. Boxill (Ed.), Sport Ethics: An Anthology (pp. 1-12). Oxford: Blackwell Publishing; Dixon, N. (1999). On Winning and Athletic Superiority. Journal of the Philosophy of Sport, 26(1), 10-26; Fraleigh, W. (1982). 위의 논문; Kretchmar, S. (2015). 위의 논문, p. 92; Loland, S. (2002). Fair Play in Sport: A Moral Norm System. London & New York: Routledge; Simon, R. (2010). 위의 책.

17) Leaman, O. (2018). 위의 논문, p. 155; Tamburrini. C. M. (2000). 위의 책.

18) Butcher, R., & Schneider, A. (2001). Fair Play as Respect for the Game. In W. Morgan, K. Meier, & A. Schneider (Eds.), Ethics in Sport (pp. 21-48). Champaign, IL: Human Kinetics, p. 29.

19) Pearson, K. M. (1995). 위의 책; Fraleigh, W. (2003). 위의 논문.

20) Fraleigh, W. (2003). 위의 논문, p. 171.

21) Simon, R. (2010). 위의 책.

22) Loland, S. (2002). 위의 책.

23) Dixon, N. (1999). 위의 논문; Fraleigh, W. (2003). 위의 논문; Pearson, K. M. (1995). 위의 책.

24) Fraleigh, W. (1982). 위의 논문; Fraleigh, W. (2003). 위의 논문; Morgan, W. (2006). Why Sports Morally Matter. Abingdon: Routldege.

25) Morgan, W. (1995). 위의 책; Simon, R. (2005). 위의 논문.

26) Boxill, J. (2003). 위의 책, p. 5.

27) Fraleigh, W. (1982). 위의 논문; Kretchmar, S. (2015). 위의 논문.

28) Morgan, W. (2006). 위의 책.

29) Loland, S. (2002). 위의 책, p. 68.

30) Ciomaga, B. (2012). Conventionalism Revisited. Sport, Ethics, and Philosophy, 6(4), 410-422; Morgan, W. (2012). Broad Internalism, Deep Conventions, Moral Entrepreneurs, and Sport. Journal of the Philosophy of Sport, 39, 65-100; Morgan, W. (2017). Conventionalism and Sport. In M. McNamee & W. Morgan (Eds.), Routledge Handbook of the Philosophy of Sport (pp. 35-52), New York, NY: Routledge.

31) Ciomaga, B. (2012). 위의 논문, p. 416; Morgan, W. (2012). 위의 논문, p. 77; Morgan, W. (2014). Games, Rules, and Conventions. Philosophy of Social Science, 44(3), 383-401; Russell, J. S. (2017). 위의 논문, p. 31; Russell, J. S. (2018). Play and the Moral Limits of Sport. In W. Morgan (Ed.), Ethics in Sport (3rd ed.) (pp. 205-221). Champaign, IL: Human Kinetics.

32) Russell, J. S. (2017). 위의 논문, p. 32.

33) 박성주(2018). 코칭윤리의 이론적 토대 연구. 체육과학연구, 29(4), 681-692.

34) Morgan, W. (2012). 위의 논문; Morgan, W. (2014). 위의 논문; Morgan, W. (2017). 위의 책.

35) Simon, R., Torres, C., & Hager, P. (2015). Fair Play: The Ethics of Sport (4th ed). Boulder, CO: Westview.

36) Flynn, E. (2017). 위의 논문.

37) Simon, R. (2005). 위의 논문.

38) Simon, R. (2005). 위의 논문; Fraleigh, W. (2003). 위의 논문.

39) Dixon, N. (1999). 위의 논문.

40) Russell, J. S. (2017). 위의 논문.

41) Loland, S. (2002). 위의 책.

42) Russell, J. S. (2018). 위의 책.

43) Gaffney, P. (2015). The Nature and Meaning of Teamwork. Journal of the Philosophy of Sport, 42, 1-22, p. 12.

44) Suits, B. (1978). 위의 책.

45) Schneider, R. (2009). Ethics of Sport and Athletics: Theory, Issues and Application. Philadelphia, PA: Lippincott Williams & Wilkins.

46) Huizinga, J. (2014). Homo Ludens: A Study of the Play Element of Culture. Mansfield Center, CT: Martino.

47) Flynn, E. (2017). 위의 논문.

48) Flynn, E. (2017). 위의 논문; Morgan, W. (2012). 위의 논문; Russell, J. S. (2017). 위의 논문.

49) Flynn, E. (2017). 위의 논문; Kretchmar, S. (2015). 위의 논문

주제 03 스포츠 속 보복행위는 정당한가?

1) 박동희(2014). [박동희의 현장속으로] 정근우, "찬헌이가 흔들리지 않았으면..."http://sports. news.naver.com/sports/index.nhn?category=kbo&ctg=news&mod=read&office_id=295& article_id=0000001181에서 2014, 12, 15. 인출

2) 빈볼을 통한 보복행위는 오랜 기간 야구계의 불문율로 통해왔다. 홈런을 친 뒤 베이스를 천천히 뽐내며 도는 행위, 크게 앞서고 있는 경기 후반에 도루와 번트를 하는 행위, 투수와 포수의 사인을 훔쳐보는 행위, 상대방을 언론 인터뷰 등을 통해 비난하는 행위 등도 빈볼의 주요 대상이다.

3) 조용빈(2012). 조용빈의 Sports & Law: 빈볼과 법적 판단. IS Ball, 3(6월호), 40.

4) 상대팀과 상대 타자의 기세를 꺾기 위하여 던지는 공이지만 자칫 치명적인 부상으로 이어질 수도 있고 실제로 미국 메이저리그와 국내 프로야구에서도 빈볼로 인해 사망한 사례가 있다.

5) 조용빈(2012). 위의 잡지.

6) Dixon, N. (2001). Boxing, Paternalism, and Legal Moralism. Social Theory and Practice, 27, 205-224; Morgan, W. (2012). Broad Internalism, Deep Conventions, Moral Entrepreneurs, and Sport. Journal of the Philosophy of Sport, 39(1), 65-100; Russell, J. (1999). Are Rules All and Umpire Has to Work With? Journal of the Philosophy of Sport, 26, 27-49; Simon, R. (2007). Internalism and Internal Values. In W. Morgan (Ed.), Ethics in Sport (2nd ed.) (pp. 31-50). Champaign, IL: Human Kinetics.

7) Dixon, N. (2001). 위의 논문.

8) Dixon, N. (2001). 위의 논문; Dixon, N. (2010). A Critique of Violence Retaliation in Sport. Journal of the Philosophy of Sport, 37(1), 1-10; McAleer, S. (2009). The Ethics of Pitcher Retaliation in Baseball. Journal of the Philosophy of Sport, 36(1), 50-65; Russell, J. (2007). Broad Internalism and the Moral Foundations of Sport. In W. Morgan (Ed.), Ethics in Sport (2nd ed.) (pp. 51-66). Champaign, IL: Human Kinetics.

9) Butcher, R., & Schneider, A. (2007). Fair Play as Respect for the Game. In W. Morgan (Ed.), Ethics in Sport (2nd ed.) (pp. 119-140). Champaign, IL: Human Kinetics; Dixon, N. (2010). A Critique of Violence Retaliation in Sport. Journal of the Philosophy of Sport, 37(1), 1-10; McAleer, S. (2009). 위의 논문; Russell, J. (2007). 위의 책; Simon, R. (2004). Fair Play: The Ethics of Sport (2nd ed.). Boulder, CO: Westview; Simon, R. (2007). 위의 책.

10) 이윤영(2007). 스포츠 폭력에 관한 사회학적 연구: 스포츠 장내 선수 폭력을 중심으로. 한국범죄학, 1(2), 191-218; Dixon, N. (2001). 위의 논문.

11) McAleer, S. (2009). 위의 논문.

12) 성낙현(2011). 정당방위의 정당화근거와 그 제한원리. 동아법학, 52, 349-381.

13) 조윤미(2007). 인도네시아 자경주의 폭력 사건에 관한 소고: 민의의 저항과 공권력의 왜곡 현상을 중심으로. 국제지역연구, 11(1), 291-318. 자경주의란 공권력의 치안확보 의지와 능력을 불신한 자율적 시민들이 임의로 치안권(공권력)을 접수하고 물리력을 사용하거나 물리력 사용 가능성을 암시하는 방법으로 치안확보에 직접 나서는 형태를 말한다.

14) 성낙현(2011). 위의 논문.

15) Dixon, N. (2010). A Critique of Violence Retaliation in Sport. Journal of the Philosophy of Sport, 37(1), 1-10.

16) 박한호(2014). 보복범죄 이해를 통한 경찰활동 논의. 한국경찰학회, 48, 119-138. 개인적 보복은 오늘날 행해져서는 안 되며, 정당한 죗값을 당연히 받아야 한다는 측면에서 사적보

복은 사회질서와 법체계를 무너뜨리는 행위로 매우 심각한 범죄라고 할 수 있다.

17) 조윤미(2007). 위의 논문. 자경주의는 개인의 물리력(폭력)의 사용이 스스로 법과 질서의 확립을 그 목적으로 한다지만 실은 그 법과 질서를 파괴하는 자기모순적 딜레마를 내포한다. 자경주의는 공권력을 가지는 국가의 영역을 침범한 결과, 국가 법체계상 그 행위 자체가 범죄를 구성한다.

18) McAleer, S. (2009). 위의 논문; Russell, J. (2007). 위의 책.

19) McAleer, S. (2009). 위의 논문, p. 63.

20) 성낙현(2011). 위의 논문; 조윤미(2007). 위의 논문.

21) Dixon, N. (2010). 위의 논문; Simon, R. (2004). 위의 책; Simon, R. (2007). 위의 책.

22) Dixon, N. (2010). 위의 논문.

23) 예컨대, 자신의 금품을 보호하기 위해 강도범에게 치명상을 가하는 경우처럼 비례성의 범위를 벗어나는 폭력적 방위행위에 대한 정당성은 성립되기 어렵다. 법적인 측면에서도 정당방위는 합당한 이익균형을 요구하는 법질서의 범위에서 이루어져야 한다. 성낙현(2011). 위의 논문; Dixon, N. (2001). 위의 논문; Dixon, N. (2010). 위의 논문.

24) Dixon, N. (2010). 위의 논문.

25) Rawls, J. (2006). 정의론[A Theory of Justice]. (황경식 역). 서울: 이학사 (원전은 1971에 출판), p. 475. Rawls는 "법이나 정부의 정책에 변혁을 가져올 목적으로 행해지는, 공공적이고 비폭력적이며 양심적이기는 하지만 법에 반하는 정치적 행위"라고 시민불복종을 규정하고 있다; 손철성(2010). 시민불복종의 정당화 근거에 대한 고찰. 윤리교육연구, 22, 217-236. 즉 시민불복종은 양심에 입각하여 행해지는 위법적인 정치적 행위로서 비폭력성을 특징으로 갖는다.

26) McAleer, S. (2009). 위의 논문.

27) Dixon, N. (2010). 위의 논문.

28) Dixon, N. (2010). 위의 논문.

29) Dixon, N. (2010). 위의 논문; Simon, R. (2004). 위의 책.

30) 정승재(2012). 스포츠권의 헌법상 지위: 스포츠선수의 학교폭력실태 및 해결방안과 법·인권교육의 방향을 중심으로. 법과인권교육연구, 5(3), 69-86.

주제 04 팀워크는 미덕인가?

1) 신창용(2015.08.08). <프로야구> 양상문 "소사 2군행, 조직의 리더로서 불가피" 연합뉴스. https://www.yna.co.kr/view/AKR20150808038600007?input=1195m. 2016.02.15. 인출.

2) Royce, J. (1995). The Philosophy of Loyalty. Nashville, TN: Vanderbilt University Press.

3) Royce, J. (1995). 위의 책, pp. 34-35.

4) 박구용(2003). 도덕의 원천으로서 '좋음'과 '옳음'. 철학, 74, 241-263. 개인이란 특정한 공동체 안에서 성장하기 때문에 그 공동체가 좋은 것으로 간주하는 가치들과 덕목들을 인정하고 준수해야만 한다고 주장할 때, 우리는 이를 일상적 삶의 지평 위에서 수용하고 실천할 수 있으나 이처럼 특권적 인정을 요구하는 공동체의 덕목은 개인이 정당하게 요구할 수 있는 권리와 가치를 보호하는 장치로서 기능하기보다는 오히려 침범하는 경우가 더 많다(p. 244).

5) 남중웅(2006). 스포츠현상에서의 공동체주의에 관한 연구. 한국체육철학회지, 14(2), 145-163. 개인의 진정한 자유는 무엇이며 그 한계는 어디인가? 공동체 속의 개인 혹은 사회적 인간이란 어떤 의미인가? 이 질문들은 현대사회에서 끊임없이 제기되어 오고 있는 화두이며 자유주의와 공동체주의 이념적 대립구조 속에 많은 논쟁이 되고 있다. 이러한 자유주의 대 공동체주의 갈등구조에 대한 사회적 논의는 스포츠현상에도 적용되기 시작했으며 자유주의와 공동체주의의 비교분석을 통하여 스포츠 속의 개인의 권리와 자유를 이해하고 스포츠현상에서의 공동체주의가 가지는 가능성과 한계에 대한 연구도 진행되었다.

6) 김현수, 김동규(2012). 스포츠 팔로워십의 가치론적 정초. 한국체육철학회지, 20(4), 121-141.

7) Gaffney, P. (2015). The Nature and Meaning of Teamwork. Journal of the Philosophy of Sport, 42(1), 1-22; Kretchmar, S. (2014). A Phenomenology of Competition. Journal of the Philosophy of Sport, 41(1), 21-37; Kretchmar, S. (2015). A Response to Gaffney: Teammates and the Games They Play. Journal of the Philosophy of Sport, 42(1), 35-41; Simon, R. (2010). Fair Play: The Ethics of Sport (3rd ed.). Boulder, CO: Westview Press.

8) 공동목표(승리)를 향해 타인(팀원)과 함께 노력할 때 개인의 목표를 달성할 확률이 개인 혼자서 노력할 때보다 더 높다고 보는 것.

9) Gaffney, P. (2015). 위의 논문.

10) 박구용(2003). 위의 논문, p. 242. 공리주의는 옳음에 대한 좋음의 우선성을 주장한다. 이들은 무엇보다도 좋음을 옳음과는 독립적인 것으로 규정하며 옳음은 단지 좋음을 극대화하는 것으로 제한한다. 공리주의의 기본적 입장은 어떤 의무가 옳기 때문에 행위하는 것이 아니라 그 의무가 더 좋은 결과를 낳기 때문에 행위 하는 경우이다.

11) 박구용(2003). 위의 논문, p. 242. 옳음의 좋음에 대한 우선성을 주장하는 이론들은 일반적으로 칸트의 의무론적 윤리학의 전통에 서 있는 철학자들에 의해서 대변되는데, 특히 Rawls의 의무론적 자유주의와 Habermas의 담론윤리학이 이러한 입장의 대표적인 이론이다. 의무론(Deontology)의 기본적인 입장은 옳기 때문에 행위 하는 것이지 다른 목적이나 결과에 대한 고려를 통해서 행위 하는 것이 아니라는 입장이다.

12) Kretchmar, S. (2015). 위의 논문.

13) Ryall, E. (2015). Why Teamwork Is Not a Virtue: A Response to Gaffney. Journal of the Philosophy of Sport, 42(1), 57-62.

14) Gaffney, P. (2015). 위의 논문; Kretchmar, S. (1975). From Test to Contest: An Analysis of Two Kinds of Counter-point in Sport. Journal of the Philosophy of Sport, 2, 23-30; Simon, R. (2010). 위의 책.

15) Skultety, S. (2011). Categories of Competition. Sport, Ethics and Philosophy, 5(4), 433-446.

16) Gaffney, P. (2015). 위의 논문.

17) Gaffney, P. (2015). 위의 논문.

18) 김현수, 김동규(2012). 위의 논문.

19) Loland, S. (2002). Fair Play in Sport: A Moral Norm System. London, Routledge.

20) Ryall, E. (2015). 위의 논문.

21) Ryall, E. (2008). Being-on-the-Bench: An Existential Analysis of the Substitute in Sport. Sports Ethics and Philosophy, 2(1), 56-70.

22) Fraleigh, W. (1984). Right Actions in Sport: Ethics for Contestants. Champaign, IL: Human Kinetics.

23) Kretchmar, S. (1975). 위의 논문; Kretchmar, S. (2014). 위의 논문.

24) Arnold, P. (1997). Sport, Ethics and Education. London: Cassell.

25) 르네상스 말기 이탈리아 사상가 니콜로 마키아벨리는 '군주론' 등을 통해 절실 할 때에는 수단과 방법을 가리지 않고 그 목적을 달성할 수 있는 군주를 이상적인 군주라고 정의했다. 마키아벨리식 정치는 권력(이득)을 잡기 위해 수단과 방법을 가리지 않는 행위를 정당화한다.

26) Ryall, E. (2015). 위의 논문.

27) Ryall, E. (2008). 위의 논문.

28) Sartre, J.-P. (2000). Huis Clos and Other Plays. London: Penguin; Sartre, J.-P. (2003). Being and Nothingness. London: Routledge.

29) Sartre, J.-P. (2000). 위의 책.

30) Tuxill, C., & Wigmore, S. (1998). 'Merely Meat'? Respect for Persons in Sport and Games. In M. Mcnamee & S. Parry (Eds.), Ethics and Sport (pp. 104-105). London: Routledge.

주제 05 유전자도핑은 왜 금지되어야 하는가?

1) 윤용택(1998). 인간 유전자 조작에 대한 철학적 고찰. 대동철학, 2, 263-286.

2) Longman, J. (2001). Pushing the Limits: Getting the Athletic Edge May Mean Altering Genes. Retrieved on January 28, 2016 from http://www.nytimes.com/2001/05/11/sports/

11GENE.html?pagewanted=all.

3) 김지호, 이은비, 박성주(2015). 유전자도핑의 윤리적 쟁점과 대응방안. 한국체육학회지, 54(4), 43-58.

4) Schjerling, P. (2005). The Basics of Gene Doping. In C. Tamburrini & T. Tännsjö (Eds.), Genetic Technology and Sport: Ethical Questions (pp. 19-31). London: Routledge.

5) 강철(2009). 유전자조작기술에 대한 찬성자와 반대자의 가치관 비교. 생명윤리정책연구, 3(3), 311-330.

6) Harris, J. (2009). Enhancements are Moral Obligation. In J. Savulescu & N. Bostrom (Eds.), Human Enhancement (pp. 131-155). New York: Oxford University Press; Juengst, E. (2009). What's Taxonomy Got to with It? In J. Savulescu & N. Bostrom (Eds.), Human Enhancement (pp. 43-58). New York: Oxford University Press; Tännsjö, T. (2005). Genetic Engineering and Elitism in Sport. In C. Tamburrini & T. Tännsjö (Eds.), Genetic Technology and Sport: Ethical Questions (pp. 57-69). London; New York: Routledge.

7) Tännsjö, T. (2005). 위의 책, p. 59.

8) 강철(2009). 위의 논문.

9) 강철(2009). 위의 논문.

10) 김지호, 이은비, 박성주(2015). 위의 논문; Loland, S. (2009). The Ethics of Performance-enhancing Technology in Sport. Journal of the Philosophy of Sport, 36, 152-161.

11) 추병완(2015b). 인간 향상의 도덕교육적 함의. 도덕윤리과교육, 47, 55-82.

12) Jones, C. (2015). Doping as Addiction: Disorder and Moral Responsibility. Journal of the Philosophy of Sport, 42(2), 251-267; Miah, A. (2004). Genetically Modified Athletes: Biomedical Ethics, Gene Doping and Sport. New York: Routledge; Tamburrini, C. (2005). Educational or Genetic Blueprints, What's the Difference? In C. Tamburrini & T. Tännsjö (Eds.), Genetic Technology and Sport: Ethical Questions (pp. 82-90). New York: Routledge; Tännsjö, T. (2005). 위의 책.

13) 추병완(2015b). 위의 논문.

14) Levy, N. (2011). Neuroethics: Challenges for the 21st Century. 신경인문학 연구회 (Trans.). 서울: 바다출판사. (원전출판 2007), p. 150.

15) Allison, L. (2005). Citius, altius, fortius ad absurdum: biology, performance and sportsmanship in the twenty-first century. In C. Tamburrini & T. Tännsjö (Eds.), Genetic technology and sport: ethical questions (pp. 149-157). London; New York: Routledge; Jones, C. (2015). 위의 논문; Miah, A. (2004). 위의 책; Persson, I. (2005). What's Wrong with Admiring Athletes and Other People? In C. Tamburrini & T. Tännsjö (Eds.), Genetic Technology and Sport: Ethical Questions (pp. 70-81). London;

New York: Routledge; Schneider, A., & Rupert, J. (2009). Constructing winners: the science and ethics of genetically manipulating athletes. Journal of the Philosophy of Sport, 36, 182-206; Tamburrini, C. (2005). 위의 책; Tännsjö, T. (2005). 위의 책.

16) Fraleigh, W. (1985). Performance-enhancing Drugs in Sport: the Ethical Issue. Journal of the Philosophy of Sport, 27, 35-50; Holowchak, A. (2000). 'Aretism' and Pharmacological Ergogenic Aids in Sport: Talking a Shot at the Use of Steroids. Journal of the Philosophy of Sport, 27, 35-50; Jones, C. (2015). 위의 논문; Veber, M. (2014). The Coercion Argument against Performance-enhancing Drugs. Journal of the Philosophy of Sport, 41(2), 267-277.

17) 추병완(2015b). 위의 논문.

18) Fraleigh, W. (1985). 위의 논문; Holowchak, A. (2000). 위의 논문.

19) 추병완(2015a). 인간 향상 논쟁에서 생명보수주의에 대한 비판적 평가. 윤리교육연구, 36, 171-195; Miah, A. (2004). 위의 책; Veber, M. (2014). The Coercion Argument against Performance-enhancing Drugs. Journal of the Philosophy of Sport, 41(2), 267-277.

20) Breivik, G. (2005). Sport, Gene Doping and Ethics. In C. Tamburrini & T. Tännsjö (Eds.), Genetic Technology and Sport: Ethical Questions (pp. 165-177). London: Routledge; Jones, C. (2015). 위의 논문; Loland, S. (2009). 위의 논문; Schneider, A., & Rupert, J. (2009). 위의 논문.

21) Sandel, M. (2004). The Case against Perfection: What's Wrong with Designer Children, Bionic Athletes, and Genetic Engineering. The Atlantic Monthly, 293(3), 51-62.

22) Kass, L. (2003). Ageless Bodies, Happy Souls: Biotechnology and the Pursuit of Perfection. The New Atlantis, 1, 9-28, p. 20.

23) 추병완(2015a). 위의 논문.

24) 추병완(2015a). 위의 논문.

25) 윤용택(1998). 인간 유전자 조작에 대한 철학적 고찰. 대동철학, 2, 263-286; 추병완 (2015b). 위의 논문; Tamburrini, C. (2005). 위의 책; Tännsjö, T. (2005). 위의 책.

26) Tännsjö, T. (2005). 위의 책.

27) Rawls, J. (1971). A Theory of Justice. Cambridge, MA: Harvard University Press, p. 108.

28) Tännsjö, T. (2005). 위의 책.

29) Miah, A. (2004). 위의 책.

30) Schneider, A. (2005). 위의 책.

주제 06 최선을 다하지 않는 행위는 승부조작인가?

1) 김명환(2016). [김명환의 시간여행] 3000만이 흥분한 60년대 프로레슬링… 대통령, 중계 보려 정치 회동도 늦춰. http://news.chosun.com/site/data/html_dir/2016/01/19/2016011904090.html에서 2016.03.24. 인출.

2) 손석정(2013). 스포츠의 승부조작 실태와 그 대처 방안에 관한 연구. 스포츠와 법, 16(1), 83-103.

3) 연기영(2015). 스포츠경기에 있어서 공정성과 청렴성에 대한 법적 문제: 승부조작에 대한 법적 책임을 중심으로. 스포츠엔터테인먼트와 법, 18(4), 173-203.

4) 손석정(2013). 위의 논문.

5) 이문성, 서경화(2013). 스포츠의 승부조작: 윤리 문제와 해결방안. 한국체육철학회지, 21(1), 115-125.

6) Harvey, A. (2015). Match-Fixing: Working Towards an Ethical Framework. Journal of the Philosophy of Sport, 42(3), 393-407.

7) 손석정(2013). 위의 논문.

8) 손석정(2013). 위의 논문. 승부조작과 유사한 의미로 사용되고 있는 용어로서 경기조작이 있는데, 용어의 의미상 경기조작은 승부에는 직접적인 영향을 미치지는 않으나 선수, 감독, 심판 등 경기의 참여자가 경기 중 일부 플레이를 의도적으로 유도하는 일체의 행위를 뜻한다 (p. 86). 승부조작은 경기의 최종 결과인 승부를 대상으로 한 조작이고, 경기조작은 경기 과정의 일부를 대상으로 한 조작으로 용어의미상 구별할 수 있지만, 경기 과정의 일부를 단순히 조작했다고 하더라도 경기흐름에 따라 승패에 영향을 줄 수 있기 때문에 본고에서는 두 용어를 동일한 의미로 사용하고자 한다.

9) Loland, S. (2002). Fair Play in Sport: A Moral Norm System. London, Routledge; Morgan, W. (1994). Leftist Theories of Sport: A Critique and Reconstruction. Urbana, IL: University of Illinois Press; Searle, J. (1969). Speech Acts. Cambridge, MA: Harvard University Press; Simon, R. (2010). Fair Play: The Ethics of Sport (3rd ed.). Boulder, CO: Westview Press.

10) Harvey, A. (2015). 위의 논문.

11) 1990년대 이후 한국야구위원회(KBO)는 4개 업체에서 생산하는 야구공을 각 구단별로 선택하게 했고, 실제로 2015시즌 롯데 자이언츠가 선택한 공의 체감 반발력이 커서 '탱탱볼' 논란이 일기도 했다. 이로 인해 KBO는 단일 경기구 공급업체를 선정하여 2016년부터 리그 10개 팀은 단일 경기구를 사용하게 됐다.

12) Simon, R. (2010). 위의 책.

13) Pearson, K. (2003). Deception, Sportsmanship and Ethics. In J. Boxill (Ed.), Sport Ethics (pp. 81-83). Oxford: Blackwell.

14) 류동혁(2015.10.11.). 김재호 '배트 사구'와 김광현 빈 글러브 태그 논란. 스포츠조선.

https://sports.chosun.com/news/ntype.htm?id=2015101101000108490007569&serviced
ate=20151011. 2016.06.28. 인출

15) Schneider, R. (2009). Ethics of Sport and Athletics: Theory, Issues and Application. Philadelphia, PA: Lippincott Williams & Wilkins, p. 64.

16) Schneider, R. (2009). 위의 책, p. 64.

17) Suits, B. (1967). What Is a Game? Philosophy of Science, 34, 148-156; Suits, B. (2007). The Elements of Sport. In W. Morgan (Ed.), Ethics in Sport(2nd ed) (pp. 9-19). Champaign, IL: Human Kinetics.

18) Fraleigh, W. (1984). Right Actions in Sport: Ethics for Contestants. Champaign, IL: Human Kinetics. 아마도 Suits와 Fraleigh가 미국학자들이기에, 크리켓이나 축구 같은 몇몇 스포츠는 분명한 승자를 반드시 가리지 않는다는 점을 간과하는 것 같다. 이 같은 스포츠에서는 무승부를 만들기 위해 버티거나, 무승부를 확보하기 위해 출루하는 것 자체로 팽팽하고도 흥미진진한 시합이 될 수 있다. 이기려는 시도와 경쟁이 매우 종종 겹치기는 하지만 그래도 그 둘은 별개의 목표이다. 그러나 흥미진진한 스포츠를 만들기 위해 항상 필수적으로 이기려할 필요는 없되, 능력을 최대한 발휘해 경쟁하는 것은 항상 필수이다.

19) Boxil, J. (2003). The Ethics of Competition. In J. Boxill (Ed.), Sport Ethics (pp. 107-115). Oxford: Blackwell, p. 111.

20) Butcher, R., & Schneider, A. (2007). Fair Play as Respect for the Game. In W. Morgan (Ed.), Ethics in Sport (pp. 119-140). Champaign, IL: Human Kinetics, p. 127.

21) Fraleigh, W. (1984). 위의 책, p. 101.

22) Kretchmar, S., & Elcombe, T. (2007). In Defense of Competition and Winning: Revisiting Athletic Tests and Contest. In W. Morgan (Ed.), Ethics in Sport (pp. 181-194). Champaign, IL: Human Kinetics, p. 187.

23) Kretchmar, S., & Elcombe, T. (2007). 위의 책.

24) 당시 알리가 리스톤을 다운시킨 펀치를 본 사람이 아무도 없어 '유령 펀치'로 불리며 의혹과 함께 논란을 불러일으켰다.

25) Connor, S. (2011). A Philosophy of Sport. London: Reaktion Books, p. 179.

26) Connor, S. (2011). 위의 책, p. 179.

27) Harvey, A. (2015). 위의 논문.

28) Harvey, A. (2015). 위의 논문.

29) Rawls, J. (1971). A Theory of Justice. Cambridge, MA: Harvard University Press, p. 343.

30) Loland, S. (2002). 위의 책, p. 144.

31) Scanlon, T. (1998). What We Owe to Each Other. Cambridge, MA: Harvard University Press, p. 153.

32) Sadler Jr., W. (1973). A Contextual Approach to an Understanding of Competition: A Response to Keating's Philosophy of Athletes. Philosophic Exchange, 4(1), 23-33, p. 27.

33) Morgan, W. (1994). Leftist Theories of Sport: A Critique and Reconstruction. Urbana, IL: University of Illinois Press; Beamish, R. (1981). The Materialist Approach to Sport Study. Quest, 1, 55-71.

34) Boxil, J. (2003). 위의 책, p. 109.

35) Kojéve, A. (1969). Introduction to the Reading of Hegel. New York: Basic Books.

36) Kojéve, A. (1969). 위의 책, p. 10.

37) Connor, S. (2011). A Philosophy of Sport. London: Reaktion Books.

38) Kojéve, A. (1969). 위의 책, p. 6.

주제 07 스포츠 속 '불문율'은 지켜져야 하는가?

1) 한성윤(2019.03.27.). 중국 탁구에 완봉승이 없는 이유 - 불문율 논란. KBS NEWS. http://news.kbs.co.kr/news/view.do?ncd=4166848&ref=A. 2019.06.30. 인출.

2) Feezell, R. (1986). Sportsmanship. Journal of the Philosophy of Sport, 13(1), 1-13; Keating, J. (2018). Sportsmanship as a moral category. In W. Morgan (Ed.), Ethics in sport (3rd Ed.) (pp. 111-121). Champaign, IL: Human Kinetics; Simon, R. (1991). Fair play: sport, values, and society. Colorado: Westview.

3) Keating, J. (2018). Sportsmanship as a moral category. In W. Morgan (Ed.), Ethics in sport (3rd Ed.) (pp. 111-121). Champaign, IL: Human Kinetics.

4) Feezell, R. (1986). 위의 논문; Feezell, R. (1999). Sportsmanship and blowouts: baseball and beyond. Journal of the Philosophy of Sport, 26(1), 68-78; Gaffney, P. (2018). Moral victories. In W. Morgan (Ed.), Ethics in sport (3rd Ed.) (pp. 193-204). Champaign, IL: Human Kinetics; Keating, J. (2018). 위의 책.

5) Dixon, N. (1999). On winning and athletic superiority. Journal of the Philosophy of Sport, 26(1), 10-26; Dixon, N. (2000). The inevitability of disappointment: reply to Feezell. Journal of the Philosophy of Sport, 27(1), 93-99; Russell, J. (2018). Play and the moral limits of sport. In W. Morgan (Ed.), Ethics in sport (3rd Ed.) (pp. 205-221). Champaign, IL: Human Kinetics.

6) Hardman, A., Fox, L., McLaughlin, D., & Zimmerman, K. (1996). On sportsmanship and "Running Up the Score" : issues of incompetence and humiliation. Journal of the Philosophy of Sport, 23, 58-69.

7) Feezell, R. (1999). 위의 논문.

8) Sailors, P. (2010). Mercy killing: sportsmanship and blowouts. Journal of the Philosophy of Sport, 37(1), 60-68.

9) Dixon, N. (1992). On sportsmanship and "Running Up the Score." Journal of the Philosophy of Sport, 19(1), 1-13; Dixon, N. (1998). Why losing by a wide margin is not in itself a disregrad: response to Hardman, Fox, McLaughlin and Zimmerman. Journal of the Philosophy of Sport, 25(1), 61-70; Dixon, N. (1999). 위의 논문; Dixon, N. (2000). 위의 논문; Leaman, O. (2018). Cheating and fair play in sport. In W. Morgan (Ed.), Ethics in sport (3rd Ed.) (pp. 153-159). Champaign, IL: Human Kinetics; Russell, J. (2018). 위의 책.

10) Dixon, N. (2000). 위의 논문.

11) Feezell, R. (1999). 위의 논문; Feezell, R. (2004). Sport, play and ethical reflection. Urbana, IL: University of Illinois Press; Keating, J. (2018). 위의 책; Morgan, W. (2006). Why Sports Morally Matter. Abingdon: Routldege; Simon, R. (1991). Fair Play: Sport, Values, and Society. Colorado: Westview.

12) Feezell, R. (1999). 위의 논문.

13) Dixon, N. (1999). 위의 논문; Dixon, N. (2000). 위의 논문.

14) Dixon, N. (1999). 위의 논문; Dixon, N. (2000). 위의 논문.

15) Feezell, R. (1999). 위의 논문.

16) Feezell, R. (1999). 위의 논문.

17) Feezell, R. (2013). Sport, philosophy and good lives. Lincoln, NE: University of Nebraska Press; Gaffney, P. (2018). 위의 책.

18) Fraleigh, W. (1982). Why the good foul is not good. Journal of Physical Education, Recreation and Dance, 53(1), 41-42; Feezell, R. (1986). Sportsmanship. Journal of the Philosophy of Sport, 13(1), 1-13; Feezell, R. (1999). 위의 논문; Keating, J. (2018). 위의 책.

19) Gaffney, P. (2017). Competition. In M. McNamee & W. Morgan (Eds.), Routledge handbook of the philosophy of sport (pp. 287-299). New York, NY: Routledge; Kretchmar, S. (2017). Formalism and sport. In M. McNamee & W. Morgan (Eds.), Routledge handbook of the philosophy of sport (pp. 11-21). New York, NY: Routledge; McNamee. M. (2010). The Ethics of Sport: A Reader. Abingdon: Routledge; Simon, R. (1991). 위의 책.

20) Gaffney, P. (2017). 위의 책; Kretchmar, S. (2017). 위의 책 Simon, R. (1991). 위의 책.

21) Gaffney, P. (2017). 위의 책.

22) Gaffney, P. (2017). 위의 책; Kretchmar, S. (2017). 위의 책.

23) Feezell, R. (1999). 위의 책; Feezell, R. (2004). 위의 책.

24) Feezell, R. (2013). 위의 책.

25) Feezell, R. (1999). 위의 논문.

26) Simon, R. (2018). The ethics of strategic fouling: a reply to Fraleigh. In W. Morgan (Ed.), Ethics in sport (3rd Ed.) (pp. 247-256). Champaign, IL: Human Kinetics.

27) Morgan, W. (2017). Conventionalism and sport. In M. McNamee & W. Morgan (Eds.), Routledge handbook of the philosophy of sport (pp. 35-52). New York, NY: Routledge.

28) Feezell, R. (1999). 위의 논문.

29) Dixon, N. (1992). 위의 논문; Dixon, N. (1998). Why losing by a wide margin is not in itself a disregrad: response to Hardman, Fox, McLaughlin and Zimmerman. Journal of the Philosophy of Sport, 25(1), 61-70; Dixon, N. (1999). 위의 논문; Dixon, N. (2000). 위의 논문; Leaman, O. (2018). 위의 책; Russell, J. (2018). 위의 책.

30) Gaffney, P. (2017). 위의 책; Hardman, A., Fox, L., McLaughlin, D., & Zimmerman, K. (1996). 위의 논문.

31) Fraleigh, W. (2018). Intentional rules violations: one more time. In W. Morgan (Ed.), Ethics in sport (3rd Ed.) (pp. 235-245). Champaign, IL: Human Kinetics.

32) Morgan, W. (2017). 위의 책.

33) Dixon, N. (2000). 위의 논문; Russell, J. (2018). 위의 책.

34) Feezell, R. (1999). 위의 논문; Feezell, R. (2013). 위의 책; Fraleigh, W. (1982). 위의 논문; Keating, J. (2018). 위의 책; Kretchmar, S. (2017). 위의 책; McNamee. M. (2010). 위의 책; Simon, R. (2018). 위의 책.

35) Sailors, P. (2010). 위의 논문.

36) Sailors, P. (2010). 위의 논문.

37) Feezell, R. (1999). 위의 논문; Gaffney, P. (2017). 위의 책; Kretchmar, S. (2017). 위의 책.

38) Fraleigh, W. (1982). 위의 논문; Simon, R. (2018). 위의 책.

39) Torres, C., & Hager, P. (2007). 위의 논문.

40) Feezell, R. (1986). 위의 논문; Gaffney, P. (2018). 위의 책; Keating, J. (2018). 위의 책; Simon, R. (2018). 위의 책.

41) Frankfurt, H. (2006). On truth. New York: Knopf. p. 43.

주제 08 스포츠는 '정의'를 실현하는가?

1) 임석원(2017). 스포츠에서의 공정성과 평등. 철학탐구, 46, 201-231.

2) Simon, R. (2007). Deserving to Be Lucky: Reflections on the Role of Luck and Desert in Sports. Journal of the Philosophy of Sport, 34, 13-25.

3) Carr, D. (1999). Where's the Merit if the Best Man Wins? Journal of the Philosophy of Sport, 26(1), 1-9.

4) 정준영(2003). 열광하는 스포츠, 은폐된 이데올로기. 서울: 책세상.

5) 박성주(2020). 트랜스젠더의 스포츠 접근권에 관한 윤리적 고찰. 한국체육학회지, 59(6), 1-12; McKinnon, R. (2014a). You Make Your Own Luck. Metaphilosophy, 45(4-5), 558-577.

6) Bianchi, A. (2017). Transgender Women in Sport. Journal of the Philosophy of Sport, 44(2), 229-242; Gleaves, J., & Lehrback, T. (2016). Beyond Fairness: the Ethics of Inclusion for Transgender and Intersex Athletes. Journal of the Philosophy of Sport, 43(2), 311-326; McKinnon, R. (2013). Getting Luck Properly Under Control. Metaphilosophy, 44(4), 496-511; McKinnon, R. (2014a). You Make Your Own Luck. Metaphilosophy, 45(4-5), 558-577; McKinnon, R. (2014b). Stereotype Threat and Attributional Ambiguity for Trans Women. Hypatia, 29(4), 857-872.

7) Bianchi, A. (2017). 위의 논문; Gleaves, J., & Lehrback, T. (2016). 위의 논문; McKinnon, R. (2013). 위의 논문; McKinnon, R. (2014a). 위의 논문; McKinnon, R. (2014b). 위의 논문.

8) Carr, D. (1999). 위의 논문.

9) Dixon, N. (1999). On Winning and Athletic Superiority. Journal of the Philosophy of Sport, 26(1), 10-26.

10) McKinnon, R. (2014a). 위의 논문.

11) Sandel, M. (2020). The Tyranny of Merit: What's Become of the Common Good? New York: Farrar, Straus and Giroux.

12) Sandel, M. (2020). 위의 책.

13) Bianchi, A. (2017). 위의 논문 Carr, D. (1999). 위의 논문; Dixon, N. (1999). 위의 논문; Feezell, R. (2013). Sport, Philosophy and Good Lives. Lincoln, NE: University of Nebraska Press; Kretchmar, S. (2005). Practical Philosophy of Sport and Physical Activity (2nd Ed.). Champaign, IL: Human Kinetics; Simon, R. (2007). 위의 논문; Simon, R. (2010). Fair Play: The Ethics of Sport (3rd ed.). Boulder, CO: Westview Press.

14) 김문정(2018). 제로섬 사회에서의 약물 인지향상과 공정성. 철학논총, 94, 419-437.

15) Gleaves, J., & Lehrback, T. (2016). 위의 논문; McKinnon, R. (2014a). 위의 논문.

16) Bianchi, A. (2017). 위의 논문.

17) Rawls, J. (1971). A Theory of Justice. Cambridge, MA: Harvard University Press.

18) Nozick, R. (1974). Anarchy, State, and Utopia. New York: Basic Books.

19) 이관후(2019). 블라인드 채용은 정의로운가? : 메리토크라시와 운평등주의적 검토. 현대정치연구, 12(3), 69-100.

20) 김도균(2012). 한국 법질서와 정의론: 공정과 공평, 그리고 운의 평등. 서울대학교 법학, 53(1). 325-413; 박상수(2014). 운평등주의에 대한 비판. 제도와 경제, 8(2), 113-134; Arneson, R. (2000). Luck Egalitarianism and Prioritarianism. Ethics, 110(2), 339-349; Dworkin, R. (1977). Talking Rights Seriously. Cambridge, MA: Harvard University Press; Dworkin, R. (2000). Sovereign Virtue. Cambridge, MA: Harvard University Press.

21) Bianchi, A. (2017). 위의 논문; Gleaves, J., & Lehrback, T. (2016). 위의 논문; McKinnon, R. (2013). 위의 논문; McKinnon, R. (2014a). 위의 논문; McKinnon, R. (2014b). 위의 논문.

22) McKinnon, R. (2014b). 위의 논문.

23) McKinnon, R. (2013). 위의 논문.

24) 이관후(2019). 위의 논문.

주제 09 트랜스젠더 선수의 스포츠참여는 불공정한가?

1) 김학태(2015). 성전환자의 법적 지위에 관한 연구: 판례 분석과 입법을 위한 제안. 외법논집, 39(3), 1-19.

2) 김학태(2015). 위의 논문.

3) 권수현(2016.01.25). IOC "성전환수술 안받은 트랜스젠더 출전 허용해야" 새 지침. 연합뉴스. https://www.yna.co.kr/view/AKR20160125032100009. 2020.07.24. 인출.

4) 권수현(2016.01.25.). 위의 기사.

5) 권수현(2016.01.25.). 위의 기사.

6) Camporesi, S. (2016). Ethics of Regulating Competition for Women with Hyperandrogenism. Clinical Journal of Sports Medicine, 35, 293-301; Sailors, P. (2014). Mixed Competition and Mixed Messages. Journal of the Philosophy of Sport, 41(1), 65-77; Teetzell, S. (2006). On Transgendered Athletes, Fairness, and Doping: an International Challenge. Sport in Society, 9(2), 227-251.

7) 박성주, 김진희(2009). 스포츠에서의 성의 구분. 한국체육학회지, 48(5), 25-33.

8) Tamburrini, C., & Tännsjö. T. (2005). The Genetic Design of a New Amazon. In C. Tamburrini, and T. Tännsjö (Eds), Genetic Technology and Sport: Ethical Questions (pp. 181-198). London: Routledge.

9) Gleaves, J., & Lehrback, T. (2016). Beyond Fairness: the Ethics of Inclusion for Transgender

and Intersex Athletes. Journal of the Philosophy of Sport, 43(2), 311-326; McDonagh, E. L., & Pappano, L. (2008). Playing with the Boys: Why Separate is Not Equal in Sports. Oxford, NY: Oxford University Press; Tännsjö, T. (2000). Against Sexual Discrimination in Sports. In T. Tännsjö, and C. Tamburrini (Eds.), Values in Sport: Elitism, Nationalism, Gender Equality and the Scientific Manufacture of Winners (pp. 101–115). London: E & FN Spon.

10) English, J. (1978). Sex Equality in Sports. Philosophy & Public Affairs, 7(3), 269–277.

11) McDonagh, E. L., & Pappano, L. (2008). 위의 책; Sailors, P. (2014). 위의 논문; Tamburrini, C., & Tännsjö. T. (2005). 위의 책; Tännsjö, T. (2000). 위의 책.

12) Loland, S. (2002). Fair Play in Sport: A Moral Norm System. New York, NY: Routledge.

13) Gleaves, J., & Lehrback, T. (2016). 위의 논문.

14) Gleaves, J., & Lehrback, T. (2016). 위의 논문; Loland, S. (2002). 위의 책; Tännsjö, T. (2000). 위의 책.

15) Foddy, B., & Savulescu, J. (2011). Time to Re-Evaluate Gender Segregation in Athletics? British Journal of Sports Medicine, 45, 1184–1188; Tamburrini, C., & Tännsjö. T. (2005). 위의 책; Tännsjö, T. (2000). 위의 책.

16) Tännsjö, T. (2000). 위의 책, p. 102.

17) Tännsjö, T. (2000). 위의 책.

18) Tamburrini, C., & Tännsjö. T. (2005). 위의 책; Tännsjö, T. (2000). 위의 책.

19) Tännsjö, T. (2000). 위의 책.

20) Gleaves, J., & Lehrback, T. (2016). 위의 논문; Schultz, J. (2011). Caster Semenya and the "Question of Too": Sex Testing in Elite Women's Sport and the Issue of Advantage. Quest, 63(2), 228–243; Wahlert, L., & Fiester, A. (2012). Gender Transports: Privileging the 'Natural' in Gender Testing Debates for Intersex and Transgender Athletes. The American Journal of Bioethics, 12(7), 19–21.

21) Bianchi, A. (2017). Transgender Women in Sport. Journal of the Philosophy of Sport, 44(2), 229-242.

22) Bianchi, A. (2017). 위의 논문.

23) Bianchi, A. (2017). 위의 논문.

24) Schultz, J. (2011). 위의 논문.

25) Rogers, T. (2009.09.10). Caster Semenya is Not a Hermaphrodite. Salon Media Group, Inc. Retrieved on August 3, 2020 from http://www.salon.com/2009/09/10/caster_semenya/

26) Gillepsie, K. (2016.02.23). IOC's Gender Stance 'Insensitive and Harmful' to Athletes. The Toronto Star. Retrieved on July 30, 2020 from http://www.thestar.com/sports

/amateur /2016 /02/23/iocs-stand-on-masculine-women-insensitive-and-harmful.html

27) Bianchi, A. (2017). 위의 논문.

28) Morgan, G. (2013.05.28). Fallon Fox, Transgender MMA Fighter, Wins First Match Since Coming Out. Huffington Post. Retrieved on June 28, 2020 from http://www. huffingtonpost.com/2013/05/28/fallon-fox-transgender-victory_n_3345934.html

29) Gleaves, J., & Lehrback, T. (2016). 위의 논문.

30) Bianchi, A. (2017). 위의 논문; Camporesi, S. (2016). 위의 논문; Devine, J. (2019). Gender, Steroids and Fairness in Sport. Sport, Ethics and Philosophy, 13(2), 161-169.

31) Sykes, H. (2006). Transsexual and Transgender Policies in Sport. Women in Sports and Physical Activity Journal, 15(1), 3-13.

32) Bianchi, A. (2017). 위의 논문; Simon, R. (2007).위의 논문.

33) Bianchi, A. (2017). 위의 논문; Devine, J. (2019). 위의 논문.

34) Carr, D. (1999). 위의 논문.

35) Devine, J. (2019). 위의 논문.

36) Coggon, J., Hammond, N., & Holm, S. (2008). Transsexuals in Sport-Fairness and Freedom, Regulation and Law. Sports, Ethics and Philosophy, 2(1), 4-17; Devries, M. (2008). Do Transitioned Athletes Compete at an Advantage or Disadvantage as Compared With Physically Born Men and Women: A Review of The Scientific Literature. Canadian Association for the Advancement of Women and Sport and Physical Activity: Ottawa; Karkazis, K., Jordan-Young, R., Davis, G., & Camporesi, S. (2012). Out of Bounds?: A Critique of the New Policies on Hyperandrogenism in Elite Female Athletes. The American Journal of Bioethics, 12(7), 3-16; Sykes, H. (2006). Transsexual and Transgender Policies in Sport. Women in Sports and Physical Activity Journal, 15(1), 3-13; Teetzell, S. (2006). On Transgendered Athletes, Fairness, and Doping: an International Challenge. Sport in Society, 9(2), 227-251; Wahlert, L., & Fiester, A. (2012). 위의 논문.

37) 배용진(2016.08.25). 금메달 23개 펠프스 신체의 5가지 비결은? 주간조선. http://pub.chosun.com/client/news/viw.asp?cate=C01&mcate=M1003&nNewsNumb= 20160821284&nidx=21285. 2020.08.03. 인출.

38) 배용진(2016.08.25.). 위의 기사.

39) Bianchi, A. (2017). 위의 논문; Devine, J. (2019). 위의 논문; Wahlert, L., & Fiester, A. (2012). 위의 논문.

40) Bostwick, J. M., & Joyner. M. (2012). The Limits of Acceptable Biological Variation in Elite Athletes: Should Sex Ambiguity Be Treated Differently from Other Advantageous Genetic Traits? Mayo Clinic Proceedings, 87(6), 508-513; Caplan, A. (2010). Fairer

Sex: The Ethics of Determining Gender for Athletic Eligibility: Commentary on 'Beyond the Caster Semenya Controversy: The Case of the Use of Genetics for Gender Testing in Sport' Journal of Genetic Counseling, 19, 549-550; Dworkin, S., & Cooky, C. (2012). Sport, Sex Segregation, and Sex Testing: Critical Reflections on This Unjust Marriage. American Journal of Bioethics, 12(7), 21-23; Ha, N., Dworkin, S. L., Martinez-Patino, M. J., Rogol, A. D., Rosario, V., Sanchez, F. J., Wrynn, A., & Vilain, E. (2014). Hurdling Over Sex?: Sport, Science, and Equity. Archives of Sexual Behavior, 43, 1035-1042.

41) Camporesi, S., & Maugeri, P. (2010). Caster Semenya: Sport, Categories and the Creative Role of Ethics. Journal of Medical Ethics, 36(6), 378-379; Schultz, J. (2011). 위의 논문.

42) Coggon, J., Hammond, N., & Holm, S. (2008). Transsexuals in Sport-Fairness and Freedom, Regulation and Law. Sports, Ethics and Philosophy, 2(1), 4-17; Karkazis, K., Jordan-Young, R., Davis, G., & Camporesi, S. (2012). 위의 논문; Schultz, J. (2011). 위의 논문; Teetzell, S. (2006). 위의 논문; Wahlert, L., & Fiester, A. (2012). Gender Transports: Privileging the 'Natural' in Gender Testing Debates for Intersex and Transgender Athletes. The American Journal of Bioethics, 12(7), 19-21.

43) Dworkin, S., & Cooky, C. (2012). Sport, Sex Segregation, and Sex Testing: Critical Reflections on This Unjust Marriage. American Journal of Bioethics, 12(7), 21-23.

주제 10 '인간 심판'은 사라질 것인가?

1) 남기연(2009). 축구경기에서의 비디오판독제 도입에 관한 검토: 독일에서의 논의를 중심으로. 법학논총, 33(1), 597-624.

2) 남기연(2009). 위의 논문; 서경화(2011). 농구경기의 공정성과 비디오판독. 한국체육철학회지, 19(2), 37-52; Ciomaga, B. (2012). Conventionalism Revisited. Sport, Ethics, and Philosophy, 6(4), 410-422; Morgan. W. (2016). The Normativity of Sport: A Historicist Take on Broad Internalism. Journal of the Philosophy of Sport, 43(1), 27-39; Simon, R. (2000). Internalism and Internal Values in Sport. Journal of the Philosophy of Sport, 27(1), 1-16.

3) 김동건(2016). 공정한 스포츠경기를 위한 전자심판기 및 영상판정제 도입강화에 관한 연구. 스포츠엔터테인먼트와 법, 19(3), 45-62; 남기연(2009). 위의 논문; Kretchmar, S. (2015). Pluralistic Internalism. Journal of the Philosophy of Sport, 42(1), 83-100; Russell, J. (2013). Coaching and Undeserved Competitive Success. In R. Simon (Ed.), The Ethics of Coaching Sports: Moral, Social and Legal Issues (pp. 103-119). Boulder, CO: Westview Press.

4) 김동건(2016). 위의 논문; 남기연(2009). 위의 논문; 서경화(2011). 위의 논문; 안근아, 서경화(2016). 태권도 품새경기에서 비디오판독의 당위성. 한국체육철학회지, 24(2), 199-214.

5) Collins, H. (2010). The Philosophy of Umpiring and the Introduction of Decision-Aid Technology. Journal of the Philosophy of Sport. 37(2), 135-146; Collins, H., & Evans, R. (2007). Rethinking Expertise. Chicago: The University of Chicago Press; Kretchmar, S. (2015). Pluralistic Internalism. Journal of the Philosophy of Sport, 42(1), 83-100; Morgan, W. (2012). Broad Internalism, Deep Conventions, Moral Entrepreneurs, and Sport. Journal of the Philosophy of Sport, 39(1), 65-100; Royce, R. (2012). Refereeing and Technology: Reflections on Collins' Proposal. Journal of the Philosophy of Sport, 29(1), 53-64; Russell, J. (2013). 위의 책; Simon, R. (2000). Internalism and Internal Values in Sport. Journal of the Philosophy of Sport, 27(1), 1-16; Simon, R. (2004). Fair Play: The Ethics of Sport (2nd Ed.). Boulder, CO: Westview Press.

6) Collins, H. (2010). 위의 논문.

7) Ciomaga, B. (2012). 위의 논문; Morgan, W. (2012). 위의 논문.

8) Royce, R. (2012). 위의 논문; Simon, R. (2000). 위의 논문.

9) Russell, J. (2013). 위의 책.

10) Collins, H., & Evans, R. (2007). 위의 책; Helsen, W., & Bultynck, J. (2004). Physical and Perceptual-cognitive Demands of Top-class Refereeing in Association Football. Journal of Sports Science, 22(2), 179-189.

11) 장시연(2017.07.03). 비디오판독: KBO의 오심방지책 4년, 그 미래는? http://sports.news.naver.com/kbaseball/news/read.nhn?oid=564&aid=0000000014. 2017.09.04. 인출.

12) 남기연(2009). 위의 논문; Collins, H. (2010). 위의 논문; Kretchmar, S. (2015). 위의 논문; Simon, R. (2000). 위의 논문; Simon, R. (2004). 위의 책.

13) 남기연(2009). 위의 논문; Morgan. W. (2016). 위의 논문; Russell, J. (1997). The Concept of a Call in Baseball. Journal of the Philosophy of Sport, 24, 21-37; Russell, J. (2013). 위의 책.

14) 남기연(2009). 위의 논문; Russell, J. (2013). 위의 책.

15) Collins, H. (2010). 위의 논문; Kretchmar, S. (2015). 위의 논문; Simon, R. (2000). 위의 논문.

16) Ciomaga, B. (2012). 위의 논문; Morgan, W. (2012). 위의 논문; Morgan. W. (2016). 위의 논문; Russell, J. (1997). 위의 논문; Russell, J. (2013). 위의 책.

17) Collins, H. (2010). 위의 논문.

18) Collins, H., & Evans, R. (2007). 위의 책.

19) Helsen, W., & Bultynck, J. (2004). Physical and Perceptual-cognitive Demands of Top-class Refereeing in Association Football. Journal of Sports Science, 22(2), 179-189.

20) Kretchmar, S. (2015). 위의 논문; Royce, R. (2012). 위의 논문.

21) 장시연(2017.07.03). 비디오판독: KBO의 오심방지책 4년, 그 미래는? http://sports.news.naver.com/kbaseball/news/read.nhn?oid=564&aid=0000000014. 2017.09.04. 인출.

22) D'Ottavio, S., & Castagna, C. (2001). Physiological Load Imposed on Elite Soccer Referees during actual Match Play. Journal of Sport Medicine and Physical Fitness, 41, 27-32.

23) Royce, R. (2012). 위의 논문.

24) 장시연(2017.07.03.). 위의 기사.

25) Collins, H. (2010). 위의 논문; D'Ottavio, S., & Castagna, C. (2001). 위의 논문; Kretchmar, S. (2015). 위의 논문; Simon, R. (2000). 위의 논문.

26) Collins, H. (2010). 위의 논문; Collins, H., & Evans, R. (2007). 위의 책; Collins, H., & Pinch, T. (1998). The Golem at Large: What You Should Know About Technology. Cambridge, New York: Cambridge University Press.

27) Collins, H. (2010). 위의 논문.

28) Collins, H. (2010). 위의 논문; Collins, H., & Evans, R. (2007). 위의 책.

29) Kretchmar, S. (2015). 위의 논문; Royce, R. (2012). 위의 논문.

30) Kretchmar, S. (2015). 위의 논문0; Morgan, W. (2012). 위의 논문; Simon, R. (2004). 위의 책.

31) Russell, J. (2013). 위의 책.

32) 오연우(2016.01.16). 합의판정의 시대와 심판의 미래. 비즈볼프로젝트. http://bizballproject.com/?p=4999. 2017.10.17. 인출.

주제 11 스포츠는 도덕교육에 기여할 수 있는가?

1) 박병기, 추병완(2007). 윤리학과 도덕교육 I (개정증보판). 고양 : 인간사랑.

2) Plato. (1966). The Dialogues of Plato. (B. Jowett, Trans.). New York : Washington Square Press.

3) Camus, A. (1969). Resistance, Rebellion, and Death. (J. O'Brien, Trans.). New York : Vintage Books

4) 최의창(2010). 스포츠맨십은 가르칠 수 있는가? 한국스포츠교육학회지, 17(10), 1-24; Arnold, P. (1997). Sport, Ethics and Education. London: Cassell; Butcher, R., &

Schneider, A. (1998). Fair Play as Respect for the Game. Journal of the Philosophy of Sport, 25, 1-22; Carr, D. (1979). Aims of Physical Education. Physical Education Review, 2, 91-100; Drewe, S. (2001). Socrates, Sport, and Student: A Philosophical Inquiry into Physical Education and Sport. Lanham: University Press of America, Inc; Jones, C., & McNamee, M. (2000). Moral Reasoning, Moral Action and the Moral Atmosphere of Sport: Some Critical Remarks on the Limitations of the Prevailing Paradigm. Sport, Education and Sport, 5(3), 131-148; Jones, C., & McNamee, M. (2003). Moral Development and Sport: Character and Cognitive Developmentalism Contrasted. In J. Boxil (Ed.), Sport Ethics: an Anthology (pp. 40-52). Oxford : Blackwell; Meakin, D. (1981). Physical Education: An Agency of Moral Education? Journal of the Philosophy of Education, 15, 241-253; Wright, L. (1987). Physical Education and Moral Development. Journal of Philosophy of Education, 21, 93-102.

5) Simon, R. L. (2003). Sport, Relativism, and Moral Education. In J. Boxill (Ed.), Sports Ethics: An Anthology (pp. 15-28). Oxford: Blackwell Publishers Ltd.

6) Carr, D. (1998). What Moral Educational Significance has Physical Education? A Question in Need of Disambiguation. In M. J. McNamee & S. J. Parry(Eds.), Ethics and Sport (pp.119-133). London: E and FN Spon. p. 129.

7) Leonard, G. (1972). The Transformation: A Guide to the Inevitable Change in Humankind. New York: Delacorte Press.

8) Ogilvie, B., & Tutko, T. (1971). Sport: If you want to build character, try something else. Psychology Today, 5, 60-63.

9) Arnold, P. (1997). 위의 책; Dearden. R. (1969). The Concept of Play. In R. S. Peters(Ed.), The Concept of Education. London : Routledge and Kegan Paul.

10) Arnold, P. (1997). 위의 책; MacIntyre, A. (1984). After Virtue (2nd ed.). Notre Dame, IN : University of Notre Dame Press.

11) Arnold, P. (1984). Sport, Moral Education and the Development of Character. Journal of Philosophy of Education, 18, 275-281; Arnold, P. (1997). 위의 책.

12) Kohlberg, L. (1976). Moral Stages and Moralization: The Cognitive-development Approach. In T. Lickona (ed.), Moral Development and Behavior: Theory, Research and Social Issues (pp. 31-53). New York : Holt, Rinehart and Winston.

13) Shields, D. L., & Bredemeier, B. L. (1995). 위의 책; Weiss, M. & Bredemeier, B. (1986). Moral Development. In V. Seefeldt (Ed.), Physical Activity and Well-being. Reston, VA: American Association for Health, Physical Education, Recreation and Dance.

14) Ogilvie, B., & Tutko, T. (1971). 위의 논문.

15) Kohn, A. (1986). No Contest: The Case Against Competition. Boston: Houghton Mifflin.

16) Morgan, W. J. (2006). Why Sports Morally Matter. New York : Routledge; Orlick. T. (1990). In Pursuit of Excellence. Champaign, IL: Human Kinetics.

17) Sage, G. (1988). Sport Participation as a Builder of Character? The World and I, 3, 629-641; Sage, G. (1990). Power and Ideology in American Sport: A Critical Perspective. Champaign, IL: Human Kinetics.

18) Coakley, J. (2004). Sports in Society: Issues & Controversies (8th ed.). New York : McGraw Hill; Morgan, W. J. (1994). Leftist Theories of Sport: A Critical and Reconstruction. Urbana: University of Illinois Press.

19) Shields, D. L., & Bredemeier, B. L. (1995). 위의 책.

20) Russell, J. (2007). Broad Internalism and the Moral Foundations of Sport. In W. Morgan (Ed.), Ethics in Sport (pp. 51-66). Champaign, IL : Human Kinetics.

21) Arnold, P. (1997). 위의 책.

22) Meakin, D. (1982). 위의 논문.

23) Arnold, P. (1997). 위의 책; Meakin, D. (1982). 위의 논문; Shields, D. L., & Bredemeier, B. L. (1995). 위의 책.

24) Aristotle. Nicomachean Ethics. Roger, C. (Trans. & Ed.). (2000). Cambridge : Cambridge University Press, p. 89.

25) 신영복(2004). 강의(나의 동양고전 독법). 파주 : 돌베개.

26) 신영복(2004). 위의 책.

27) Aristotle. Nicomachean Ethics. Roger, C. (Trans. & Ed.). (2000). 위의 책; Barrow, R. (2007). An Introduction to Moral Philosophy andMoral Education. New York : Routledge; Peters, R. (1981). Moral Development and Moral Education. London : George Allen & Unwin; Watson, M. (2008). Developmental Discipline and Moral Education. In L. Nucci & D. Narvaez (Eds.), Handbook of Moral and Character Education (pp. 175-203). New York: Routledge.

28) Aristotle. Nicomachean Ethics. Roger, C. (Trans. & Ed.). (2000). 위의 책; Barrow, R. (2007). 위의 책; Carr, D. (2008). 위의 책; Schneider, R. (2009). Ethics of Sport and Athletics: Theory, Issues, and Application. Philadelphia : Lippincott Williams & Wilkins.

29) Aristotle. Nicomachean Ethics. 최명관(역)(2001). 니코마스 윤리학. 서울 : 서광사, p. 55.

30) 남궁달화(1999). 기본생활규칙의 도덕적 습관형성을 위한 지도방법. 사회과학교육연구, 3(8), 1-18.

31) 남궁달화(1999). 위의 논문.

32) Peters, R. (1981). 위의 책, p. 70.

33) 남궁달화(1999). 위의 논문.

34) Aristotle. Nicomachean Ethics. Roger, C. (Trans. & Ed.). (2000). 위의 책, p. 23.

35) Mitias, M. (1992). Possibility of Moral Education in the Liberal Arts. In M. Mitias (Ed.), Moral Education and the Liberal Arts (pp.1-28). Westport, CT : Greenwood Press.

36) 박성주(2009). A justification for physical education based on practical knowledge. 한국체육철학회지, 17(3), 135-148.

37) 남궁달화(1999). 위의 논문.

38) 남궁달화(1999). 위의 논문.

39) Dewey, J. (1930). Human Nature and Conduct. New York: The Modern Liberty.

주제 12 스포츠윤리교육은 무엇을 가르치는 것인가?

1) 박성주(2013). 스포츠윤리교육은 가능한 것인가? 한국체육철학회 춘계학술대회, pp. 43-60, 3월 30일. 서울: 한국체육대학교 본관 합동강의실.

2) Schneider, R. (2009). Ethics of Sport and Athletics: Theory, Issues, and Application. Philadelphia: Lippincott Williams & Wilkins.

3) Schneider, R. (2009). 위의 책.

4) 박주한(2013). 스포츠윤리 교육의 필요성과 운영방안. 한국체육정책학회지, 11(1), 91-99.

5) 도성달(2011). 윤리학, 그 주제와 논점. 한국학중앙연구원 출판부.

6) Davis, M. (1997). Developing and Using Cases to Teach Practical Ethics. Teaching Philosophy, 12(1), 353-386; Watson, M. (2008). Developmental Discipline and Moral Education. In L. Nucci & D. Narvaez (Eds.), Handbook of Moral and Character Education (pp. 175-203). New York: Routledge.

7) 이재숭(2008). 공학윤리교육의 필요성 및 교육내용과 방법. 윤리교육연구, 16, 229-244.

8) 박성주(2011). 스포츠선수는 도덕적이어야 하는가? 한국체육학회보, 96, 24-28.

9) Carr, D. (2008). Caracter Education as the Cultivation of Virtue. In L. Nucci & D. Narvaez (Eds.), Handbook of Moral and Character Education (pp. 99-116). New York: Routledge.

10) 도성달(2011). 위의 책; Stewart, N. (2009). Ethics: An Introduction to Moral Philosophy. Malden, MA: Polity Press.

11) 김영수(2004). 양자시대의 응용윤리의 도전. 철학논총. 36(2). 183-209; Stewart, N. (2009). Ethics: An Introduction to Moral Philosophy. Malden, MA: Polity Press.

12) 김영수(2004). 위의 논문.

13) 이재숭(2008). 위의 논문; Huff, C. & Frey, W. (2005). Moral Pedagogy and Practical Ethics. Science and Engineering Ethics, 11(3), 389-408.

14) 임영택, 류완영(2009). 온라인 사례기반학습에서 사례의 구성방식과 추론활동 지원도구의 제공에 따른 효과 분석. 교육정보미디어연구, 15(2), 109-131.

15) Bagdasarov, Z., Harkrider, L., Johnson, J., MacDougall, A., Devenport, L., Connelly, S., Mumford, M., Peacock, J., & Thiel, C. (2012). An Investigation of Case-Based Instructional Strategies on Learning, Retention, and Ethical Decision-Making. Journal of Empirical Research on Human Research Ethics, 7(4), 79-86.

16) Schneider, R. (2009). 위의 책.

17) 이재숭(2008). 위의 논문.

18) 임영택, 류완영(2009). 위의 논문; Bagdasarov, Z., Harkrider, L., Johnson, J., MacDougall, A., Devenport, L., Connelly, S., Mumford, M., Peacock, J., & Thiel, C. (2012). 위의 논문.

19) 손경원(2007). 사례중심적 연구윤리교육 프로그램 개발에 대한 연구. 윤리연구, 64, 55-80.

20) 손경원(2007). 위의 논문; Davis, M. (1997). Developing and Using Cases to Teach Practical Ethics. Teaching Philosophy, 12(1), 353-386.

21) 손경원(2007). 사례중심적 연구윤리교육 프로그램 개발에 대한 연구. 윤리연구, 64, 55-80; 이재숭(2008). 위의 논문; Bagdasarov, Z., Harkrider, L., Johnson, J., MacDougall, A., Devenport, L., Connelly, S., Mumford, M., Peacock, J., & Thiel, C. (2012). 위의 논문.

22) 임영택, 류완영(2009). 위의 논문; Leake, D. (1998). Case-Based Reasoning. In W. Bechtel & G. Graham (Eds.), A Companion to Cognitive Science (pp. 465-476). Malden: Blackwell Publishers.

23) Gerwen, J. (1996). Three Methods in Applied Ethics: A Critical Review. Ethical Perspectives, 3(4), 184-193.

24) 이재숭(2008). 위의 논문; Gerwen, J. (1996). 위의 논문.

스포츠윤리 주제와 쟁점

초판 1쇄 발행 | 2021년 08월 20일
초판 2쇄 발행 | 2022년 10월 15일

지은이 | 박 성 주
펴낸이 | 조 승 식
펴낸곳 | (주)도서출판 북스힐

등 록 | 1998년 7월 28일 제22-457호
주 소 | 서울시 강북구 한천로 153길 17
전 화 | (02) 994-0071
팩 스 | (02) 994-0073

홈페이지 | www.bookshill.com
이메일 | bookshill@bookshill.com

정가 18,000원

ISBN 979-11-5971-356-9